Mut, sich auf Neues einzulassen – Beiträge zur Stadtgeschichte Bad Nauheims
von Ernst Dieter Nees

W0226925

Mut, sich auf Neues einzulassen

Beiträge zur Stadtgeschichte Bad Nauheims
von Ernst Dieter Nees

Herausgeber:
WZ-Verlag mit freundlicher Unterstützung durch den Magistrat
der Stadt Bad Nauheim

Alle Rechte vorbehalten
© 2000 by Wetterauer Zeitung, Parkstraße 16, 61231 Bad Nauheim
ISBN: 3-924145-31-8

Vorwort

Wer sich nicht mit Geschichte befasst, kann weder die Gegenwart verstehen noch die Zukunft gestalten. Dies gilt insbesonders für die Stadt, in der man lebt und arbeitet. Deswegen muss Stadtgeschichte aufgearbeitet und dokumentiert werden.

Es ist daher verdienstvoll, dass die Wetterauer Zeitung dieses Buch mit zahlreichen Beiträgen von Ernst Dieter Nees herausgibt.

Ernst Dieter Nees – studierter Historiker – hat in der Zeit von 1980 bis 2000 über 130 Arbeiten publiziert, überwiegend zu Bad Nauheimer, aber auch zu hessischen Themen. Seine meisten Arbeiten erschienen in der Wetterauer Zeitung, viele jedoch auch in den Mitteilungen des Oberhessischen Geschichtsvereins in Gießen und in den Wetterauer Geschichtsblättern. Alle Arbeiten beruhen auf präzisen Recherchen, sind spannend geschrieben und bestechen durch ein ausgewogenes Urteil. Für alle diejenigen, die die Geschichte Bad Nauheims interessiert, ist eine Auseinandersetzung mit den Arbeiten von Ernst Dieter Nees unerlässlich; diese stellen eine wahre Fundgrube dar.

Die vorliegende Dokumentation ist ein Dank an den Autor, dessen Wirken die Stadt Bad Nauheim vor kurzem mit der Verleihung der Verdienstmedaille gewürdigt hat.

Bad Nauheim, im Mai 2000

Bernd Rohde, Bürgermeister

Inhaltsverzeichnis

Ein treuer Gast der Badestadt

Zum 50. Todestag des ersten hessischen Staatspräsidenten Carl Ulrich

Am 12. April 1932, wenige Wochen nach der nationalsozialistischen Macht-ergreifung, starb in Offenbach im 81. Lebensjahr Carl Ulrich, der nach dem Ende des Ersten Weltkrieges und der Abdankung des Großherzogs Ernst Ludwig bis 1928 das Amt des Staatspräsidenten innegehabt hatte. Der Badestadt war er wegen seiner regelmäßigen und häufigen Kuraufenthalte besonders verbunden. Im letzten Jahrzehnt des vergangenen Jahrhunderts, als sich die öffentliche Aufmerksamkeit noch ganz auf illustre Gäste des Hochadels richtete, findet sich Carl Ulrichs Name in der Kurliste meist verbunden mit der Berufsangabe Druckereibesitzer, obwohl er bereits Landtags- und Reichstagsabgeordneter war. 1897 wohnte er beispielsweise in der Villa Italia, Waldstraße 16 (jetzt Gustav-Kayser-Straße), 1906 in der Villa Fürstenhof, Rittershausstraße 1, und als prominenter Staatspensionär scheint er sich dann im Hotel Homeyer, Lessingstraße 6 (später Mariannenhof) besonders wohl gefühlt zu haben. »Lass dir Bad Nauheim gut bekommen. Dich zieht's mit den Haaren dorthin...« schrieb ihm 1910 sein Parteifreund August Bebel, der mit weniger Vergnügen gekurt hatte. Ulrich seinerseits schwor auf die wohltuende Wirkung der Bäder und schöpfte in den Wochen der Entspannung neue Kraft für das auch damals schon anstrengende Geschäft der Politik.

Anlässlich seines 80. Geburtstages hieß es in einer Laudatio der »Darmstädter Zeitung«, die am 28. Januar 1933 in der Beilage der Bad Nauheimer Zeitung nachgedruckt wurde: »Aber im Sommer könnt ihr ihn in Bad Nauheim auf der Kurpromenade sehen. Zum vierzigsten Male wird er es heuer aufsuchen. Seine aufrechte Gestalt ist eine ebenso gute Reklame für die Heilkraft des Nauheimer Wassers wie für die geradezu unerschütterliche Lebenskraft des politischen Kämpfers.«

Vorkämpfer für Demokratie

Der in Braunschweig als Schuhmachersohn geborene Carl Ulrich ist seit 1874 in Hessen, vor allem in Offenbach, ansässig gewesen. Er war zunächst als Dreher tätig, wurde dann aber bald Redakteur, später Geschäftsführer und Verleger der »Neuen Offenbacher Tageszeitung«, eines der wenigen sozialdemokratischen Blätter dieser Zeit. Mit Leidenschaft kämpfte er hauptsächlich für die Einführung eines allgemeinen, unmittelbaren, gleichen Wahlrechts, Erhöhung der Löhne, freie Vertretung der Arbeiterinteressen und die Verbesserung des Wohnungswesens. Eine wichtige Aufgabe stellte der Aufbau einer funktionsfähigen Parteiorganisation dar.

Durch das Bismarcksche Sozialistengesetz sah er sich immer wieder Verfolgungen ausgesetzt, musste mehrmals Haftstrafen wegen »staatsfeindlicher Agitation« verbüßen, zeitweise sogar seine Druckerei aufgeben, um als Kolonialwarenhändler seinen Lebensunterhalt zu sichern. Für sein Ideal, das Erreichen vollkommener staatsbürgerlicher Gleichberechtigung der Arbeiterklasse auf allen Gebieten des öffentlichen Lebens, warb er unermüdlich, temperamentvoll und geschickt, sodass er schnell in allen Teilen des Großherzogtums Hessen bekannt wurde. 1885, erst 32-jährig, gelang es ihm, zusammen mit dem Mainzer Franz Jöst in den Hessischen Landtag gewählt zu werden, dem er ohne Unterbrechung 43 Jahre angehörte.

In der Opposition zu den damals im Lande regierenden Nationalliberalen versuchte er, konkrete Verbesserungsvorschläge durchzusetzen. Historiker bescheinigen ihm Sachkompetenz und gründliche Mitarbeit, vor allem im Finanzausschuss, dessen angesehenstes Mitglied er geworden ist. Freilich hat er an gelegentlich scharfer Kritik nicht gespart, aber seine doch faire Haltung trug dazu bei, ein günstiges Klima für die Beziehungen seiner Partei zu anderen politischen Kräften und auch zur großherzoglichen Regierung zu schaffen. 1890 errang er erstmals ein Reichstagsmandat.

Führungsrolle in den turbulenten Tagen der Revolution

In jahrzehntelanger politischer Arbeit hatte er in einem Ausmaß Vertrauen und Ansehen erlangt, dass ihm in den turbulenten Tagen der Revolution 1918 fast selbstverständlich die Führungsrolle zufiel. Mit Gradlinigkeit und Umsicht konnte er Extreme von rechts und links abwehren, radikal-gewalttätiges Umstürzlertum zügeln. Der damals entmachtete Großherzog Ernst Ludwig dankte ihm in einem persönlichen Schreiben vom 12. Februar 1928 »für die würdigste Art und Weise, mit der Sie unter den schwierigsten Verhältnissen der sich vielfach durchkreuzenden Strömungen des Volkswillens das Steuer des Staates geführt und es zu vermeiden gewusst haben, dass sich die ernsteste Wandlung in der Geschichte Hessens ohne andere Härten als die durchaus notwendigen vollziehen konnte«.

Als Staatspräsident begründete Ulrich eine Koalition demokratisch-republikanischer Parteien (SPD, Zentrum, DDP), die kontinuierlich von 1919 bis 1932 regierte. Dies war während der Weimarer Republik außer in Hessen nur noch in Preußen und Baden der Fall und hatte stabilisierende Wirkung.

Schwierigkeiten der Anfangsjahre des Volksstaates Hessen seien nur kurz angedeutet beziehungsweise in Erinnerung gerufen: Ein Viertel des Gebietes und fast 40 Prozent der Bevölkerung fiel unter die französische Besatzung; separatistische Strömungen sorgten für Unruhe; wiederholt mussten Tausende aus Rheinhessen ausgewiesener Menschen versorgt werden; die Arbeitslosigkeit lag zeitweise über dem Reichsdurchschnitt ...

In solchen Situationen war der Organisator und ausgleichende Verhandlungsführer Ulrich stark gefordert. Seine Mitarbeiter charakterisierten ihn als stets sorgfältig vorbereiteten, versöhnlichen Politiker, der sich oft mit langen, gewissenhaften Erwägungen quälte und seine Entscheidungen nicht übereilte. Doktrinär-ideologisches Theoretisieren lag ihm fern, er strebte stets nach praktischen Resultaten.

Sein Tod kam überraschend, die Memoiren blieben Fragment und das erhoffte vierzigste Kurjubiläum in Bad Nauheim war ihm nicht vergönnt. Die neuen Machthaber ließen nicht zu, dass die Verdienste des Politikers Carl Ulrich ausführlich in Wort und Schrift gewürdigt werden konnten.

(Wetterauer Zeitung, 12. April 1983)

Eine »koloniale Saalburg« in der Badestadt
Erinnerungen an ein ehrgeiziges Projekt

In den vergangenen Wochen haben die Medien in mehreren Beiträgen darauf hingewiesen, dass vor nunmehr hundert Jahren das Deutsche Reich Kolonialmacht wurde. Aus diesem Anlass erinnern sich gewiss noch einige ältere Mitbürger an das jahrzehntelang diskutierte Vorhaben, in der Badestadt ein Kolonialdenkmal besonderer Art zu erbauen. Bad Nauheim hatte bereits um die Jahrhundertwende engere Beziehungen zu den deutschen Afrikakolonien durch Angehörige der Schutztruppe oder Kolonialbeamte, die hier ihre Kurbehandlung durchführten. Nachdem im April 1903 im Hause Frankfurter Straße 42 ein Militärkurhaus eingerichtet worden war, stieg deren Zahl beträchtlich an. Sie trugen einen Hauch von Exotik und Abenteurertum in die Stadt, vor allem in die schon damals zahlreichen Gasthäuser, wo die Einheimischen ihren spannenden Erzählungen von Erlebtem und Erdachtem lauschten.

Organisierte Pflege des Kolonialgedankens

War es eine Stammtischidee oder doch eher gezielte Lenkung im vaterländischen Geiste, dass man sich entschloss, 1913 eine Ortsabteilung der Deutschen Kolonialgesellschaft zu gründen? Jedenfalls hatte ein Werbevortrag des Kolonialschriftstellers Leßner großen Zuspruch, und bei der ersten Hauptversammlung am 1. April wurde der Chefarzt besagten Militärkurhauses, Oberstabsarzt Dr. Schrade, zum Vorsitzenden der zunächst 65 Mitglieder zählenden Organisation gewählt. Ihr Vorhaben, »den kolonialen Gedanken zu wecken und zu vertiefen«, versuchte die Vereinigung durch Vorträge und regelmäßige Zusammenkünfte zu erreichen. Ein attraktives Ereignis stellte in diesem Zusammenhang der Vortrag Dr. Carl Peters' dar, der – zugleich Kurgast in jenen Wochen – am 5. August 1913 im großen Kurhaussaal eine begeisterte Zuhörerschaft fand. Peters, dessen gefährlich nationalistischen und sozialdarwinistischen Einstellungen heute äußerst umstritten sind, galt seinerzeit als heldenhaftes Vorbild eines Kolonialpioniers. Er hatte 1884 unter Anwendung zweifelhafter Methoden Verträge mit ostafrikanischen Stammeshäuptlingen geschlossen und damit den Grundstein zur deutschen Kolonie Ostafrika gelegt.

Die Idee einer Kolonialehrenburg

Wenn man den 65 Jahre alten Berichten der Bad Nauheimer Zeitung Glauben schenkt, reichen die Pläne, in der Kurstadt ein Colonialdenkmal in der Form einer »Veste« zu errichten, bis in eben diese Zeit vor dem Ersten Weltkrieg zurück. Ein Offizier der deutschen ostafrikanischen Schutztruppe, A. Fonk (Konstanz), soll der Vater des Gedankens gewesen sein, er hat ihn auch wiederbelebt auf einer Veranstaltung der Kolonialgesellschaft am 6. November 1919 im Café König. Eine naturgetreue Nachbildung einer ostafrikanischen befestigten Station wollte man schaffen, »ein Zeichen deutscher Kulturarbeit in den Kolonien, ein Denkmal deutschen Heldentums, eine Mahnung an die kommenden Geschlechter«, und der entsprechende Zeitungsbericht schließt geradezu schwärmerisch: »Unwillkürlich trat uns das Bild vor die Seele, wie schön und günstig es für unser Bad sein würde, wenn auf der Höhe des Eichbergs oder des Lichtenbergs eine solche Feste ins Land schauen und zahlreiche Besucher hierher führen würde.«

Unter Protektion der örtlichen Kolonialgesellschaft wurde eine zusätzliche Vereinigung ins Leben gerufen, »die sich nur mit der Errichtung und Verwaltung des Denkmals zu befassen hat«. Sie sollte freilich als vordringliche Aufgabe zuerst einmal in ganz Deutschland für die Verwirklichung des ehrgeizigen Projektes werben sowie Geldsammlungen organisieren. Zu den Mitgliedern des Vereins koloniale Ehrenburg e. V. gehörten prominente Vertreter der Stadt, des Staatsbades und der Hotellerie; bei der offiziellen Gründungsversammlung im Januar 1921 konnte man bereits 2045 Mark an Spenden verbuchen.

Die Feste Mpapua als Vorbild

Auf Vorschlag von Oberstleutnant i. R. A. Fonk bestand die Absicht, die ostafrikanische Festung Mpapua nachzubauen. Der Ort lag in der Hügellandschaft Usagara (im heutigen Staat Tansania) an einer alten, wichtigen Karawanenstraße, die sich von der Küste ins Landesinnere erstreckte. Um sie zu sichern, war dort frühzeitig auf Initiative der Deutschen Ostafrikanischen Gesellschaft eine Militärstation entstanden. Während des so genannten Buschiri-Aufstandes 1888/89 hatte sie aufgegeben werden müssen. Kurz danach waren dann auf Anordnung des Reichskommissars Hermann von Wissmann, dem die Niederwerfung der Aufständischen oblag, die ersten Maßnahmen zur Wiederherstellung eingeleitet worden. »Material hierzu war ausreichend vorhanden, Holz in einem schönen, hohen Bestand zwischen Mpapua und Tubugue, Steine in den Mauertrümmern der Gebäude der ostafrikanischen Gesellschaft. Die Umwallung der neuen Station wurde bis zur Höhe von einem Meter aus eben diesen Steinen ausgeführt und mit zwei Eckbastionen versehen.« Monate später hatte man eine gut ausgebaute, wehrhafte Anlage fertig gestellt. Fonk besaß genaue Ortskenntnis, verfügte auch über Pläne der Festung, seine Erfahrungen sollten nun bei der Rekonstruktion in Bad Nauheim genutzt werden.

Die Stadtverordneten beschäftigten sich am 27. Juli 1920 mit dem Projekt. Bürgermeister Dr. Gustav Kayser befürwortete es, er erhoffte – ebenso wie die Kurverwaltung – eine positive Auswirkung auf den Fremdenverkehr der Stadt.

Enttäuschungen und neue Pläne

Soweit schien alles gut zu laufen. Der Verein appellierte an Patriotismus und Spendefreudigkeit der Mitbürger. Eine »koloniale Saalburg« müsse die Jugend an die mannhaften Werke der Väter erinnern und zur Nachahmung anspornen. »Den vielen Tausenden, welche alljährlich aus allen Gauen des Vaterlandes und aus allen Weltteilen hierher kommen, soll in einem wohlausgestatteten Kolonialmuseum gezeigt werden, was die deutschen Pioniere in den Kolonien an Kulturarbeit geleistet haben, und wie das deutsche Volk seine Helden ehrt.«
Fonk erklärte sich bereit, seine über den Weltkrieg gerettete umfangreiche Sammlung als Grundstock des Museums zur Verfügung zu stellen. Teile davon konnten die Nauheimer Bürger und Gäste ab Mai 1921 in einer Ausstellung im Nord-Hotel (jetzt Burghofklinik) bewundern. »Eine Sehenswürdigkeit, wie sie in Bad Nauheim noch nicht gezeigt wurde«, versicherte das Lokalblatt. »In sel-

tener Reichhaltigkeit kommen Tiere, Waffen, Handarbeiten der Eingeborenen und sonstige Trophäen zur Ansicht.«

Aber offenbar entsprach das Publikumsinteresse nicht den Erwartungen der Veranstalter. Aus Aufzeichnungen des Vereinsvorstandes – die im Stadtarchiv aufbewahrt werden – geht hervor, dass man im Verlauf des Jahres entschied, Fonk die Sammlung zurückzugeben, da die Kosten der Ausstellung zu hoch waren. Auch die bloße Aufbewahrung der Stücke erschien als zu kostspielig. Eine breitere Bevölkerungsschicht ließ sich für das Kolonialdenkmal nicht mobilisieren. Der Mitgliederhöchststand lag bei 160 Personen, der Kassenbestand hat wohl 11 423,56 Mark kaum wesentlich überschritten. Schließlich durchkreuzte die katastrophale Inflation 1923 viele schöne Pläne – so sprach zunächst auch jahrelang niemand mehr von der »kolonialen Saalburg«.

In der Nazizeit machte man sich dann wieder ans Pläneschmieden. Heldentum war mehr denn je gefragt, chauvinistische Hochstimmung erwünscht, und mancher hatte den Traum, »dass der Tag der Wiederherstellung deutscher Kolonialehre kommen werde«. Am 21. November 1935 schritt man zur zweiten Gründungsversammlung des Vereins »Deutsche Kolonialehrenburg e. V.«. Erneut hieß es: Spender vor! Neu war der Gedanke, in der Burg nicht nur ein Kolonialmuseum, sondern auch eine Jugendherberge unterzubringen.

Im folgenden Jahr wurde ein neuer Standort in Aussicht genommen: Die Anlage sollte auf dem Gelände zwischen Höhenweg und der Straße zum Johannisberg Platz finden, direkt unterhalb der Weber-Hütte. Auf dem Lichtenberg hätte, vor allem wegen guter Sicht, zuviel Waldbestand abgeholzt und eine zu lange, teure Wasserleitung verlegt werden müssen. Allerdings stellten sich in der Folgezeit Bedenken ein, ob denn der Bau der Festung Mpapua überhaupt in die heimische Landschaft hineinpasse. »Diese afrikanische Burg befand sich in einer prärieartigen Landschaft mit allen Eigentümlichkeiten dieses Kontinents, die bei uns nicht anzutreffen sind.« Möglicherweise störe sogar das Nebeneinander von Burg und 1933 neu erbautem Johannisberg-Restaurant.
Die letzte auffindbare Niederschrift in dieser Angelegenheit vom Februar 1938 enthält Überlegungen, mit dem Reichskolonialbund in Berlin zu verhandeln und zu erreichen, dass er Konstruktionsunterlagen anderer Kolonialstationen zur Verfügung stelle, ferner die Baukosten für ein bescheideneres Projekt übernehme. Mit dem Zweiten Weltkrieg und dem Zusammenbruch des Deutschen Reiches sind dann alle derartigen Pläne endgültig untergegangen.

(Wetterauer Zeitung, 14. April 1984)

Doughnuts, Candies und Kakao

Erinnerung an eine Weihnachtsfeier in schwerer Zeit

Ausverkauft – hätte es heißen können, wenn zu dieser Veranstaltung Eintrittskarten auf herkömmliche Weise abgegeben worden wären. Bis auf das letzte Reserveplätzchen war der große Kurhaussaal gefüllt. Wo sich sonst Angehörige der US-Army über Jazz und Showdarbietungen amüsierten, saßen erwartungsvoll aufgeregte Kinder: Schuljugend jener ersten Nachkriegsjahre, mit blassen, schmalen Gesichtern, in unzulänglich-ärmlicher Kleidung. Bad Nauheims Sub-Post Community, die hier stationierten Amerikaner, hatten für den Nachmittag des 19. Dezember 1947 zu einer Weihnachtsfeier eingeladen.

Endlich erloschen die schweren Deckenlüster, das Stimmengewirr verwandelte sich in gedämpftes Murmeln. Das Programm begann. Nach dem gemeinsam gesungenen »Stille Nacht, heilige Nacht« rezitierte ein Oberstufenschüler des Ernst-Ludwig-Gymnasiums Eichendorffs Weihnachtsgedicht, das gefühlvoll Feststimmung und Christnachtswunder zum Ausdruck bringt. Der sich anschließende alte Chorsatz des Michael Prätorius: »Es ist ein Ros' entsprungen« leitete über zum Text des Weihnachtsevangeliums, vorgetragen von Unterprimanern der ELS.

Dass nun Reden gehalten wurden, wirkte fast störend, aber zum Glück waren sie kurz. Ein amerikanischer Offizier formulierte den Wunsch, dass sich die jungen Menschen auch noch nach zehn und zwanzig Jahren an diese Feiern erinnern möchten. Die Soldaten hätten Geschenke gesammelt, um ein wenig Freude zu schenken, denn Christi Geburt solle alle Menschen fröhlich machen und zur Versöhnlichkeit gemahnen.

Dr. Hermann Molz, der Direktor der Ernst-Ludwig-Schule, wies darauf hin, wie sehr »gerade in unserer trüben Zeit der Not und Verzweiflung« die Verheißung »Frieden auf Erden und den Menschen ein Wohlgefallen« Halt und Zuversicht geben könne. Vor allem jedoch sprach er Worte des Dankes: »Mit hoher Freude haben Eltern und Jugend den Entschluss der Amerikaner aufgenommen, auch in diesem dritten Jahr der amerikanischen Besatzung den Kindern Bad Nauheims Weihnachtsgeschenke zu überreichen. Ich mache mich zum Dolmetscher der Gefühle unserer Einwohner, wenn ich den verehrten Damen vom amerikanischen Roten Kreuz, den Herren Offizieren und allen Soldaten, die sich für diese Weihnachtsfeier so erfolgreich bemüht haben, den herzlichen Dank ausspreche... Möge es uns vergönnt sein, in besseren Zeiten die Dankesschuld für die Wohltaten abzutragen, die wir von den Amerikanern empfangen haben.«

Und nun folgte in gleichsam improvisierter, sparsamster Ausstattung ein Spiel, das die Geschehnisse von Bethlehem in Dialoge umsetzte, mit Maria, Josef, den Hirten und dem Kind in der Krippe. Schülerinnen und Schüler der beiden Bad Nauheimer Gymnasien hatten es gemeinsam einstudiert; sie durften sich über viel Beifall freuen.

»O du fröhliche...« klang es vielhundertstimmig durch den Saal, dann gingen Damen des amerikanischen Roten Kreuzes an den Sitzreihen entlang und reichten freundlich lächelnd den kleinen Gästen Becher mit heißem Kakao, Kekspäckchen und klebrige, köstliche Doughnuts. Wir können uns heute kaum vergegenwärtigen, was das damals bedeutete: In diesem trostlosen Jahr 1947, in dem die Normalverbraucherrationen so niedrig waren, dass sie nur ein Drittel des Nahrungsmittelbedarfs deckten, in dem ein offizielles Gutachten der Ärzteschaft feststellte, die meisten Deutschen seien bei einem Gewichtsdefizit von dreißig Pfund unterernährt. Die Rachitis verbreitete sich, Tuberkuloseerkrankungen stiegen auf das Vierfache des Vorkriegsstandes. Einhundert Gramm Fett pro Kopf sah die 109. Zuteilungsperiode für Kinder und Jugendliche in der Weihnachtswoche vor und die gleiche Menge Fleisch. Als Sonderration sollten Kinder auf den Lebensmittelkartenabschnitten E 905 Sojamehl, beziehungsweise Sojaflocken, erhalten, allerdings nur – so stand in den Amtlichen Bekanntmachungen der Stadt zu lesen – »soweit genügend Mengen im Kleinhandel bereits vorhanden sind«.

Doughnuts, Kekse, das stellten Herrlichkeiten dar im Vergleich zum Kuchen aus Kartoffelmehl, den Mutter feiertags wohl backen würde. Mit Kakao konnte man bestenfalls gelegentlich bei der Schulspeisung rechnen. Einen so schönen, hoch gewachsenen Weihnachtsbaum, überreich geschmückt, wie dort oben auf der Bühne, mit elektrischen Lichtern, gab es zu Hause gewiss ebenfalls nicht. Kerzen waren rar, in beschränkter Anzahl höchstens nach langem Schlangestehen oder auf dem Tauschweg zu ergattern. Sie müssten am Heiligen Abend bald wieder gelöscht werden, denn sonst könnten sie ja an den Feiertagen nicht mehr brennen.

Doch bevor sich solche Überlegungen fortsetzten, wurde die eigene Reihe zur Bescherung aufgerufen. Die Kinder stiegen zur Bühne hinauf, um aus den Händen der Amerikaner große, bunte Geschenktüten in Empfang zu nehmen. Vor Aufregung vergaß man das artige »thank you«, und noch beim Zurückgehen ins Parkett begann die Musterung der Schätze: Candies, Wrigley's Spearmints, Gebäck, Apfelsinen (welch äußerster Luxus!), ein ansehnlicher Jeep aus Holz, ein Schal... Das musste schnell Freunden und Klassenkameraden gezeigt werden. Einer von ihnen, ein richtiger Glückspilz, hat tatsächlich in der soeben geschenkten Wollmütze ein Zettelchen mit der Adresse in den Staaten entdeckt; es ließ auf Fortsetzung der einträglichen Kontakte hoffen, auf ein Päckchen kinderlieber Quäker vielleicht. Neid empfand kaum jemand, denn der Junge, seine Eltern und Geschwister waren erst vor einem knappen Jahr als Flüchtlinge in die Badestadt gekommen. Ein bißchen bedauerten es die Kinder, den behaglich warmen Saal verlassen zu müssen. Freilich bestand Einmütigkeit darüber, dass man eine besonders schöne Weihnachtsfeier erlebt hatte.

Das liegt lange Zeit zurück. Aber die Frage sei erlaubt, ob uns die Erinnerung daran nicht in Pflicht nehmen sollte gegenüber den Kindern, die in ähnlich bedrückenden (oder schlimmeren) Umständen wie wir vor Jahrzehnten auf etwas Weihnachtsfreude (und Hilfe darüber hinaus) warten?

(Wetterauer Zeitung, 24. Dezember 1984)

17

Großmannssucht oder Notwendigkeit:

Eine Straßenbahn für die Badestadt

Rückblick auf ein Vierteljahrhundert wechselvoller Planungen

Schon immer sahen es Kommunalpolitiker und Gemeindeverwaltungen als eine ihrer Hauptaufgaben an, sich über Ausbau oder völlige Neugestaltung von Verkehrsverbindungen Gedanken zu machen. Oft gaben auch Einzelinteressen von Bürgern Anstöße zu Veränderungen. Zahlreiche technische Erfindungen und ihre Umsetzungen, vor allem gegen Ende des letzten Jahrhunderts, eröffneten neue Möglichkeiten. Viele Städte begannen damals, diese in ihre Planungen miteinzubeziehen. Der moderne innerstädtische Verkehr entwickelte sich, Verbindungen zwischen den Gemeinden wurden verbessert.

Als Bad Nauheim gewissermaßen aus seinen Kinderschuhen herauswuchs, die »Badeindustrie« florierte und der Ort im Inland wie im Ausland an Bekanntheit gewann, setzte eine lebhafte Diskussion über die Nutzung neuer Verkehrsmittel ein. Man führte sie um die Jahrhundertwende jahrzehntelang mit großer Ausdauer. Die Gemüter erhitzten sich am Pro und Contra, an Grundsätzlichem oder am Detail, Pläne verschiedener Art entstanden, wurden verworfen, überarbeitet, wieder verworfen, überarbeitet, wieder verworfen, bis schließlich die Weltpolitik allen solchen Überlegungen ein Ende bereitete.

Soweit heute nach Unterlagen des Stadtarchivs feststellbar, hatte ein reicher Amerikaner als Erster die Idee, eine fortschrittliche Verkehrsverbindung zwischen Bahnhof und Johannisberg zu schaffen. Heaton Manice, damaliger Besitzer des Schweizer Häuschens am Höhenweg und Pächter der Waldteiche, stellte im Mai 1889 den Antrag, ihm eine Konzession zur Erbauung einer Dampf-Tramwaylinie zu erteilen. Für viele Herzkranke sei es nur auf diese Weise möglich, die gesunde »Höhenluft« zu genießen.

Der Nauheimer Gemeinderat beriet das Gesuch wohlwollend, beschloss aber, zunächst in anderen Städten nachzufragen, welche Erfahrungen man dort mit ähnlichen Einrichtungen gemacht habe und worauf bei einer eventuellen Verwirklichung des Vorhabens zu achten sei. Diese Vorsicht ließ relativ viel Zeit verstreichen, so dass Manice drei Jahre später nach Amerika zurückkehrte, ohne inzwischen einen endgültigen Bescheid erhalten zu haben.

Immerhin, der Denkanstoß war gegeben. 1896 griff die Privatinitiative eines Konsortiums von angeblich »hauptsächlich langjährigen Kurgästen von Bad Nauheim« das Projekt wieder auf. »Zur Hebung des Nauheimer Fremdenverkehrs ist eine derartige Verbindung ein längst empfundenes Bedürfnis«, hieß es in einer Eingabe an die Bürgermeisterei. Dampfbetrieb scheide aus, Vorrang solle eine elektrische Bahn haben. Umstritten war unter anderem allerdings die Konzessionsdauer und die Kapitalbeteiligung der Stadt. Wie in späteren Jahren erwies sich besonders der letzte Punkt als schwerwiegendes Hindernis. Die Höhe der notwendigen Subventionen drohte die städtische Finanzkraft zu übersteigen, deshalb verlegte man sich wiederum auf die Hinhaltetaktik.

Mittlerweile schienen sich neue Gesichtspunkte zu ergeben. Das Großherzogliche Kreisamt Friedberg teilte der Nauheimer Stadtverwaltung mit, dass die hessische Regierung einer Firma aus Niedersedlitz die Erlaubnis erteilt habe, Vermessungen für eine elektrische Bahn zwischen Bad Nauheim und Friedberg vorzunehmen. Das Interesse am Bau einer solchen Straßenbahn bestand offenkundig hauptsächlich in der Kreisstadt. Die Nauheimer reagierten zurückhaltend. »Die Wanderlust von hier nach Friedberg ist nicht von besonderer Bedeutung und wächst auch mit den Jahren nicht in dem Maßstabe, dass sich in kürzerer oder längerer Zeit das Bedürfnis einer Straßenbahnverbindung fühlbar machen wollte. Unsere Nachbarstadt Friedberg möge sich also dieserhalben keine allzugroßen Hoffnungen machen«, schrieb 1899 die Bad Nauheimer Zeitung. Schließlich gebe es ja die Main-Weser-Bahn: »Die Friedberger Ausflügler wurden bis jetzt immer noch rechtzeitig befördert, um den Unterhaltungen in Nauheim beiwohnen zu können.«

Gewiss spielte auch die Geschäftskonkurrenz eine erhebliche Rolle. Die einen hofften, Kurgäste könnten im bequemer zu erreichenden Friedberg verstärkt einkaufen, andere befürchteten es. Dennoch einigten sich die Bürgervereine beider Nachbargemeinden 1904 auf eine gemeinsame Zukunftsperspektive: Gemeinschaftlich sollten ein Elektrizitätswerk, die Straßenbahnverbindung sowie Schlachthaus und Schwimmbad errichtet werden. Rivalität sei unvernünftig.

In diesem Sinn äußerte der Schriftsteller Ludwig Wichmann im »Oberhessischen Anzeiger« seine Überzeugung: »Und so gehören sie zusammen wie Almenrausch und Edelweiß, wie Castor und Pollux, wie Schleswig und Holstein, und die Zeit dürfte nicht mehr fern sein, wo sie, wie die siamesischen Zwillinge, auch ein gemeinsamer elektrischer Strang verbindet.« Aber er täuschte sich. Über zwanzig Jahre vergingen, bis eine zusätzliche Verbindung neben der Eisenbahn zustande kam: die Buslinie des Wetterauer Kraftwagenbetriebes, die ja heute noch ihre Dienstleistung anbietet.

Beharren auf der Nauheimer Stadtbahn

Der Gedanke an eine elektrische Stadtbahn hatte sich indes in den Köpfen vieler Nauheimer festgesetzt. Eine neue Variante wurde entwickelt. Von der Dankeskirche könnte »in der besseren Jahreszeit« die Elektrische durch die Fürstenstraße (heutige Stresemannstraße), durch die Burgpforte, Burgstraße und Mittelstraße zum Hochwald fahren (Endstation Waldhaus). Somit sei die Altstadt schneller und bequemer von den Badeanlagen aus zu erreichen, außerdem das erholsame Waldgebiet für Kurgäste leichter zugänglich.

Freilich benötigte man – von Finanzhilfe abgesehen – die Unterstützung der Staatsbadverwaltung schon deshalb, weil das in Frage kommende Gelände zum Teil dem Fiskus gehörte. Die Kurdirektion bekundete jedoch in einem Schreiben an Bürgermeister Dr. Kayser, dass sie größeres Interesse an einer elektrischen Bahn von der Kurstraße zum Johannisberg habe, »weil dann den Kurgästen die Möglichkeit geboten würde, von dem höchsten Punkt Nauheims aus nach dem Frauenwald wie nach dem Hochwald hin absteigen zu können«. Eine Kapitalhilfe des Staates stehe zunächst prinzipiell nicht in Aussicht; die Finanzen seien durch die umfangreichen und kostspieligen Neubauten von Badehäusern und Trinkkuranlage bis aufs Äußerste beansprucht.

Notfalls im Alleingang?

Die Stadt gab nicht auf, hatten doch auch andere Badeorte, an denen man sich gern orientierte, gerade Straßenbahnen gebaut: Bad Homburg, Baden-Baden, Wiesbaden, Bad Kreuznach. Notfalls wollte man die Einrichtung der Bahn im Alleingang wagen. Alternative Streckenführungen wurden durchdacht. Eine Linie vom Bahnhof zum Amtsgericht (Ecke Parkstraße/Burgallee) schien schließlich die beste Lösung. Also mussten Kostenvoranschläge her. Zwei unterschiedliche Bahnsysteme standen zur Auswahl, eines mit herkömmlichen Gleisanlagen und Oberleitung, für das beispielsweise Siemens einen Vorschlag einreichte; das andere, ohne Schienen, nur mit Oberleitung, offerierte Firma Schiemann.

So stand am 27. August 1912 wieder einmal das Straßenbahnprojekt auf der Tagesordnung der Stadtverordnetenversammlung. Die Aussprache zeigte erneut konträre Positionen auf. Grundsätzliche Bedenken brachten diejenigen vor, die meinten, die Badestadt werde die Investitionskosten nicht verkraften und lade sich letztlich eine Schuldenlast von über drei Millionen Mark auf. Es brauche nur eine schlechte Kursaison zu kommen, schon stehe man vor dem Ruin. Dr. Kayser war in Übereinstimmung mit etlichen Parlamentariern weniger pessimistisch. Die laufenden Kosten ließen sich über die Fahrpreise weitgehend abdecken, technische Ausrüstung und Wagenpark könnten bescheiden gehalten werden. Die Einrichtung der Linie stelle eine Notwendigkeit dar, um die Verkehrssituation zu verbessern. Zahlreiche Kurgäste seien als Großstädter die neuzeitlichen Verkehrsmittel gewöhnt. Für die Altstadt erhöhten sich die Chancen, Zimmer zu vermieten. »Ein Großteil der Kurgäste entstamme aus mittleren Kreisen, und diese suchten sich ein Aufenthaltsheim, das den Verhältnissen in der Altstadt gleichkomme«, hieß es in einem Bericht über die Debatte. Die Beförderungspreise der Pferdedroschken lägen gerade für diesen Personenkreis zu hoch, der Fußweg aber sei zu weit. Die Abstimmung ergab dann eine Mehrheit für die Fortsetzung der Planungsarbeiten.

Schon damals: Leserbrief-Aktionen

Leserbriefe in den Bad Nauheimer Zeitungen spiegelten die Reaktionen der Öffentlichkeit wider. »Sämtliche Bewohner der oberen Stadt« wünschten, die Stadtväter sollten »sich nicht scheuen, für raschmöglichste Ausführung der Straßenbahn« einzutreten. Empört meinte dagegen eine Zuschrift, »dass ein solches Unternehmen stark nach Großmannssucht aussieht«, weiterhin »wäre es eine Sünde, vom Bahnhof aus ein so herrliches Entree durch die Anlage einer elektrischen Bahn zu verschandeln«. Andere zogen die Rentabilität in Zweifel und verwiesen auf den neu entstehenden Lärm, da »bekanntlich das ständige Schellen der Trambahn eine unangenehme Ruhestörung« bedeute. Vor allem dürfe die Bahn nicht durch Ludwigstraße und Parkstraße fahren, sonst »würde nicht allein das jetzt schöne Stadt- und Straßenbild verdorben, sondern auch den Kurgästen das Ergehen auf den bisher noch nicht durch den Fuhrwerksverkehr übermäßig geräuschvollen Straßen verleitet«. Die Stadtverwaltung versuchte, derartige Bedenken zu zerstreuen. Ein kontroverser Schriftwechsel zwischen Stadt und Staatsbad nahm Monate in Anspruch.

Gegen Ende des Jahres 1913 reichte der Abgeordnete Wilhelm Joutz, der den Wahlkreis Bad Nauheim/Butzbach vertrat, beim hessischen Landtag einen Antrag ein »betreffend Bewilligung des üblichen Staatszuschusses für den Bau einer Straßenbahn in Oberhessen«. Konkret wurde der Vorschlag unterbreitet, die Einrichtung einer Straßenbahn als Regionalverbindung von der Badestadt über Nieder- und Ober-Mörlen, Ziegenberg, Langenhain, Fauerbach v.d.H., Hoch-Weisel, Ostheim und Nieder-Weisel nach Butzbach zu genehmigen und finanziell zu unterstützen. Die Bezirksbahn war für Personen- und Gütertransport gedacht. Zugleich sollte Bad Nauheim mit einer Ringbahn versehen werden.

Joutz beabsichtigte also, den großherzoglichen Behörden die Realisierung mit der Erschließung ländlichen Raumes schmackhaft zu machen. In der ausführlichen Begründung des Antrages stand unter anderem zu lesen, dass die Bevölkerung dieses dörflichen Gebietes einer Bahn »zur besseren Beförderung ihrer reichlichen und vorzüglichen landwirtschaftlichen Produkte nach den Absatzgebieten Butzbach/Gießen und Bad Nauheim/Frankfurt dringend bedarf«. Die Straßenringbahn in Bad Nauheim biete »für ärmere leidende Kurgäste und für die Geschäftsleute eine große Annehmlichkeit und lässt sich später auf den Johannisberg fortsetzen«. Durch den Anschluss an die Bezirksbahn werde »die Verproviantierung des Badeplatzes« wesentlich erleichtert.

Hiermit war neuer Stoff für Auseinandersetzungen geliefert. Geschäftsinteressen, Lokalpatriotismus und Werben um Wählerstimmen kamen sich ins Gehege oder wetteiferten miteinander. Bevor der Landtag über das Vorhaben debattierte, brach der Erste Weltkrieg aus. Der Gesamtkomplex »Nauheimer Straßenbahn« wurde ad acta gelegt. Seit August 1920 konnte man per Postbus nach Ober-Mörlen/Ziegenberg gelangen. Und die badestädtischen Gäste bringt in unseren Tagen die gemütliche Kurbahn zum Johannisberg.

(Wetterauer Zeitung, Sonderbeilage 150 Jahre Soolbad Nauheim, 29. Juni 1985)

(Inzwischen hat der Stadtbus die Kurbahn abgelöst, Anm. d. Red.)

Reinhard Streckers Bad Nauheimer Jahre
Ein Beitrag zur Stadtgeschichte

Reinhard Strecker, der nach dem Umbruch von 1918 das schwierige, verantwortungsvolle Amt des ersten hessischen Kultusministers übernahm (Amtsbezeichnung: Präsident des hessischen Landesamtes für das Bildungswesen), später u. a. die deutsche Hauptstelle gegen Suchtgefahren leitete und zahlreiche Arbeiten vor allem auf philosophischem Gebiet veröffentlichte, verbrachte zwölf Jahre seines Lebens in Bad Nauheim. Sowohl in seinen fragmentarisch hinterlassenen »Erinnerungen eines deutschen Demokraten« als auch in seiner biografischen Skizze » Mein Leben« (1) gedachte er mit Freude und Dankbarkeit dieser Zeitspanne. Sie war wichtig für die weitere Ausformung seiner Persönlichkeitsstruktur, konnte er doch berufliche Erfahrungen vertiefen, eigene Initiativen in verschiedenen Bereichen entfalten und Einsichten über Möglichkeiten und Grenzen der Durchsetzung idealistischer Vorstellungen gewinnen. Die Badestadt indes verdankt ihm vielfache Impulse auf kulturellem und politischem Gebiet. Einem Großteil der Bürger ist dies seinerzeit durchaus bewusst gewesen. Zu seiner Abschiedsfeier, Ostern 1917 auf dem Johannisberg, waren so viele Freunde gekommen, dass sie nicht alle im damaligen Restaurant Platz fanden, und die Bad Nauheimer Zeitung würdigte anlässlich eines Berichtes über jenes Ereignis das unermüdliche, jahrelange Engagement Dr. Streckers. Sie schrieb: »Als warmherziger Jugenderzieher, als feinsinniger Schriftsteller und als begeisternder Redner regte er an, fesselte er und riss er den Hörer und Leser durch den Schwung seiner eigenen Überzeugung mit sich fort.« (2)

Wenn wir uns im Folgenden mit seinen Aktivitäten in Bad Nauheim beschäftigen – und damit zugleich ein Stück Stadtgeschichte aufgearbeitet werden soll –, liegt es nahe, Streckers Tätigkeit auf einzelnen Sachgebieten jeweils nacheinander darzustellen. Es sei jedoch darauf hingewiesen, dass eine solche Separierung in gewisser Weise problematisch erscheint, weil Streckers Denken und Handeln ja nicht teilbar sind. Sein Tätigsein auf verschiedenen Gebieten überschneidet sich nicht nur chronologisch, sondern zeigt sich insgesamt von grundlegenden philosophisch-ethischen Zielsetzungen geprägt: anderen Menschen denken helfen, ihre Urteilsfähigkeit stärken, ihnen einen Lebenssinn vermitteln, gerechtes und tolerantes Zusammenleben verwirklichen suchen. Da derartige Verpflichtungen übergreifenden Charakter haben, vermag die vorgenommene Aufteilung nur mit der Absicht methodischer Übersichtlichkeit gerechtfertigt zu werden.

1. Streckers pädagogisch-volksbildnerische Tätigkeit

a) Lehrer an der neu gegründeten Ernst-Ludwig-Schule

1905 war in der Badestadt auf Betreiben des einflussreichen, gehobenen Mittelstandes, der sich hauptsächlich aus Ärzte- und Beamtenfamilien sowie Angehörigen des Hotel- und Gaststättengewerbes zusammensetzte, letztlich aber auch durch entschlossenen Einsatz von Bürgermeister Dr. Gustav Kayser (3) die Ernst-Ludwig-Schule als Höhere Bürgerschule gegründet worden. Sie arbeitete zunächst auf der Grundlage des allgemeinen hessischen Realschullehrplans.

Der 30-jährige Lehramtsassessor Dr. Reinhard Strecker wurde im April von der Realschule Oppenheim hierher versetzt. Dies entsprach seinem eigenen Wunsch, denn die Schwiegereltern in Hungen (Kirchenrat Eduard Hainer) waren schneller und bequemer zu erreichen, zudem reizte ihn die Aufgabe, eine junge Lehranstalt mitaufzubauen. Dazu kam, dass man für die Schule – im Vergleich zu den üblichen Verhältnissen recht fortschrittlich – die Koedukation festgelegt hatte. Es ergab sich also die Möglichkeit, im pädagogischen Alltag innerhalb des festgesetzten Rahmens mit ein wenig Experimentierfreude gelegentlich neue Wege zu gehen. Der erste Direktor der Ernst-Ludwig-Schule, Prof. Dr. Carl Zimmer, hob im Rückblick Streckers starkes unterrichtliches Engagement hervor und formulierte unter anderem: »In seiner langen Amtszeit ist er als Lehrer des Deutschen und der Geschichte seinen Schülern stets ein Vorbild des Fleißes und der Pflichttreue gewesen, durch seine reichen Geistesgaben hat er sich die größte Hochachtung sowohl seiner Schüler als auch seiner Amtsgenossen erworben«.(4) Seine »segensreiche Wirksamkeit« sei von allen Seiten, von der vorgesetzten Behörde und den Eltern, vollauf anerkannt worden. Die ausdrückliche Erwähnung seiner »Bescheidenheit und unermüdlichen Freundlichkeit im persönlichen Umgang und im Verkehr mit der Jugend« rundet das Bild eines Lehrers ab, der bereit war, »in seinem Berufe wirklich innerlich aufzugehen, aus seinem Berufe nicht nur eine von den Bedürfnissen des Lebens auferlegte Last, sondern zugleich eine ihm selber wichtige, ans Herz gewachsene Aufgabe zu sehen«. (5)

Die Bewertung des geistigen Profils einer Schule durch die Öffentlichkeit wurde auch beeinflusst durch Schulfeiern, die bei Jubiläen bedeutender Dichter, Musiker, Philosophen und an so genannten patriotischen Gedenktagen stattfanden. Strecker hat mehrfach dazu beigetragen, bei solchen Anlässen das Ansehen der Ernst-Ludwig-Schule zu steigern. Bereits am 9. Mai 1905 hielt er sowohl schulintern als auch in einer allgemeinen, öffentlichen Veranstaltung in der Turnhalle des Turnvereins 1860 die Festrede zur 100. Wiederkehr des Todestages von Friedrich Schiller; später übernahm er im November 1909 die Gedenkrede am 150. Geburtstag des Dichters, mit dessen Idealismus er sich ebenfalls in Zeitungsartikeln (6) und in seinem Buch »Sonntagsbetrachtungen über Schillers Gedichte« auseinander setzte (7). Zweimal gelang es ihm, offizielle schulische Feiern, die meist alljährlich anlässlich des Geburtstages des Großherzogs abgehalten wurden, durch szenische Darbietungen seiner Schüler eindrucksvoll zu umrahmen. Am 25. November 1911 brachte eine deklamatorische Aufführung der »Antigone« des Sophokles so viel Erfolg, dass sie vier Tage später wiederholt werden musste. Im November 1915 spielten Schülerinnen bzw. Schüler der Obersekunda Szenen aus Kleists »Prinz von Homburg«, und Strecker behandelte in der Festansprache die Politik des hessischen Ministers Dalwigk.

Nach dem Urteil der Lokalpresse stellte dieser festliche Tag »dem an der Schule herrschenden Geist ein glänzendes Zeugnis« aus (8). Schließlich verfasste Strecker für die Einweihung des neuen Gebäudes der Ernst-Ludwig-Schule, Mittelstraße 30, am 6. Januar 1909 eine Festdichtung, betitelt »Die Arbeit der Schule«. Sämtlichen Lehrfächern war jeweils ein Abschnitt gewidmet, in dem das für sie Spezifische herausgearbeitet war; gleich wichtig trat das Verbindende hervor: die Erziehung zu Mitmenschlichkeit, Güte, Vernunft und Friedfertigkeit. Die

Zuhörer erkannten unschwer, in welch starkem Maße der Verfasser der Gedankenwelt der deutschen Klassik und der idealistischen Philosophie verbunden war.

b) Gründung des Bildungsvereins, Anfänge der Stadtbücherei

Strecker teilte den Standpunkt vieler entschiedener Förderer der Volksbildungsbewegung, dass Bildung und Erziehung mit der Arbeit der Schule nicht beendet sein könne und dürfe. Hier sei nur die Grundstufe für eine spätere Weiterarbeit des Einzelnen aus eigenem Antrieb erreicht. Freilich bedürfe er dabei der Hilfe anderer, vor allem dann, wenn er – wie ja die überwältigende Mehrheit der Bevölkerung um die Jahrhundertwende – nur die relativ kurze Volksschulausbildung absolviert habe. Anregen, nicht etwa Bevormunden, »Hilfe zur Selbstbildung« (Prof. Franz Staudinger), das erschien auch Strecker als verantwortungsvolle Methode der Erwachsenenbildung. Gemäß seiner inneren Bindung an die neukantianische Marburger Schule und seiner linksliberalen politischen Grundeinstellung stimmte er mit der Auffassung des Frankfurter Stadtrates Dr. Karl Flesch überein: »Wir sehen in den Bildungsfragen soziale Bestrebungen, wir behandeln die Bildungsfragen als soziale Fragen«. (9) Sozial benachteiligte Bevölkerungsschichten an Bildungswerte heranzuführen, ihnen das nötige Wissen als Rüstzeug zur eigenen Urteilsfähigkeit zu vermitteln, biete eine Chance, zu einem Ausgleich in der Gesellschaft zu gelangen. Das Wachsen des Selbstbewusstseins, verbunden mit einem angestrebten allmählichen Abbau von Klassenschranken, könne besseres gegenseitiges Verstehen und Toleranzbereitschaft zur Folge haben.

In Bad Nauheim bestand seit längerer Zeit der Wunsch nach Einrichtung einer jedermann, gerade auch minderbemittelten Einwohnern, zugänglichen Lesehalle. Dr. Strecker ermutigte den Vorstand des Bürgervereins, zur Erörterung dieses Themas eine allgemeine Versammlung einzuberufen (10). Er selbst übernahm ein Referat zur Begründung des Vorhabens. Das Echo war positiv, ein öffentliches Lesezimmer konnte schon am 4. Januar 1906 eröffnet werden, nachdem Rentier Karl Langenbach einen Raum in seinem Haus, Villa San Remo, Lutherstraße 2, zur Verfügung, gestellt hatte. Die Benutzungsgebühr von 50 Pfennigen war bewusst niedrig angesetzt. Den Grundstock der Ausleihbibliothek bildeten zunächst etwa 300 Bücher, die der Rhein-Mainische Verband für Volksbildung gestiftet hatte (11). Unter ihnen befanden sich Bände guter Unterhaltungsschriftsteller. »Eine Hauptsache aber ist es jedenfalls, die Werke unserer Klassiker im Laufe der Zeit vollständig zusammenzustellen. Baut sich doch unsere ganze moderne Geisteswelt auf dem Fundament auf, das sie gelegt haben, ohne dass man leider behaupten dürfte, dieses Fundament sei schon soweit Allgemeingut geworden, wie es für die kulturelle Bedeutung unserer Nation zu wünschen wäre« (12). Ferner waren Zeitungen und Zeitschriften der verschiedensten politischen und religiösen Richtungen ausgelegt. »Der konservative ›Reichsbote‹ liegt friedlich neben der sozialdemokratischen ›Volksstimme‹, die ›Kölnische‹ neben der ›Frankfurter Zeitung‹; auch die ›Germania‹ fehlt nicht. Von den Zeitschriften seien nur Hardens ›Zukunft‹, der ›Kunstwart‹ und die ›Christliche Welt‹ genannt« (13). Strecker und seine Freunde legten besonderen Wert auf Pluralität: »Denn nur durch das Kennenlernen und innere Verarbeiten auch entgegengesetzter Standpunkte erwirbt sich ein vernünftiger Mensch schließlich eine nach allen Seiten hin gefestigte und wirklich begründete Weltanschauung. Die Parteigegensätze werden sich freilich auch auf diesem Wege nicht beseitigen, wohl aber auf ein etwas höheres geistiges Niveau heben lassen, und gerade sie werden auf diese Weise ihrerseits manches zur Anfeuerung geistiger Lebendigkeit beitragen.« (14).

Träger der Institution Lesezimmer sollte ein Bildungsverein werden, der sich am 16. Januar 1906 konstituierte. In den Vorstand wurden gewählt: Buchhalter Heinrich Franke, Bankier Georg Heinrich, Rentier Langenbach, Stadtverordneter Jakob Minder, Wachtmeister Christoph Mörler, Sanitätsrat Dr. Johann Müller, Oberlehrer Dr. Hermann Stockhausen, Lehrer Johann Wertheim, den Vorsitz übertrug man Dr. Strecker (15). In dieser Position wurde er bis 1917 immer wieder bestätigt.

Die Vereinssatzung legte weiterhin fest, dass Bildungsarbeit auch »durch die Veranstaltung von populären, aber wissenschaftlich gediegenen Vorlesungen und künstlerisch guten Unterhaltungen« geleistet werden sollte (16). Diese Bestimmung bildete den Ansatzpunkt von Spannungen zwischen den Volksbildungsenthusiasten und Teilen des Nauheimer Bildungsbürgertums. Immerhin existierte seit Ende Oktober 1904 der von Dr. Kayser favorisierte Vortragsverein, der es sich zur Aufgabe gemacht hatte, außerhalb der Kursaison, gewissermaßen während des kulturellen Vakuums des Winters, Vorträge und Konzerte in der Badestadt zu organisieren (17).

Strecker wehrte frühzeitig den Vorwurf schädlicher Konkurrenz ab: »... als ob nicht beide Vereine ruhig nebeneinander bestehen könnten, jener sich an die breiteren Schichten des Volkes wendend, dieser den besser Situierten besondere Genüsse bietend; und als ob es nicht gerade von Bildungsvereinen heißen sollte, es kann nie zu viele, wohl aber nie genug Vereine geben, und verwandte Ziele bedingen noch lange nicht das Einschlagen derselben Bahnen«. (18) Noch 1908 klagte Strecker über »stark feudale Kreise ... die eine gegenseitige Fühlungnahme sehr erschwerten... Das wäre eine entscheidende Weitsichtigkeit, wenn man jeder tüchtigen Arbeitskraft verständnisvoll entgegenkäme, ohne vorher immer erst ängstlich nach dem politischen und religiösen Glaubensbekenntnis zu fragen«. (19)

Tatsächlich kam es dann im Laufe der Zeit zu einem friedlich-freundlichen Nebeneinander, wobei sich der Vortragsverein stärker auf musikalische Veranstaltungen spezialisierte. Es fand sogar in gewissem Maße eine personelle wechselseitige Durchdringung statt. Beispielsweise wurde Dr. Strecker 1909 in den erweiterten Ausschuss des Vortragsvereins gewählt. Dr. Baur war seit 1917 Vorstandsmitglied des Bildungsvereins und übernahm 1921 das Amt des 1. Vorsitzenden.

Der Bildungsverein musste sich kurz nach seiner Gründung auch mit Verdächtigungen auseinandersetzen, er begünstige einseitig eine politische Richtung. Sie wurden deutlicher erkennbar bei der Stadtverordnetensitzung vom 16. März 1906. Der Vorstand des Vereins hatte sich mit einem Gesuch an die Stadt gewandt, ihm einen größeren Raum zur Unterbringung von Leihbibliothek und Lesezimmer kostenfrei zu überlassen. In der Diskussion wurden Bedenken bezüglich der ausgelegten Zeitungen bzw. Zeitschriften geäußert, und der Bürgermeister argumentierte abwartend. Was eine Unterstützung anbelangte, so müsse erst volle Klarheit geschaffen werden, »ob die Bestrebungen des Vereins den

Ansichten der größeren Mehrheit der Gemeinde entsprächen«. Die Angelegenheit sei noch nicht entscheidungsreif. (20) Der Vorstand reagierte offensiv. Strecker antwortete in einer Zeitungsanzeige auf dieses »Misstrauensvotum«. Die beanstandeten Zeitungen seien vor allem die sozialdemokratischen und die antisemitischen Blätter. Aber auch sie müssten zugänglich sein, wenn man den Grundsatz der Neutralität nach allen Seiten ernst nehme. Zur Bildung gehöre ganz wesentlich auch die auf politischem Gebiet. Die Erfahrung an anderen Orten habe gelehrt, dass nur auf dem eingeschlagenen Weg dauernde Teilnahme aller Volkskreise erwartet werden könne. (21) Und Stadtverordneter Jakob Minder wies in einer öffentlichen Vereinsveranstaltung drei Wochen später nochmals den Verdacht einseitiger Tendenz energisch zurück; er erklärte, man müsse es doch wohl lernen, auch im politisch oder religiös anders Denkenden immer noch wenigstens den Menschen zu achten.

Der Kommentator der Bad Nauheimer Zeitung, Carl Reinhardt, der selbst mit den Volksbildungsbestrebungen sympathisierte, gab in seiner »Wochenplauderei« (unter dem Pseudonym Felix) der Hoffnung Ausdruck, zwischen Bildungsverein und Stadt werde es doch zu einem guten Einvernehmen kommen, »wenn die Angelegenheit nicht zur Parteisache gemacht wird. Unsere Stadt hatte bisher den Vorzug, von der Parteien Hass und Gunst nur wenig zu spüren, und es wäre schade, wenn durch die öffentliche Lesehalle eine Änderung eintreten sollte«. (22)

Trotz solcher Anfangsschwierigkeiten entwickelte sich der Verein recht gut. Die Mitgliederzahl pendelte sich bei etwa 400 ein. Die Bibliothek wuchs durch Buchspenden kontinuierlich, ebenso das Interesse an der Ausleihe. Der Bürger- und Stadtverkehrsverein steuerte Zuschüsse bei, schließlich gewährte auch die Stadt einen jährlichen Zuschuss von 100 Goldmark. Die dafür angeschafften Bücher wurden mit dem städtischen Stempel versehen und dem Bildungsverein leihweise überlassen (23). Hiermit war der Anfang gemacht für eine integrierte, von der Stadt mitgetragene Bücherei, die noch heute in Bad Nauheim besteht. Nachdem die Stadtverwaltung das alte Rathaus am Marktplatz infolge Umzugs in das Gebäude Friedrichstraße 10 geräumt hatte, wurde im Winter 1911 der untere Stock dem Bildungsverein zur Einrichtung von Lesezimmer und Bibliothek zur Verfügung gestellt; ab 1927 erfolgte die Nutzung der ersten Etage bis zum Ende des Zweiten Weltkrieges (24).

c) Vortragsveranstaltungen und Theaterabende

Eine Darstellung bzw. Aufzählung aller Vortragsveranstaltungen des Vereins würde den Leser ermüden. Es soll daher versucht werden, lediglich einen Eindruck zu vermitteln und kurz auf Typisches hinzuweisen.

Zum Teil hielt Strecker selbst Einzelvorträge über bedeutende Persönlichkeiten, so zum Beispiel am 18. Januar 1906 über Benjamin Franklin, am 16. Juli 1906 über »Rembrandt als Erzieher« (mit Lichtbildern) oder am 14. November 1914 über »Leibniz und das deutsche Volk«. Daneben verpflichtete man in Verbindung mit dem Rhein-Mainischen Verband für Volksbildung auswärtige Referenten wie etwa Prof. Dr. Sauer (Gießen), der sich am 31. Januar 1908 mit »Kunststätten des Mittelmeeres« beschäftigte; Prof. Dr. Walther Kinkel (Gießen), der am 6. Februar 1909 das Thema »Ethik und Entwicklung« behandelte; Architekt Karl Sack (Frankfurt), dessen kritischer Experimentalvortrag am 29. November 1913 der Magie und ihren Praktiken galt (25). Eine jeweils gleiche Anzahl von Vorträgen pro Jahr – vorwiegend in der Zeit Oktober bis März – war nicht festgelegt. Die Räumlichkeiten wechselten (Sprudelhotel, Turnhalle, Thalysienhof, Ernst-Ludwig-Schule). Für Gedenkfeiern, die sich aus Jubiläumsdaten ergaben, wurden gelegentlich anspruchsvolle musikalische Rahmenprogramme erstellt; es sei in diesem Zusammenhang die Mitwirkung Frankfurter Künstler (Konzertmeister Nico Poppelsdorf, Musikdirektor Gustav Bauer), des 1. Friedberger Doppelquartetts (Leitung Johannes Kuhn) oder des Nauheimer »Frohsinns« (Leitung Wilhelm Bechtolsheimer) erwähnt.

In den Wintermonaten der Jahre 1910 bis 1913 sprach Strecker in Vortragszyklen, so genannten Volksvorlesungen, über »Die Hauptströmungen in der modernen Literatur«, »Die Vorgeschichte der französischen Revolution im Lichte der neuesten Forschung« und »Richard Wagner« (26).

Um besseres Verständnis für Literatur zu verbreiten, hatte der Verein in den ersten Jahren seines Bestehens ebenfalls während des Winters allwöchentlich öffentliche literarische Abende angeboten. Man traf sich im Sitzungssaal des alten Rathauses, diskutierte über Entstehungsgeschichte und Handlungsaufbau ausgewählter Werke; charakteristische Stellen wurden in Rollenverteilung gemeinsam gelesen; 1907 bemühte man sich um gemeinsame Interpretation philosophisch-weltanschaulicher Schriften. Dass die Zusammenkünfte nach 1908/09 nicht fortgesetzt worden sind, ist offenbar der schwindenden Teilnehmerzahl zuzuschreiben.

Auch bei anderer Gelegenheit stellten sich nicht die Erfolge ein, die sich die Vorstandsmitglieder erhofften. Strecker, Mitglied des Gießener Dürerbundes (27), beabsichtigte, durch (vom Rhein-Mainischen Verband unterstützte) Kunstausstellungen ästhetische Geschmackserziehung zu betreiben. Die am 1. August 1906 in den Räumen des Restaurants »Saalburg«, Kurstraße 3, eröffnete Bilderausstellung sollte eigentlich nur ein Auftakt sein, blieb dann aber in dieser Form ein singuläres Ereignis. Zu sehen waren u. a. Steindrucke von Hans Thoma, Radierungen von Leibl und Menzel, Kopien einzelner Werke Dürers und Feuerbachs, Reproduktionen von Böcklin, Ludwig Richter, Watteau, Claude Lorraine sowie Originalgemälde des hessischen Künstlers Daniel Greiner. Anfänglich konnte man mit dem Publikumsinteresse zufrieden sein. »Die Ausstellung begegnet auch in unserer Nachbarstadt Friedberg lebhaftem Interesse. Vorgestern besuchten Rektor und Kollegium der Schillerschule mit 50 Schülerinnen die Ausstellung... Gestern besichtigten die Kandidaten des Predigerseminars unter Führung ihres kunstsinnigen Direktors die Ausstellung.« (28) Doch dann gingen die Besucherzahlen rapide zurück und entmutigten die Veranstalter.

Zum eindeutigen Schwerpunkt der Tätigkeiten des Bildungsvereins (neben der Bibliotheksbetreuung) entwickelten sich Vorbereitung und Durchführung regelmäßiger Theaterabende.

Aus der letzten Dekade des vergangenen Jahrhunderts stammte der Gedanke, »die Kunst dem Volke zurückzugewinnen. Die Kunst darf nicht mehr ein Privileg der höheren Klassen sein, der Arbeiter muss teilnehmen an den Segnungen der Kunst und Wissenschaft... Die Kunst soll in alle Klassen hineinreichen.« (29) Volksvorstellungen sollten zu einem wichtigen Teil der gesamten Volksbildungsarbeit werden. Diesem Trend folgend, gründete der Rhein-Mainische Verband 1907 ein Verbandstheater in der Form einer Wanderbühne, die in kleineren Städten und Dörfern der Provinz, aber auch in den Arbeitervororten Frankfurts spielte. Felix Hauser, der künstlerische Leiter, formulierte als Ziel, »den breitesten Volksschichten für einen, selbst dem Unbemittelten, erschwinglichen Preis die Meisterwerke der Gesamtliteratur in würdiger Darstellung vor Augen zu führen und so auf das Geistes- und Herzensleben des Volkes fördernd einzuwirken«. (30)

Für Bad Nauheim mag damals zutreffend gewesen sein, was in einer Studie (31) in Hinblick auf Angehörige des Mittelstandes festgestellt wurde, dass nämlich »die üblichen Theaterpreise für sie zu hoch« waren, um sich öfter den Besuch einer Aufführung leisten zu können. Wenn im Sommer das Kurtheater niveauvolle Veranstaltungen anbot, bestand zudem gewiss bei manchen Einheimischen eine Art »Schwellenangst«, sie hatten Hemmungen, sich unter mehr oder weniger mondäne Badegäste zu mischen. Außerhalb der Saison trat ohnehin eine Ruhepause ein, und ein Theaterbesuch in Gießen oder Frankfurt wurde durch die Kosten der Bahnfahrt verteuert. Dem Versuch des Hanauer Schauspielers Matthäus Henss, im Winter den Bad Nauheimern mit einem fest engagierten Ensemble ein Theaterprogramm zu präsentieren, war kein Erfolg beschieden. Eine Hauptursache dafür ist wohl in teilweise mangelhaften Leistungen seiner Kollegen zu suchen. (32)

Der Bildungsverein schloss also mit dem Rhein-Mainischen Wandertheater einen Vertrag und wählte aus einem vorgegebenen Spielplan jeweils etwa sechs Stücke aus, die in der Zeitspanne Oktober bis März zur Aufführung gelangten. Der erste dieser Theaterabende fand am 4. November 1907 in der Turnhalle statt, gespielt wurde Schillers »Kabale und Liebe« vor 250 Zuschauern. Die Besucherzahlen der nächsten Aufführungen 1907/08 sind uns ebenfalls bekannt. (33) Sie lagen durchschnittlich bei 200 Personen, in den Jahren danach – wie aus Berichten auf den Generalversammlungen des Vereins hervorgeht – etwas höher. Eine Übersicht über das Repertoire zeigt, dass neben Klassikern auch moderne Dramatiker berücksichtigt waren; um die Weihnachtszeit gab es meistens eine Kindervorstellung. (34) Mit Ausnahme der erwähnten ersten Aufführung spielte das Verbandstheater im großen Saal des Sprudelhotels.

Ein ausführlicher Bericht der »Oberhessischen Volksblätter« vom März 1912 betonte: »Die Bühne des Sprudelhotels ist in ihrer Ausstattung sehr primitiv, dessen ungeachtet sind wir ihres Besitzes froh.« Dem Vorstand des Bildungsvereines oblag es, bescheidene Kulissen und notwendige Requisiten dem vorgesehenen Theaterstück anzupassen. »Was an anderen Bühnen dem Theater- und dem Requisitenmeister zu tun übrig bleibt, ist hier das Geschäft der Damen und Herren, die sich in den Dienst der Sache stellen. Auf einen großen Zettel hat der Schauspielleiter die Gegenstände und Gerätschaften verzeichnet, die er zur Aufführung benötigt. Wenn er am Spieltage ankommt, hat alles zur Stelle zu sein; da gilt es zu laufen und zusammenzuholen, wo etwas zu bekommen ist.« Es musste auch noch für die Unterkunft der Schauspielerinnen und Schauspieler gesorgt werden, die spät am Abend ihr Zuhause nicht mehr erreichen konnten. Zahlreiche Bad Nauheimer Familien stellten ihnen freie Unterkunft zur Verfügung. »Viele Faktoren freiwilligen Einsatzes wirkten zusammen, um mit einer Reihe von Theaterabenden Bereicherung und Abwechslung in den Bad Nauheimer Winter zu bringen. Die Theateraufführungen kann man bei Gegenüberstellungen zu Provinzialbühnen durchweg mit dem Prädikat gut belegen. Wir haben im Sprudelhotel schon Aufführungen erlebt, die sich mit einer Großstadtbühne messen konnten.« (35)

Enttäuschungen über gelegentlich mäßiges Interesse blieben auch bei dieser Art von Volksbildungsarbeit nicht aus. Beispielsweise äußerte der 2. Vorsitzende, Dr. Müller, in der Generalversammlung des Bildungsvereins 1912, »dass der Besuch der Theaterabende besser sein könnte, da den jetzigen Aufwendungen an Kraft und Geld der Besuch nicht entspreche«. Man verzeichnete Einnahmen durch Eintrittsgelder in Höhe von 1849,20 Mark; die Ausgaben betrugen jedoch 2176,19 Mark, so dass also der Verein einen, für seine Verhältnisse, kräftigen Zuschuss bereitzustellen hatte. (36) Reinhard Strecker indes ließ sich auf Dauer nicht beirren und machte anderen immer wieder Mut: »Wir ›Bildungsschwärmer‹ sind es gewohnt, mit mancherlei Misstrauen oder Geringschätzung beurteilt zu werden... Jede weiterschauende Kulturarbeit muss einen gesunden Optimismus, Glauben an die Menschheit und ihre Zukunft, Arbeits- und Opferfreudigkeit, Idealismus, einfach voraussetzen... Also: Speremus atque agamus«! (37)

2. Streckers politische Tätigkeit

a) Der freisinnige Verein und Streckers Kandidaturen

Reinhard Strecker war ursprünglich, seit seiner Gießener Studentenzeit, ein überzeugter Nationalsozialer, doch Friedrich Naumanns Partei gab 1903 ihre Selbstständigkeit auf und fusionierte mit der freisinnigen Vereinigung.

In Bad Nauheim schloss sich Strecker einer Gruppe Linksliberaler an, die zur Freisinnigen Volkspartei gehörte. Als ihr Repräsentant galt Johann Heinrich Fritz. Er besaß allgemein beträchtliches Ansehen und wurde seit 1890 regelmäßig mit hoher Stimmenzahl in die Stadtverordnetenversammlung gewählt. (38) Bei den Landtagswahlen 1899 ist er als Kandidat sogar vom Hessischen Bauernbund unterstützt worden, unterlag aber dem bisherigen nationalliberalen Abgeordneten Friedrich Karl Weith (Nieder-Wöllstadt).

Noch einmal ließ sich Fritz 1905 als Landtagskandidat aufstellen, allerdings wohl weniger von parteipolitischen Gesichtspunkten als vielmehr von lokalpatriotischer Stimmung dazu gedrängt. Bad Nauheim war der größte Wahlort des 2. oberhessischen Wahlbezirks (Nauheim/Friedberg-Land), daher wünschten viele Wähler der Badestadt, einen Einheimischen in die zweite Kammer nach Darmstadt zu entsenden. In Schwierigkeiten gerieten hierdurch vor allem die Nationalliberalen mit ihrem Kandidaten Justizrat Adolf Windecker (Friedberg). Einige Tage vor der Wahl zerbrach der Wahlverein der bürgerlichen Parteien, dem auch die Freisinnigen angehört hatten. Eine lebhafte Agitation gegen Windecker lief an, und die Wähler Nauheims entschieden sich mehrheitlich für die Wahlmänner, die durch eigene öffentliche Erklärung auf Johann Heinrich Fritz festgelegt waren. Dennoch erhielt dieser im ganzen Bezirk letztlich nur 14 Wahlmännerstimmen, für Windecker wurden drei (!) Stimmen abgegeben, der Sieger hieß mit 22 Stimmen Karl Breidenbach aus Dorheim, Kandidat des Hessischen Bauernbundes. (39)

Der Verlauf der Wahl hat das Verhältnis zwischen Freisinnigen und Nationalliberalen belastet. Immerhin ist Windecker ein prominenter Vertreter seiner

Partei gewesen, recht engagiert bei Reichstagswahlen und Mitglied des Landes-ausschusses der hessischen Nationalliberalen. Dem Freisinn gab das Ergebnis, trotz gewisser Enttäuschung, Auftrieb. Es stellte eine gute Basis für hoffnungs-volle Weiterarbeit dar.

Hatten die örtlichen Vereine fast aller bürgerlichen Parteien lange Zeit außer kurzfristiger Wahlagitation ihre Aufgabe vor allem darin gesehen, ihren Gesin-nungsgenossen Gelegenheit zu geben, sich im kleinen Kreis zu treffen und über-zeugungsmäßig zu bestätigen, so strebten sie nach 1900 zunehmend danach, auch zwischen Wahlterminen öffentlich präsent zu sein und für ihre Ziele zu werben. Streckers dynamische Persönlichkeit, seine zupackende Art, trugen da-zu bei, dass in Nauheim die freisinnige Parteiarbeit verstärkt wurde. In einer Versammlung am 2. November 1906 wählte man ihn zum 2. Vorsitzenden und damit also zum Stellvertreter von Joh. Heinr. Fritz, mit dem er dann Jahre lang hervorragend zusammenarbeitete. Als Schriftführer und Kassenverwalter fun-gierten künftig Rechtsanwalt Dr. Karl Brücher bzw. Prokurist Hans Müller; eif-riger Mitstreiter war ferner Vorstandsmitglied Dr. Hermann Stockhausen. (40)

Bad Nauheims Freisinnige (angeschlossen an den »Freisinnigen Landesverein für das Großherzogtum Hessen«) setzten sich frühzeitig für die Einheit aller linksliberalen Parteigruppierungen ein. Grundlage sollte das so genannte Frank-furter Einigungsprogramm bilden, besonders Dr. Strecker hat mehrfach in Ver-anstaltungen dafür geworben.

Er erklärte sich bereit, zur Reichstagswahl 1907 für den Freisinn zu kandi-dieren. Dabei musste er sich hauptsächlich gegen den nationalliberalen Grafen von Oriola und den Sozialdemokraten Busold abgrenzen (41). Grundsätzliche Unterschiede zu den Nationalliberalen sah er in der Zoll- und Steuerpolitik, in der Wahlrechtsfrage, beim Koalitionsrecht und dem Problem der Gleich-berechtigung der Frau im öffentlichen Leben. Insgesamt trat er für ernsthafte-res Streben nach sozialer Gerechtigkeit ein, die er zur gedeihlichen Fort-entwicklung der industriellen Gesellschaft für unverzichtbar hielt. An den So-zialdemokraten kritisierte er deren auf Umsturz abzielende Radikalität. Klas-senkampfparolen seien abzulehnen, da sie das zum Bestand eines Volkes un-erlässliche Zusammengehörigkeitsgefühl zersetzten.

Der Freisinn ging mit gestärktem Selbstbewusstsein in den Wahlkampf. Noch bei den vorausgegangenen Reichstagswahlen 1903 hatte er sich mit einer reinen Zählkandidatur Eugen Richters begnügen müssen, denn es war »nach Lage der Sache« nicht möglich gewesen, »mit einer Erfolg verheißenden Kandidatur in dem Wahlkreis einzutreten« (42). Mit dem Ergebnis konnte man zufrieden sein: Auf Graf Oriola entfielen 8492 Stimmen, für Busold entschieden sich 7234, Strecker 1472 (gegenüber 208 Wähler 1903 für E. Richter) und den Antisemi-ten Bähr 3299 Wähler. In Bad Nauheim selbst überrundete der Freisinn mit 376 Stimmen die Nationalliberalen (305 Stimmen); die Sozialdemokraten erhielten hier 278 Stimmen, die Antisemiten 23 Stimmen (43).

Obwohl die Freisinnigen bei der Stichwahl v. Oriola unterstützten und dieser endgültiger Sieger wurde, blieb gerade auch in der Badestadt das Verhältnis zwi-schen den beiden liberalen Parteien gespannt. Zweifellos sind einige der oben geschilderten Vorbehalte dem Bildungsverein gegenüber aus diesen politischen Entwicklungen zu erklären. Streckers pazifistische Äußerungen, beispielsweise

in dem 1908 veröffentlichten Buch »Sonntagsbetrachtungen über Schillers Gedichte« und im »Bad Nauheimer Brief« des Gießener Anzeigers vom September
1907, lösten zusätzlich Irritationen aus. Einflussreiche nationalliberale Honoratioren, Bürgermeister Dr. Kayser etwa, oder der langjährige Stadtverordnete Johann Peter Christian Schäfer, waren nämlich zugleich Vorstandsmitglieder des
Krieger- und Militärvereins »Hassia« bzw. der Ortsgruppe Bad Nauheim des
»Deutschen Flottenvereins«. Dr. Franz Baur, 1. Vorsitzender der Nationalliberalen, leitete auch den Vortragsverein (44).

Als im Frühjahr 1910 eine Ersatzwahl für den verstorbenen Grafen Oriola
notwendig wurde, einigten sich die Liberalen nach längeren Verhandlungen erstaunlicherweise auf den gemeinsamen Kandidaten Prof. Dr. Fritz van Calker.
Die Einheit zerbrach jedoch rasch wieder, nachdem Heinrich Busold (SPD) und
Dr. Georg Wilhelm v. Helmoldt vom Bund der Landwirte in die Stichwahl kamen. Die Nationalliberalen unterstützten v. Helmoldt, die Linksliberalen Busold, der mit einem Vorsprung von 2200 Stimmen siegte. »Die Wahlparole der
Freisinnigen ist befolgt worden und hat den Sozialdemokraten an allen größeren Orten die Mehrheit gebracht. An der Spitze der ›roten Hochflut‹ steht Bad
Nauheim.« (45)

Unterdessen hatte sich der angestrebte Zusammenschluss aller linksliberalen
Gruppierungen zur »Fortschrittlichen Volkspartei« vollzogen. Für sie zog Rein-
hard Strecker – über den Nauheim/Friedberger Raum hinaus längst bekannt ge-
worden – noch einmal 1912 als Kandidat in den Reichstagswahlkampf. Im
Wahlkreis Darmstadt-Groß Gerau erreichte er einen Achtungserfolg mit 7268
Stimmen gegenüber Dr. Arthur Osann (Nationalliberale) mit 11 169 und Dr.
Ludwig Quessel (SPD) mit 18 323 Stimmen. Im Friedberg/Bad Nauheimer
Wahlkreis war für die Fortschrittlichen Dr. Heinrich Leuchtgens aufgestellt
worden.

Es erfüllte die Nauheimer Parteifreunde mit Genugtuung, dass der erweiterte Landesausschuss der Fortschrittlichen Volkspartei für das Großherzogtum
Hessen am 17. und 18. Mai 1913 in ihrer Heimatstadt tagte. Die Organisation
des Ortsvereins war gefestigt, der Mitgliederstand lag bei 86 Personen, man betrieb eine rege Öffentlichkeitsarbeit, und unter den 15 Stadtverordneten vertraten drei die fortschrittliche Linie. (46)

Dass Strecker sich während des Ersten Weltkrieges in Ansprachen auf Kai-
sersgeburtstagsfeiern des Bad Nauheimer Reservelazaretts zur Monarchie, nach
1918 aber zum republikanischen Staat bekannte, wurde ihm zu Beginn der
Zwanzigerjahre von politischen Gegnern als Gesinnungslumperei ausgelegt. Er
hat sich viel später in seinen »Erinnerungen« zu seiner damaligen Haltung er-
klärend geäußert: »Ich selbst wurde von widerstreitendsten Empfindungen hin
und her gerissen. Ich hoffte auf den Kaiser, auf siegreiche Abwehr, Demokrati-
sierung Deutschlands, europäische Verständigung. In diesem Sinne hielt ich gelegentlich patriotische Reden.« (47) Betrachtet man seine grundsätzlichen Stellungnahmen vor dem Umbruch im Ganzen, so ist er wohl am zutreffendsten als
»Vernunftmonarchist« (in der Definition Theodor Barths) zu bezeichnen. De-
magogische Böswilligkeit freilich versuchte, seine öffentlich vorgebrachte Kritik
am überholten Gottesgnadentum (48) vergessen zu machen und seine wieder-
holten Warnungen vor »Säbelgerassel und Waffengeklirr«, den ›falschen Requisiten des Patriotismus‹, zu negieren.

b) Unterstützung der Frauenbewegung

Die Linksliberalen sympathisierten mit dem Kampf der Frauenbewegung um die Durchsetzung ihrer vielfältigen Ziele. An dieser Stelle sei zum besseren Verständnis der Zusammenhänge komprimiert an einige Punkte erinnert. (49)

Seit Beginn unseres Jahrhunderts hatten Frauen Zutritt zu Hochschulen und Universitäten, aber die Zahl der Mädchen, die eine entsprechende schulische Vorbereitung erhielten, war äußerst begrenzt; insgesamt galt es, die Mädchenbildung zu intensivieren und zu verbessern, die Bildungsinhalte so zu gestalten, dass Frauen Selbstständigkeit und Erwerbstätigkeit ermöglicht wurden. Da sie von vielen Berufsfeldern von vornherein ausgeschlossen blieben, mussten sie oft unqualifizierte, unterbezahlte Hilfstätigkeiten verrichten. Hieraus erwuchs die Forderung nach freiem Zugang zu allen Berufen für interessierte, ausbildungswillige Frauen sowie nach Aufstiegschancen in gehobene Positionen. Das Bestreben, die Ausdehnung des Kranken- und Unfallversicherungsgesetzes auf die Masse der so genannten Dienstboten durchzusetzen, entsprach nicht allein dem Ideal der sozialen Gerechtigkeit, sondern ergab sich konkret aus den materiellen Nöten der Betroffenen. Auch im häuslich-familiären Bereich bestand Anlass genug, für eine Veränderung der Verhältnisse zu kämpfen. Zwar hatte beispielsweise das Inkrafttreten des BGB die rechtlichen Voraussetzungen dafür geschaffen, dass Frauen Vormundschaften übernehmen konnten, doch besaß die Mutter weiterhin keine »elterliche Gewalt« über ihre Kinder, und das gesetzliche Güterrecht verbot Gütertrennung. Hinzu kamen Probleme, die sich mit den Stichworten Wohnungselend, Prostitution, sexuelle Doppelmoral, uneheliche Mutterschaft andeuten lassen.

Neben den zahlreich bestehenden Frauenvereinen, die versuchten, das allgemeine Bewusstsein in Hinblick auf solche Missstände und Diskriminierungen zu schärfen, bzw. deren Beseitigung zu erreichen, war 1902 auch der Verband für Frauenstimmrecht gegründet worden. »Das Stimmrecht der Frau ist der meistumstrittene Punkt der von den Frauen aufgestellten Forderungen. Auch Freunde der Frauenbewegung, die im übrigen den Bestrebungen der Frauen weitherzig Förderung angedeihen lassen, machen vor diesem Punkte halt.« Die Sache erforderte geduldiges, hartnäckiges Argumentieren. »Solange die Frau kein Stimmrecht hat, ist sie abhängig von der Einsicht, dem Gerechtigkeitsgefühl des Mannes, das leider in vielen Fällen, sobald es mit Eigeninteressen in Konflikt kommt, versagt.« (50) Dr. Strecker, selbst von der Notwendigkeit der Gleichstellung von Mann und Frau überzeugt, bemühte sich, in Bad Nauheim für diese Fragen breiteres Interesse zu wecken. Am 6. März 1908 sprach auf seine Einladung hin Fräulein v. Welczeck über »Das Ziel der modernen Frauenbewegung«. Die Presse berichtete, dass die Versammlung »leidlich« besucht gewesen sei und eine erwartete Diskussion im Anschluss an das Referat nicht zustande kam. Es wurde jedoch eine Liste ausgelegt, um Gründungsmitglieder einer Ortsgruppe für Frauenfragen zu gewinnen. Ende des Monats (27. März) fand dann die offizielle Gründung des Bad Nauheimer Vereins für Frauenstimmrecht statt. Frau Elisa Jardon erklärte ihre Bereitschaft, den Vorsitz zu übernehmen, Fräulein Mathilde Lorenz verwaltete die Kasse, Frau Thilda Strecker wurde Schriftführerin. »Der Verein will die Mitglieder über die Aufgaben und Fortschritte der Frau im öffentlichen und sozialen Leben stets auf dem

Laufenden halten und im nächsten Winter mit Vorträgen und anderen Veranstaltungen an die Öffentlichkeit treten«. (51)

Aus der Reihe der Vortragsveranstaltungen seien zwei, der prominenten Referentinnen wegen, hervorgehoben. Im Oktober 1908 war Fräulein Gustava Heymann, die 2. Vorsitzende des Deutschen Verbandes für das Frauenstimmrecht, Gastrednerin. Mitte Februar 1911 beschäftigte sich Dr. Käthe Schirmacher, Schriftstellerin und Vorstandsmitglied des Bundes Deutscher Frauenvereine, mit dem Thema »Kultur und Frauenbewegung«.

Die Resonanz in der Öffentlichkeit war unterschiedlich, aber letztlich überwogen Skepsis und vorurteilsgeprägte Zurückhaltung. Ein früher Artikel in Karl Otto Hirschels »Deutscher Volkswacht« mit der Überschrift »Dr. Strecker, der Bad Nauheimer Pfarrer Naumann, unter den emanzipierten Weibern«, ist gewiss nicht der einzige Versuch spöttischer Herabsetzung gewesen. (52) Doch Streckers Prinzip lautete: »Kümmere Dich um den Unverschämten möglichst wenig, und die Welt wird Dir umso eher recht geben. Arbeite an der Sache der Vernunft und Gerechtigkeit, sie wird wachsen und Du mit ihr.« (53)

3. Streckers sonstige Aktivitäten

a) Veröffentlichungen in der Lokalpresse

Während seiner zwölf Nauheimer Jahre hat Strecker eine große, nicht mehr exakt feststellbare Zahl von Aufsätzen, Stellungnahmen und Betrachtungen in der heimischen Presse veröffentlicht. Gerade hierbei vermischen sich volksbildnerische und politische Intentionen sehr stark miteinander.

Schon im November 1905 warb er für Bücher und Bilder als sinnvolle Weihnachtsgeschenke zur »Vertiefung des Denkens und Bereicherung des Gefühls«, weil Bücher gute Unterhaltung böten, aber ebenso die Schulung der Urteilskraft ermöglichten, so dass der Leser selbstständiger auch in politischen Fragen entscheiden könne. In mehr biografisch bzw. literaturhistorisch angelegten Aufsätzen wollte er das kulturelle Erbe bewahren helfen, in gleicher Weise freilich das Verständnis für das Schaffen bedeutender Persönlichkeiten der Gegenwart fördern (54). Er wagte außerdem mutige Stellungnahmen zu aktuellen weltanschaulich-politischen Problemen: seine Verurteilung der demagogischen Agitation des Antisemitismus etwa oder sein Plädoyer für internationale Schiedsgerichtsbarkeit zur Sicherung des Friedens. (55)

Die ab 1910 in Wochenendausgaben der »Oberhessischen Volksblätter« relativ regelmäßig abgedruckten »Sonntagsgedanken« enthielten gleichfalls Themen der bereits angeführten Gebiete, waren jedoch durch Naturbetrachtungen und vor allem ethische Reflexionen erweitert. In dieser (heute nicht mehr ganz zeitgemäßen) Form beabsichtigte der Autor, Nachdenklichkeit zu bewirken, zur Überprüfung des eigenen Standorts anzuregen, Wertvorstellungen zu festigen. Eines der Leitmotive, das sich durch viele Betrachtungen zieht, ist die Warnung vor Fanatismus und vor dessen Gegenteil, dem Indifferentismus. Führe die eine Haltung zu Unduldsamkeit und blinder Besserwisserei, so erzeuge die andere menschenunwürdige Stumpfheit, eine Art »geistigen Tod«. Die Veränderungen der modernen Industriegesellschaft, die technisierte Arbeitswelt, erschwerten es dem Menschen zunehmend, seine Identität zu bewahren und geistig aktiv zu bleiben. »Immer mehr wird die Welt zur großen Maschine, in die jeder Einzelne eingeschraubt wird, um mitzusurren und mitzuarbeiten mit den unzähligen andern Rädern des Werkes. Da wird dann so leicht die Seele stumpf und dürr. Und alles andere stirbt in ihr außer den paar Gedanken, die ins allgemeine Getriebe noch hineinpassen.« (56) Derartigen Gefahren sollte man gegensteuern, Kräfte der Selbstbesinnung mobilisieren und dem Fanatismus die Kritik der Vernunft entgegensetzen.

Einer dieser Artikel, der sich kritisch mit einem Satz des katholischen Schulkatechismus auseinandersetzte, wurde zum Ausgangspunkt einer Monate langen, heftigen Kontroverse, in deren Verlauf es zu einer dienstlichen Maßregelung Streckers kam und schließlich sogar der Hessische Landtag die Angelegenheit aufgriff. (57)

Trotz gelegentlicher Angriffslust und überspitzter Formulierungen zielten die Zeitungsbeiträge im Ganzen auf eine Haltung der »besonnenen Mitte«, auf mitmenschliche Toleranz, und appellierten immer wieder an den Leser, über den eigenen engen Lebensbereich hinaus sich für das Gemeinwesen einzusetzen. Solcher Gesinnung verlieh Strecker wortgewandt, auch in öffentlicher Rede, Ausdruck, bei der Bannerweihe der Freiwilligen Feuerwehr Bad Nauheim (1908) oder der 50-jährigen Jubelfeier des Turnvereins (1910).

b) Förderung des Wandervogels und des Heimatvereins

Seine Beteiligung an der teilweise erregt geführten Diskussion des Sommers 1912 über die Bebauung des Johannisbergs zeigte nicht nur einmal mehr persönliche Anteilnahme an der Weiterentwicklung der Badestadt, sondern erneut auch seine Naturverbundenheit. Er meinte u.a. »Wenn nun noch der Johannisberg zu einem großen Teil überbaut wird, würden die natürlichen Schönheiten entsprechend weiter in dem Landschaftsbilde von Bad Nauheim zurückgehen.« Seine Bedenken waren grundsätzlicher Art, denn er stand lebensreformerischen Bewegungen nahe, die in der Natur einen Erlebnisraum sahen, der geschützt und gepflegt werden müsse, dessen »Schönheitswerte« besonders der heranwachsenden Generation zu erschließen seien. Kräfte der Selbstentfaltung könne man durch eine naturnahe Lebensweise wecken, in Distanz zu zivilisatorischer Überfremdung, frei von Genussgiften wie Alkohol und Nikotin. (58) Folgerichtig hatte er im Juni 1908 in einer kürzeren Zeitungsnotiz für den Wandervogel geworben und zum Schluss seine persönliche Adresse als Kontaktstelle für Interessierte angegeben. Bald darauf schon scheint eine Ortsgruppe bestanden zu haben. Die Bad Nauheimer Wandervögel feierten jedenfalls am 11. August 1912 zusammen mit Gästegruppen aus anderen Gemeinden Hessens die Einweihung ihres Heimes. Ihnen war auf Streckers Initiative hin von der Kurverwaltung die alte Gasbadeanstalt an der Usa hinter den Tennisplätzen überlassen worden.

Da Freude an der Natur, Liebe zur Heimat und historisches Interesse für Reinhard Strecker unmittelbar eng zusammengehörten, fand die Anregung seines Kollegen Dr. Stockhausen, einen Geschichts- bzw. Heimatverein zu gründen, seine volle Zustimmung. Er half mit, die Satzung zu entwerfen, ließ sich zum Stellvertreter des 1. Vorsitzenden Dr. Alfred Martin wählen, gab mit diesem den ersten Band der Bad Nauheimer Jahrbücher heraus und stellte sich als Referent bei Vereinsveranstaltungen zur Verfügung. (59)

Die Beschäftigung mit Regionalgeschichte hatte auch Folgen auf musischem Gebiet. Im Jahre 1909 veröffentlichte Strecker (vor der Gründung des Heimatvereins) zwei szenische Stücke, die der Gattung »historischer Schwank« zuzurechnen sind. Der Einakter »Die dritte Lehrkraft« bezog sich auf eine Episode im Leben des Landgrafen Philipp von Hessen-Butzbach; in »Die Amerikaner« wurde die Rückkehr Nauheimer Untertanen geschildert, die von ihrem kurhessischen Landesherrn als Soldaten nach Amerika verkauft worden waren. (60) Sein historisches Schauspiel »Die Humboldtianer« erlebte im Gießener Stadttheater am 16. Januar 1914 eine erfolgreiche Uraufführung. Es behandelte Vorgänge in der hessischen Universitätsstadt während der napoleonischen Befreiungskriege. (61)

Reinhard Strecker nahm die Verbindung zur alma mater Ludoviciana, an der er 1901 promoviert worden war, wieder auf. Zweifellos angeregt durch die Fichte-Renaissance des Saecularjahres 1914, habilitierte er sich mit der Untersuchung »Die Anfänge von Fichtes Staatsphilosophie«. Sie hob sich in kritischer Analyse wohltuend ab von einseitig verklärender Rezeption jener Jahre. Der Verfasser widmete sie dem Direktor der Ernst-Ludwig-Schule, Prof. Dr. Zimmer, und dem Andenken an dessen gefallenen einzigen Sohn.

Die Gießener philosophische Fakultät erteilte Strecker am 2. Januar 1917 die venia legendi für das Fach Philosophie; durch Versetzung an die Oberrealschule Gießen sollte ihm die Aufnahme der Lehrtätigkeit erleichtert werden. Als er Anfang April 1917 die Badestadt verließ, stellte die Bad Nauheimer Zeitung zu Recht fest: »Das Scheiden Dr. Streckers wird in unserer Stadt eine sehr fühlbare Lücke zurücklassen.« (62)

(Wetterauer Geschichtsblätter Band 34, 1985)

Anmerkungen:

(1) Maschinenskript der Erinnerungen im Bundesarchiv Koblenz, NL 189, Nr. 33; »Mein Leben« in: Reinhard Strecker – Ein Vorkämpfer für Demokratie, Weltfrieden u. Menschlichkeit, Kassel 1948; Gesamtbiografie: E. D. Nees, Reinhard Strecker, Lebensweg u. Gedankenwelt eines Demokraten. In: Mitteilungen des Oberhess. Geschichtsvereins NF Bd. 70, 1985.
(2) Bad Nauheim. Zeitung Nr. 83, 10. 4. 1917.
(3) Dr. Gustav Kayser, geb. 1862, 1. beamteter Bürgermeister der Kurstadt 1903–1927, zuvor Staatsanwalt in Darmstadt, Richter in Vilbel, acht Jahre Beigeordneter in Worms; gest. 1930, Nachruf Bad Nauh. Zeitung Nr. 69, 22.3.1930.
(4) handschriftl. Aufzeichnung 1918, Schularchiv ELS; Strecker hatte in Greifswalde, Heidelberg, Leipzig u. Gießen u. a. bei E. Marcks, H. Oncken, H. Thode, W. Wundt studiert und war 1901 an der hessischen Landesuniversität im Fach Philosophie promoviert worden. Seine weitere Ausbildung erfolgte im Seminar Gießen. Weltanschaulich stand er der neukantianischen Marburger Schule besonders nahe.
(5) so Strecker selbst in: Das Erbe des deutschen Idealismus,1919, S. 32.
(6) Bad Nauheimer Anzeiger Nr. 54, 9.5.1905; Bad Nauheimer Zeitung Nr. 121 bis 123, 17, 19, 21.10.1905
(7) erschienen 1909 bei Emil Roth, Gießen.
(8) Strecker reflektierte über pädagogische Aspekte von Schülerschauspielen unter Bezugnahme auf die Antigone-Aufführung in den »Blättern für Volkskultur« 1912, Aufsatz auch abgedruckt in: Oberhess. Volksblätter Nr. 30, 9.3.1912; Bericht über die Schulfeier 1915 in: Bad Nauh. Zeitung Nr. 277, 25.11.1915.
(9) zit. nach: A. Burger, Die Rhein-Mainische Volksakademie, 1907, S. 28.
(10) Anzeige Bad Nauh. Zeitung Nr. 143, 7.12.1905; Bürgermeister u. Stadtverordnete sind gesondert eingeladen worden; Vorsitzender d. Bürgervereins war Wilhelm Wallmann.
(11) in unserem Raum seinerzeit die größte u. tatkräftigste Organisation für Erwachsenenbildung, Sitz Frankfurt M, Vors.: Dr. Wilhelm Kobelt, Geschäftsführer Georg Volk; Verbandsorgan: Gemeinnützige Blätter; Schriftenreihe: Die Volkskultur; auch d. Friedberger Volksbildungsverein war Mitglied des Verbandes.
(12) Strecker in Bad Nauh. Anzeiger Nr. 1, 2.1.1906.
(13) Bad Nauh. Zeitung Nr. 7, 16.1.1906.
(14) Strecker in Bad Nauh. Anzeiger Nr. 1, 2.1.1906.
(15) 1908/09 traten Schuhmachermeister Wilhelm Zernikow u. Frl. Maria Rudorf, später die Lehrerinnen Frl. Mathilde Lorenz u. Frl. Auguste Charlotte Kredel in den Vorstand ein; Nach der Versetzung Dr. Stockhausens 1910 wurde Bürovorsteher Philipp Julius Faust Vorstandsmitglied.

(16) § 1 der am 7.4.1906 in Kraft getretenen Satzung, Stadtarchiv Bad Nauh. Nr. XIX 4.
(17) 1. Vors. im ersten Jahr Oberamtsrichter Wilhelm Süffert, 1906 Dr. Kayser, danach San.rat Dr. Franz Baur, 1861–1929, Nachruf Bad Nauh. Zeitung Nr. 136, 13.11.1929.
(18) Bad Nauh. Zeitung Nr. 7, 16.1.1906.
(19) Gießener Anzeiger 13.6.1908.
(20) Bad Nauh. Zeitung Nr. 33, 17.3.1906
(21) Bad Nauh. Zeitung Nr. 34, 20.3.1906.
(22) Bad Nauh. Zeitung Nr. 36, 24.3.1906.
(23) Stadtverordnetenbeschluss v. 29.1.1909; bereits 1907 hatte Prof. Dr. Theodor Schott aus Anlass der Verheiratung seiner Tochter der Stadt 200 Mark zur Beschaffung von Büchern für eine städt. Bücherei geschenkt.
(24) 1934 wurde die Bücherei einer »Bereinigung ihres Bestandes« unterzogen, um »Entfernung u. Vernichtung aller polit., geistig, sozial u. religiös zersetzender, art- u. volksfremder Bücher durchzuführen«; der Bildungsverein verlor seine Selbstständigkeit u. wurde in die NS-Kulturgemeinde eingegliedert, letzter frei gewählter Vorsitzender war Rektor Adolf Staubach.
(25) Der Rhein-Main-Verband gab ein Mitarbeiterverzeichnis zwecks Vortragsvermittlung heraus; Dr. Strecker war aufgeführt als kompetent auf den Gebieten Literatur u. Philosophie, speziell betr. Schiller, Goethe, Kant, Björnson, Themen für Frauenfragen u. prakt. Fragen z. Erziehung; er hat auch Vorträge gehalten in Steinfurth, Nieder-Rosbach, Friedrichsdorf, Butzbach, Wetzlar, Mainz.
(26) Die Vorlesungen über mod. Literatur auszugsweise abgedruckt in den Oberhess. Volksblättern u. vollständig erschienen als Separatdruck im Verlag d. Oberhess. Zeitungsgenossenschaft; bei d. Vorträgen über Richard Wagner trug Frau Strecker »einzelne charakteristische Themata der Musik auf dem Klavier vor«.
(27) Dürerbund gegr. von Ferdinand Avenarius mit dem Ziel, die ästhet. Gestaltung des gesamten Kulturlebens zu fördern; die von ihm herausgeg. Zeitschrift 'Der Kunstwart' erörterte Kunst »vor allem unter moralischen, idealistischen u. patriotischen Gesichtspunkten;« sie stand modernen Richtungen, z.B. dem Impressionismus, verständnisvoll gegenüber; P. Paret, Die Berliner Secession, 1981, S. 163 f.
(28) Bad Nauh. Anzeiger Nr. 92, 9.8.1906.
(29) W. Aßmus, Die moderne Volksbühnenbewegung, 1909, S. 46.
(30) F. Hauser, Das Rhein-Main. Verbandstheater, 1907, S. 1; dort Einzelheiten über d. Organisation.
(31) Aßmus a. a. O. S.23.
(32) gespielt wurden 1905/06 in Turnhalle u. Thalysienhof anspruchslose Stücke wie »Alt-Heidelberg«, »Mit den Augen der Liebe«, »Das weiße Rößl«.
(33) Statistik bei Aßmus a. a. O. S. 35.
(34) um einen Eindruck zu geben: Goethes »Iphigenie« 1908; Lessing »Minna v. Barnhelm«, 1908; »Nathan der Weise« 1910; Grillparzer »Medea« 1908; Schiller »Die Räuber« 1909, »Maria Stuart« 1910; Hebbel »Maria Magdalena« 1913; G. Freytag, »Die Journalisten« 1910; Halbe »Der Strom« 1908; Ibsen »Die Stützen d. Gesellschaft« 1911; Sudermann »Johannisfeuer« 1912; Anzengruber »Der Meineidbauer«, 1914; mehrere Stücke Molières u. Shakespeares; Unterlagen z. T. Stadtarchiv Bad Nauh. Nr 331.
(35) Die Theaterabende des Bildungsvereins, Oberhess. Volksbl. Nr. 33, 16.3.1912.
(36) Oberhess. Volksbl. Nr. 39, 30.3.1912.
(37) Artikel Volksbildungsarbeit in Strecker, Kleine Schriften, ohne Jahres- u. Seitenang.
(38) Joh. Heinr. Fritz 1846–1915; langjähriger Kommandant d. Freiw. Feuerwehr, dann Ehrenkommandant; Nachruf Bad Nauh. Zeitung Nr. 40, 17.2.1915.
(39) Die Ursache für den Wahlausgang sahen Zeitgenossen in der Haltung der SPD, die dazu aufgefordert hatte, in den Orten, in denen keine sozialdem. Wahlmänner aufgestellt waren, für diejenigen Breidenbachs zu stimmen; sie hoffte so auf alle Fälle die traditionelle Vormachtstellung der Nationalliberalen zu brechen, da sie dem Außenseiter Fritz keinen Erfolg zutraute; insges. s. Unterlagen Stadtarchiv Bad Nauh. Nr. 064/XV 2b.
(40) Dr. Karl Brücher 1880–1962; war auch Vors. d. Stadt- u Verkehrsvereins u. in allen kommunalpolit. Fragen sehr interessiert; Dr. Hermann Stockhausen, Oberlehrer an d. ELS bis 1910, Vorstandsmitgl. d. Bildungsvereins u. d. Stadt- u. Verkehrsvereins, 1 . Vors. d. EsperantoVereins; als weitere Vorstandsmitglieder werden in der Folgezeit genannt Jean Klinkerfuß V., Apotheker Willy Heß, Herzspezialist Dr. Emil May, Lederwarenhändler Christian Salzmann u. Dr. Arthur Stahl.
(41) Waldemar Graf von Oriola, Gutsbes. in Büdesheim, u.a. Mitglied d. Kreistages u. Kreisausschusses Friedberg, seit 1893 Mitglied d. Reichstags; Heinrich Busold, Schreinermeister u Stadtverordneter in Friedberg.
(42) Anzeige d. Freisinns im Wahlkreis Friedberg/Büdingen in Bad Nauh. Zeitung Nr. 67, 13.6.1903.
(43) Statist. Handbuch f. d. Großherzogtum Hessen, Darmstadt 1909, S. 290 u. Bad Nauh. Zeitung Nr.12, 26.1.1907.
(44) In den Sonntagsbetrachtungen kritisierte Strecker Chauvinismus u. militarist. Gesinnung besonders S. 138 f.; 127; 151 f.; 190; im Gießener Anzeiger Nr. 207, 4.9.1907 plädierte er dafür, den Sedanstag nicht länger in herkömmlicher Weise zu feiern, vielmehr »das gegenseitige Verständnis der Völker« zu fördern; er war Mitglied d. Deutschen Friedensgesellschaft.
(45) Oberhess. Volksbl. Nr.145, 25.6.1910; auch im übrigen Reichsgebiet kam es häufiger zu Wahlbündnissen zwischen Freisinn u. Sozialdemokratie, s. K. Wegener, Theodor Barth u. die Freisinnige Vereinigung, 1968, S. 115 f.
(46) zum Vergleich: Nationallib. hatten 159 Mitglieder; Stadtverordnete d. Fortschrittl. Volkspartei waren Joh. Heinr. Fritz, Jean Klinkerfuß V. u. Emil Rosenthal, der 1905 als erster Bad Nauheimer Jude ins Stadtparl. gewählt worden war.
(47) Angriffe z. B. in Neue Tageszeitung Nr. 165, 17.7.1922; Strecker in Erinnerungen eines deutschen Demokraten a. a. O. S. 43.

(48) Oberhess. Volksblätter Nr. 211, 10.9.1910 anlässlich einer Kaiserrede; Krit. Äußerungen auch in: Volk u. Staat, Gemeinnützige Blätter Nr.10, 1916, bes. S.16.

(49) ausführliches Zeitdokument: Elsbeth Krukenberg, Die Frauenbewegung, ihre Ziele u. ihre Bedeutung, 1905.

(50) E. Krukenberg a. a. O. S. 246.

(51) Bad Nauh. Zeitung Nr.75, 28.3.1908; Mathilde Lorenz ist 1909 1. Vors. geworden u. behielt d. Amt bis zum 1. Weltkrieg; sie war vor Gründung der ELS Leiterin d. Höheren Privatschule für Mädchen in Bad Nauheim, später Lehrerin an d. Stadtschule.

(52) Deutsche Volkswacht Nr. 76, 2.10.1907; Diffamierung Streckers schon bei Reichstagskandidatur in Deutsche Volkswacht Nr. 3, 12.1.1907.

(53) Sonntagsgedanken in Oberhess. Volksblätter Nr. 23, 22.2.1913.

(54) z. B. über Adalb. Stifter Bad Nauh. Anzeiger Nr. 129, 4.11.1905; Heinr. Heine Bad Nauh. Zeitung Nr. 21, 17.2.1906; Gerh. Hauptmann Oberhess. Volksbl. Nr. 136, 12.11.1912; Wilh. Wundt Oberhess. Volksbl. Nr. 98, 15.8.1912.

(55) Wissenschaft u. Antisemitismus, Oberhess. Volksbl. Nr. 16, 7.2.1914; Das Ende d. Ritualmordmärchens, Oberhess. Volksbl. Nr. 136, 13.11.1913. Der Völkerareopag, Oberhess. Volksbl. Nr. 72, 15.6.1912.

(56) Oberhess. Volksbl. Nr. 110,14.5.1910.

(57) Sonntagsgedanken in Oberhess. Volksbl. Nr. 93, 23.4.1910; ausführl. Darstellung s. E. D. Nees, Anm. 1.

(58) Strecker war später Leiter d. Reichshauptstelle gegen d. Alkoholismus u. Leiter d. Deutschen Guttemplerordens; in Publikationen und als Dozent an d. Forstakademie in Eberswalde warb er für den Naturschutz, s. Biografie Anm.1.

(59) E. Brücher, 50 Jahre Heimatverein Bad Nauheim,1959, pass.

(60) Von Strecker wissenschaftl. aufgearbeitet in Friedberger Geschichtsblätter Bd. 1,1909, S. 120 f., s. auch E. Brücher: Bad Nauh im Spiegel d. Dichtung, Bad Nauh. 1949, S. 15; Bad Nauheim u. Friedberg poetische Sujets Streckers: »Friedberg« u. »Herbst im Nauheimer Park« in: Hessen im Munde der Dichter, herausg. Börckel/See 1907, S. 99 u. 101; »Bad Nauheims Quellen«, in: Bad Nauheimer Jahrbuch, 3. Jahrg.1924, S. 52; »An den Sprudeln von Bad Nauheim« in: Gedichte, 1906, S. 119; »Der neuen Glocken Weihnachtsgeläut«, in: Bad Nauheimer Zeitung Nr.151, 28.12.1905; in der von Strecker herausg. Zeitschrift »Junge Geister« frühes Gedicht von Fritz Usinger, s. E. Brücher, WZ Nr. 297, 23.12.1982.

(61) Oberhess. Volksbl. Nr. 8, 20.1.1914; Bad Nauh. Zeitung Nr.14, 17.1.1914.

(62) Bad Nauheimer Zeitung Nr. 83, 10.4.1917.

Jüdische Schüler an der ELS

Den meisten unserer Lesern dürfte aus Presseveröffentlichungen bekannt sein, dass sich seit fast drei Jahren eine kleine Arbeitsgruppe jüngerer bade-städtischer Bürger mit ihrem Sprecher Stephan Kolb – einem Ehemaligen der ELS – darum bemüht, das Leben Bad Nauheimer Juden zu rekonstruieren, und damit einen interessanten Versuch unternimmt, ein wichtiges Stück Stadt-geschichte aufzuarbeiten. Das Team beabsichtigt, in absehbarer Zeit seine Un-tersuchungen in Buchform zu publizieren. *(»Die Geschichte der Bad Nauheimer Juden« erschien 1987 im WZ-Verlag, Anm. d. Red.)* Das sei Anlass, einige Be-merkungen über einstige Ernst-Ludwig-Schüler jüdischen Glaubens zu machen.

Bei Gründung der Schule 1905 betrug der Anteil der jüdischen Kinder an der Gesamtschülerzahl knapp acht Prozent. Er steigerte sich dann bis zum Beginn des Ersten Weltkrieges und lag durchschnittlich bei zehn Prozent. Die jüdischen Mitbürger nahmen mit regem Interesse an der Entwicklung und Förderung der städtischen Höheren Bürgerschule teil, in deren neunköpfigem Kuratorium der jüdische Arzt Dr. Emanuel Hirsch jahrelang engagiert mitarbeitete.

Vergleicht man die Anteile der verschiedenen Konfessionen, so zeigt sich, dass in dieser Zeit etwa ebenso viele Kinder römisch-katholischen Glaubens die ELS besuchten wie jüdische Schüler. Eine dauerhafte Änderung trat erst nach 1919 ein. Danach nahm die jüdische Schülerzahl kontinuierlich ab, lag in den Zwanzigerjahren bei ungefähr vier Prozent. Dabei fällt ein leichtes Übergewicht der jüdischen Mädchen gegenüber ihren Kameraden auf. Eine Ursache hierfür mag darin zu sehen sein, dass vielfach Söhne der über dreißig in Bad Nauheim lebenden jüdischen Ärzte (auch der Hoteliers) die benachbarte Augus-tinerschule mit ihrem humanistischen Bildungsangebot besuchten, um eine ent-sprechende Grundlage für ihr eigenes Studium zu haben.

Vor der nationalsozialistischen Machtübernahme sank die Zahl der jüdischen Ernst-Ludwig-Schüler bereits auf drei Prozent – rechtzeitige Auswanderung weitschauender Eltern machte sich bemerkbar. Das Reichsgesetz »gegen die Überfüllung deutscher Schulen« vom 25. April 1933 in Verbindung mit der ers-ten Ausführungsverordnung vom gleichen Tage leitete Beschränkungen des Be-suchs höherer Schulen durch »Nichtarier« ein; der unmenschliche Druck ver-stärkte sich permanent, ab Schuljahr 1936 weist die Statistik der ELS keine jü-dischen Schüler mehr auf.

Das Beschriebene soll an wenigen Beispielen in absoluten Zahlen verdeut-licht werden: 1905/06 waren unter 102 Schülerinnen und Schülern acht jüdi-schen Glaubens, 1910/11 unter 141 Schülern 15 Juden, 1925/26 unter 267 Schülern 13 jüdische, davon acht Mädchen, 1931/32 bei einer Gesamtzahl von 300 Schülern neun jüdische, darunter sechs Mädchen.

Jüdische Abiturienten

Zunächst besaß die ELS den Status einer Realschule. Alle Gesuche, sie zur Oberrealschule ausbauen zu dürfen, wurden vor dem Ersten Weltkrieg abschlä-gig beschieden. Erst im Dezember 1921 genehmigte das Hessische Landesamt für das Bildungswesen die Einrichtung einer Unterprima ab folgendem Schul-jahr, und am 11. März 1924 fand die erste Reifeprüfung an unserer Schule statt. Unter den sieben Abiturienten war Albert Schlesinger, Sohn eines jüdischen

Kaufmanns in Butzbach. Er studierte später Chemie, wanderte in die USA aus und verstarb 1962 in New York. Als erster »echter« Bad Nauheimer Jude machte 1926 Manfred Rosenthal sein Abitur an der ELS. Er stammte aus einer alteingesessenen, angesehenen Metzgerfamilie. Sein Sohn Jack Rosenthal ist heute Mitherausgeber der »New York Times« und erhielt – wie Stephan Kolb in der WZ vom 17. Februar 1983 berichtete – 1982 den begehrten Pulitzer-Preis. 1929 bestanden Ferdinand Rosenthal, Cousin von Manfred R. (Vater Emil R. war 1905 als erster Bad Nauheimer Jude zum Stadtverordneten gewählt worden und übte dieses Amt 27 Jahre lang aus), und Ludwig Wolfskehl (Vater Arzt) die Reifeprüfung. Beide starben als Emigranten in den Vereinigten Staaten. 1930 befand sich unter den 14 Abiturienten Dietrich Wolf (Vater Kaufmann in Bad Nauheim).

Die höchste Zahl jüdischer Abiturienten ist für das Jahr 1931 zu verzeichnen: Den erfolgreichen Gymnasialabschluss erreichten unter wiederum 14 Abiturienten Hans Siegfried Bodenheimer (Vater Kaufmann in Bad Nauheim), Felix Krämer (Vater Kaufmann in Friedberg) und Gustav Stern (Vater Kaufmann in Nidda); die beiden Erstgenannten sind in die USA ausgewandert, über das Schicksal Sterns ist uns nichts bekannt.

1932 freuten sich zwei jüdische Mädchen über ihre bestandene Reifeprüfung; Adelheid Schönewald (Vater Arzt in Bad Nauheim) und Rosel Steinhardt (Vater Uhrmacher in Bad Nauheim). Unsere Liste schließt mit Siegfried Strauß (wohnhaft in Nidda), der 1933 sein Reifezeugnis entgegennehmen konnte.

Jüdische Lehrer

Religionsunterricht für die jüdischen Schüler erteilte seit 1905 Hermann Oppenheimer. Er war schon 1881 aus Bayern in die Badestadt gekommen. Als er am 1. Juni 1929 in den Ruhestand trat, dankte ihm Direktor Dr. Molz herzlich »für seine ersprießliche Wirksamkeit, die vom Geiste der Duldung und der Gemeinschaft getragen war«. Die Bad Nauheimer Zeitung widmete ihm am 5. Juni 1929 einen längeren Artikel, in dem es u.a. hieß: »Die Persönlichkeit Oppenheimers verkörpert ein großes Stück Bad Nauheimer Geschichte und insbesondere der israelitischen Gemeinde, mit der er Freud und Leid redlich geteilt hat. Durch seine Arbeitsfreudigkeit und Pflichttreue hat sich Oppenheimer die Wertschätzung aller Bevölkerungsklassen unserer Badestadt ohne Unterschied der Konfession errungen und gehört schon seit langen Jahren zu den beliebtesten Personen, die im öffentlichen Leben stehen.« Leider sollte der Wunsch für einen gesegneten Lebensabend »frei von Sorgen und Kümmernissen« nicht in Erfüllung gehen, denn Oppenheimer musste die Anfänge des schrecklichen Holocaust noch miterleben. 84-jährig, verstarb er 1940, seine Grabstätte befindet sich noch heute auf dem neuen jüdischen Friedhof in der Homburger Straße.

Amtsnachfolger wurde Karl Bettmann, geboren 1899 in Alsfeld. Er war als Kriegsteilnehmer an beiden Beinen verwundet worden und in Rheinhessen sowie Baden als Lehrer und Kantor tätig gewesen, bevor er nach Bad Nauheim kam. An der ELS unterrichtete er bis 1934. Fünf Jahre später entschloss er sich schweren Herzens zu emigrieren; Stephan Kolb besuchte seine Witwe im Frühjahr 1983 in Haifa und verwies in einem Zeitungsbericht auf sein schweres Schicksal (WZ vom 4. Juni 1983). Vom 15. Oktober bis 23. November 1929 vertrat Studienassessor Dr. Fritz Heichelheim den an Gelenkrheumatismus erkrankten Studienrat Kreutzer. Heichelheim stammte aus einer angesehenen jüdischen Familie in Gießen und unterrichtete bis 1933 dort am Landgraf-Ludwigs-Gymnasium. Er war ab 1948 als Professor für griechische und römische Geschichte an der Universität Toronto tätig und verstarb 1968 in Kanada.

Antisemitische Zwischenfälle

Bei Durchsicht der Protokollunterlagen von Lehrerkonferenzen finden sich vergleichsweise wenige Hinweise auf antisemitische Zwischenfälle, es gilt allerdings zu bedenken, dass Aktenstücke gerade aus der Nazizeit verloren gegangen bzw. wohl Anfang 1945 vernichtet worden sind. Folgende in vorhandenen Unterlagen feststellbare Vorkommnisse lassen sich registrieren:

1923 wünschte ein Lehrer in der Konferenz, »daß nicht Jüdinnen an dem Weihnachtsspiel teilnehmen«. Solche Aufführungen waren eine traditionelle Einrichtung an der Schule. Er äußerte religiös motivierte Vorurteile, fand aber kaum Unterstützung im Kreise seiner Kollegen. Die Schülerinnen seien nach ihren Fähigkeiten ausgesucht worden, Juden, »die sich beteiligen wollten«, sollten nicht abgewiesen werden.

In einer Protokollnotiz des Jahres 1924 steht: »Am 22. Januar 1924 hat X durch einen anderen Schüler dem Oberprimaner Y aus Friedberg eine Freifahrtkarte nach Jerusalem (selbst angefertigt) überreichen lassen. Der Schüler Y war Jude. Die Konferenz, die den Fall untersuchte, meinte, dass wohl kein eigentlich antisemitischer Akt vorliege, denn X habe sich stets anderen jüdischen Mitschülern gegenüber korrekt verhalten. Ursache sei die Rivalität von X und Y bei einem Mädchen. Es liegt jedoch zweifellos ein grober Verstoß gegen die guten Sitten vor.« X erhielt zwei Stunden Arrest.

Unter dem Datum vom 29. Juni 1932 verzeichnet die Niederschrift einer Lehrerratsitzung knapp: »Beschwerden aus jüdischen Kreisen über Belästigungen durch Schüler. Die Klassenlehrer, Geistlichen und Religionslehrer sollen entsprechende Ermahnungen in den Klassen vortragen.« Leider fehlen nähere Angaben über Art und Umfang der Belästigungen.

Deutlicher ist ein Vermerk im Protokollbuch vom 5. Februar 1934: »Die Schüler A, B, C, D drangen am 26. Januar 1934 in das israelitische Kinderheim ein, trieben dort Unfug und wurden auf Ersuchen des Hausmeisters gestellt. Aus politischen Gründen sieht die Polizei von Verfolgung ab. Die Jungen wurden mit zwei Stunden Arrest bestraft. Die Eltern wurden gebeten, auch ihrerseits eine Bestrafung vorzunehmen.«

Die Frage, inwieweit antisemitische Gesinnung einzelner Lehrer zu Belästungen im Umgang mit ihren jüdischen Schülern führte, muss hier offen bleiben. Sicherlich könnten Ehemalige aus eigenem Erleben Auskünfte liefern. Vielleicht bringt die ausstehende Untersuchung des Arbeitskreises auch in dieser Hinsicht neue Informationen. Erstaunlich scheint mir, dass auf der Gedenktafel für die sechzehn im Ersten Weltkrieg gefallenen, ehemaligen Ernst-Ludwig-Schüler auch die Namen zweier Juden – Carl Theodor Hoddes und Wilhelm Strauß – aufgeführt sind. Sie wurde immerhin erst während der NS-Diktatur am 7. März 1936 in Gegenwart von Vertretern der NSDAP und soldatischer Verbände enthüllt.

(Kontakte Nr. 3, 1985)

Ende und Neubeginn, die ELS 1945/46

Die vielfältigen Erinnerungen an die »Stunde Null« regten dazu an, sich auch einmal etwas genauer mit der Situation unserer Schule in jener Zeit zu beschäftigen. Allerdings sind die Unterlagen lückenhaft. Dennoch lässt sich aus den zusammengetragenen »Mosaiksteinchen« (trotz gelegentlicher Widersprüche) ein einigermaßen anschauliches Bild gewinnen.

Zu Beginn des Jahres 1945 bestanden recht erschwerte Unterrichtsbedingungen. Etwa ein Drittel der Lehrer war zur Wehrmacht eingezogen. Ersatz konnte nur unzureichend geleistet werden. Zwar hatten viele ältere Schüler als »Luftwaffenhelfer« die Schule verlassen müssen, dafür kamen Kinder von Ausgebombten und Evakuierten aus dem Rhein-Main- und Ruhrgebiet hinzu. Schon 1944 ergaben sich Unterrichtseinschränkungen auch dadurch, dass die Turnhalle zum Unterstellen von Möbeln aus bombengeschädigten Häusern (Angriff vom 20. Juli) benutzt wurde und die Volksschule einige Räume im Hause benötigte. Fernerhin häuften sich im Januar und Februar die Stundenausfälle infolge verstärkten Fliegeralarms.

Am 2. Februar 1945 beschlagnahmte das Luftwaffenlazarett 5/XII die Räume der Schule *(die sich damals in dem 1908 erbauten Gebäude am Alten Friedhof/ Mittelstraße befand, das heute die Stadtschule an der Wilhelmskirche mitbenutzt, Anm. d. Red.).* Man versuchte, den Unterricht in der alten Berufsschule in der Karlstraße (später abgerissen und Haus II erbaut) schichtweise vormittags und nachmittags fortzusetzen.

Mit dem Einrücken der Amerikaner am 29. März wurden alle Bad Nauheimer Schulen geschlossen.

Unter Anweisung der Besatzungsbehörden erfolgte zunächst die Umorganisation der deutschen Behörden. Nach Wochen teils lähmender Unsicherheit und widersprüchlicher Entscheidungen begann sich die allgemeine Lage zu normalisieren, so dass man auch wieder über die Zukunft der Schulen nachdenken konnte. Es kam zu Gesprächen zwischen Stadtverwaltung, amerikanischem Militär und erfahrenen Schulmännern, die durch die Nazi-Vergangenheit nicht belastet waren bzw. zu den Regimegegnern gehört hatten. Hier sind vor allem die ehemaligen Leiter der Volksschule und der ELS, Adolf Staubach und Dr. Hermann Molz, zu nennen.

Verhandlungen mit der Lazarettverwaltung führten im September/Oktober zur Räumung des ersten und zweiten Stockwerks der Ernst-Ludwig-Schule. Schließlich fand am Montag, dem 5. November 1945, um 8 Uhr, im Rahmen einer kleinen Feier auf dem Hof der Stadtschule die amtliche Wiedereröffnung der Bad Nauheimer Schulen statt. Nach kurzen Ansprachen von Bürgermeister Bräutigam und der Geistlichen wandte sich Dr. Molz an die Jugendlichen. »... Der Müßiggang und das ziellose Treiben der jungen Menschen haben ein Ende erreicht. Es ist Zeit, dass wieder etwas gelernt wird. Ich erwarte von euch größten Eifer und Gewissenhaftigkeit in allen Anforderungen, die die Schule an euch stellen muss. Ihr empfangt im Unterricht die geistige Grundlage für eure Zukunft. Die Anspannung aller Kräfte ist umso notwendiger, als ihr alle in dem Winterhalbjahr so gefördert werden sollt, dass eure Leistungen uns berechtigen, euch an Ostern in die höhere Klasse aufsteigen zu lassen. Wir dürfen annehmen, dass ihr mit neuem Mut und frischen Kräften an die Arbeit geht und dass ihr glücklich seid, von den Fesseln der vergangenen Jahre befreit zu sein, die euch in den freien Stunden an kindlichem Spiel und an der Beschäftigung nach Neigung und Lust hinderten. Ihr seid künftig nur der Schule und dem Elternhaus verpflichtet. Alle anderen Abhaltungen, die früher oft die Lernarbeit zurückdrängten, bestehen nicht mehr. Die Lehrer, die ich alle herzlich willkommen heiße, werden euch von den Irrlehren der letzten zwölf Jahre zurückführen in die lichte Welt edler Menschlichkeit, sie werden euch hinleiten zur Verehrung des Schönen, des Guten, des Gerechten und zur Demut vor dem Göttlichen.«

Freilich bestanden große Schwierigkeiten fort. Noch immer blieben bis zum 1. Mai 1946 vier Räume von der Lazarettverwaltung belegt; in der Turnhalle und im Keller lagerten Lebensmittelvorräte; der Biologiesaal war, da Uniformlager, nicht benutzbar; es fehlten Bänke und in großer Anzahl Stühle. In allen Etagen mussten Toiletten und Badezimmer entfernt werden, die man für Verwundete hatte einbauen lassen. Die meisten Klassenräume, Treppenhaus und Flure befanden sich in miserablem Zustand, die Wände verschmutzt, das Linoleum so stark beschädigt, »dass es zerrissen ist und der Zementfußboden an vielen Stellen hervorschaut, der heute durch die Schuhsohlen abgerieben wird und einen schwer zu beseitigenden, feinen Staub liefert« (aus einem Bericht vom März 1949!). Vereinzelt fehlten Fensterscheiben, die erst 1947 ergänzt werden konnten.

»Studienrat Dr. Huf hat in seinen gemeinschaftskundlichen Stunden die Schüler zur Mithilfe bei dem Ersatz der in den Fensterlücken angebrachten Pappdeckel aufgerufen und dabei erreicht, dass die Jungen, besonders aus den umliegenden Dörfern, zahlreiche Glasscheiben mitbrachten, die es dem Glaser ohne Glas ermöglichten, alle fehlenden Scheiben in kurzer Zeit zu ersetzen.« (Dr. Molz an RP Darmstadt, 24. März 1947).

Mit Mühe war das Lehrerkollegium reorganisiert worden. Die Amerikaner hatten den seitherigen Direktor Dr. Albert Streuber vom Dienst suspendiert, drei Kollegen verhaftet und acht Lehrern das Unterrichten bis auf Weiteres verboten. Neue Lehrkräfte nahmen ihre Tätigkeit auf, aber es lässt sich eine relativ hohe Fluktuationsquote feststellen: Für einige hob die US-Militärregierung die erteilte Lehrgenehmigung kurzfristig wieder auf, andere sind bald aus der Badestadt verzogen.

Durch Verfügung des Regierungspräsidenten Darmstadt wurde Dr. Molz offiziell mit der Führung der Dienstgeschäfte des Schulleiters beauftragt. Er hat seine Aufgabe in schwerer Zeit mit Umsicht, großem Geschick und starkem persönlichen Arbeitseinsatz wahrgenommen. Im Januar 1946 fungierte Studienrat Ernst Christ als ständiger Vertreter des Direktors.

Nach einer »Notstundentafel« begann der Unterricht zunächst nur für vier untere Klassenstufen; der St.-Lioba-Schule mussten vorübergehend zwei Klassensäle überlassen werden. Zusätzliche Belastungen brachte die angeordnete Einrichtung von drei Sonderlehrgängen für Kriegsteilnehmer zur Vorbereitung auf die Reifeprüfung. Die besondere Betreuung dieser Schülergruppe oblag bis zur Abschlussprüfung im Winter 1946 Studienrat Wilhelm Stein.

Die Gesamtschülerzahl betrug am 15. Dezember 1945 372 Jungen und Mädchen, erhöhte sich jedoch, als im folgenden Frühjahr die Klassen 5 und 6 eröffnet wurden.

Vom äußersten Mangel an Heften, Büchern und Schreibmaterialien aller Art könnte berichtet werden. Aber das galt ja für andere Schulen in gleicher Weise, stellt also keine zeittypische Besonderheit der ELS dar.

(Kontakte Nr. 4, 1986)

Überzeugte Demokraten:
Friedrich Huf und Heinrich Huth
Zwei Lehrer der Nachkriegszeit an der ELS

Verständlicherweise befürchteten anfänglich einige Sextaner, die in den ersten Nachkriegsjahren neu zur ELS kamen, sie könnten zwei Lehrer miteinander verwechseln. Das lag an der Namensähnlichkeit der Herren Dr. Huf und Dr. Huth. Freilich zeigte sich dann recht schnell, wie wenig Anlass zu solchen Befürchtungen bestand. Die beiden Lehrer waren ohne Mühe auseinander zu halten. Dr. Huf musste sich als Gehbehinderter meist im Rollstuhl oder an Stöcken fortbewegen, sprach mit eindringlicher leiser Stimme und unterrichtete vorwiegend Deutsch und Geschichte. Dr. Huths »Kennzeichen« schien zunächst vor allem sein kleines Motorrad zu sein, mit dem er allmorgendlich von seinem Wohnort Langenhain zur Schule knatterte. Die sichernden Metallklammern zierten die Beinkleider des hageren Sanguinikers bisweilen noch bis weit in den Vormittag, wenn er Religionsunterricht oder Mathematik erteilte. Dr. Huf gab sich meistens recht ernst, Dr. Huth konnte laut und herzlich lachen.

Und doch hatten diese beiden Lehrer mehr Gemeinsamkeiten, als Schüler, Kollegen und Eltern ahnten. Sie waren beide ursprünglich nach ihrer Ausbildung auf dem Seminar in Friedberg Volksschullehrer gewesen. Nach dem Ersten Weltkrieg wurden ihnen Stellen an Gießener Schulen zugewiesen, beide begannen neben ihrer Berufstätigkeit ein Studium an der Ludwigsuniversität. Friedrich Huf widmete sich Geschichte und Philosophie, Heinrich Huth wandte sich den Fächern Mathematik und Erdkunde zu. In der Universitätsstadt gehörten sie 1922 zu den Gründungsmitgliedern des Deutschen Republikanischen Lehrerbundes (DRLB). Diese Organisation, von Schulhistorikern sehr zu Unrecht fast vergessen, stellte einen Zusammenschluss von Lehrern aller Schularten (vom Volksschullehrer bis zum Hochschullehrer) dar, der sich aktiv für die demokratisch und sozial ausgerichtete Weimarer Reichsverfassung einsetzte.

»Wir wollen die heranwachsende Jugend zu sozialem Fühlen und Handeln, zu republikanischem Verantwortungsgefühl und zu demokratischer Achtung vor der freien Persönlichkeit und ihren Rechten erziehen«, hieß es u. a. im Gründungsaufruf. »Wir sind entschlossen, jeder an Schulen sich zeigenden, gegen die Republik gerichteten Propaganda entgegenzutreten, von welcher Seite sie auch kommt.« Damit war der DRLB einer der ganz wenigen Lehrerverbände, die rückhaltlos für die Weimarer Republik eintraten und einen entschlossenen Kampf gegen links- und rechtsextremistische Strömungen führten.

Demokratisch und republikanisch eingestellte Lehrer hatten es damals nicht leicht, wie der preußische Unterrichtsminister Dr. Becker im Landtag 1926 bestätigte: »Wenn Sie die Akten des Kultusministeriums sich ansähen ..., so würden Sie erkennen, dass man geradezu von einem Martyrium reden kann, das diejenigen Schulmänner durchmachen müssen, die für den republikanischen Gedanken eintreten.« Sie waren oft gesellschaftlichem Boykott, dem Spott von Kollegen oder direkten persönlichen Anfeindungen ausgesetzt.

Konkret kristallisierten sich drei Schwerpunktbereiche heraus, in denen die Arbeit des Bundes hauptsächlich geleistet werden sollte: 1. Die Auseinandersetzung mit Lehrmitteln, insbesondere den Geschichtsbüchern, in denen noch die Monarchie verklärt wurde und militaristischer Heroenkult zu finden war. 2. Die Grundfrage nach Stellenwert und Inhalten politischer Bildung, die nach Ansicht des Bundes »zum Sehen gesellschaftlicher Zusammenhänge, zur Urteilsfähigkeit, zur Debatte und zur Toleranz« erziehen sollte. 3. Der Ausbau der demokratischen Schulverwaltung durch entsprechende Personalpolitik.

In späteren Jahren gehörte der DRLB zu den mutigen Gegnern des National-sozialismus: »Weißer Käse und Heil Hitler sind die gleichen Parolen phantastisch oder kaltschnäutziger Volksverführer. In ihrem Gefolge preisen Scharlatane, Dilettanten, Propheten aller Schattierungen Allheilmittel gegen die Leiden der Zeit an. Wehe dem Volk, das auf die Kuren der Quacksalber hereinfällt! Hier wächst dem einsichtigen Lehrer die schwere und besonders wichtige Aufgabe zu, mit ausdauernder Geduld zu warnen und zu mahnen.« Solche Aufklärungs-arbeit betrieb man auch durch öffentliche Vortragsveranstaltungen.

Wir müssen uns auf Hinweise begnügen, auf Einzelheiten von Zielen und Arbeitsweise des Bundes kann hier nicht eingegangen werden.

Friedrich Huf begründete zusammen mit Prof. Ludwig Hüter (Gießen) die Zeitschrift des Bundes »Der Wegweiser« (1924). Außerdem betätigte er sich als Mitarbeiter der »Oberhessischen Volkszeitung« und der »Hessischen Demokratischen Wochenschrift«. Zum 1. September 1926 wurde er beauftragt, die Deutsche Schule in Saloniki als Leiter zu übernehmen. Nach der Machtergreifung betrieben die Nazis 1934 seine Abberufung aus politischen Gründen. Man übertrug ihm eine Assessorenstelle an der Aufbauschule in Friedberg, die jedoch bald in eine kommissarische Realschullehrerstelle umgewandelt wurde. Wegen seiner »politischen und weltanschaulichen Haltung« folgte 1935 eine Strafversetzung an eine Gießener Volksschule. Huf begann erneut zu studieren und wurde 1941 von der Philosophischen Fakultät promoviert. Indes wollte man doch auf seine Fähigkeiten im höheren Schuldienst nicht verzichten. Ab dem Jahre 1938 konnte er als Studienassessor an der ELS unterrichten. Der Staatssicherheitsdienst überwachte ihn allerdings auch hier und entzog ihm infolge politischer Unzuverlässigkeit den Geschichtsunterricht in der Oberstufe. Eine vollständige Rehabilitierung brachte erst das Kriegsende. 1948 verließ Dr. Huf die ELS, um Oberstudiendirektor des Kaiserin-Friedrich-Gymnasiums in Bad Homburg zu werden.

Heinrich Huth trat in der organisatorischen Arbeit des DRLB weniger stark hervor als Huf, bekannte sich aber auch später immer zu seiner demokratischen Gesinnung. Er legte 1929 sein Doktorexamen ab (Titel der Dissertation: »Das Verhältnis der Pädagogik zur Philosophie«) und stand Prof. Dr. August Messer nahe, der zeitweise im Vorstand der Gießener Ortsgruppe für die Ideale des Bundes kämpfte. Dr. Huth wurde 1945 an unsere Schule versetzt. In der schwierigen Nachkriegszeit widmete er seine ganze Kraft dem Ausbau der Schule. In Anerkennung seiner überzeugenden Lehrerpersönlichkeit und seines Organisationstalentes ernannte ihn das Kultusministerium 1953 zum »Ständigen Vertreter des Direktors«. Dies blieb er vier Jahre lang bis zu seiner Pensionierung.

Eifrige Förderer des DRLB waren ebenfalls die Doctores Reinhard Strecker und Hermann Stockhausen, die schon vor dem Ersten Weltkrieg an der ELS unterrichtet hatten.

(Kontakte Nr. 4, 1986)

Der Saalbau Thalysienhof

Erinnerungen an eine beliebte Altstadtlokalität

Im Dezember 1985, am Tag vor Heiligabend, zerstörte ein Brand das Anwesen Schnurstraße 26, das einst ein geselliger Mittelpunkt der Bad Nauheimer Altstadt war. Glücklicherweise konnte die Feuerwehr ein Übergreifen der Flammen auf eng angrenzende Häuser verhindern. Erst im Winter 1986 begann man endlich damit, Schutt und Asche wegzuräumen. Seither mag mancher alte Hiesbacher mit ein bisschen Wehmut im Vorübergehen einen Blick auf die eingestürzte, verlassene Ruine geworfen haben, eingedenk der Jahrzehnte, in denen hier fröhliches Leben und Treiben herrschte. Für kürzlich »Eingeplackte« ist dies gewiss kaum vorstellbar, sie erinnern sich bestenfalls an eine unscheinbare Lagerhalle. Vielleicht lassen sie sich jedoch auf Vergangenes ein wenig neugierig machen.

Der Bad Nauheimer Gemeinderat stimmte auf seiner Sitzung vom 17. Mai 1898 dem »Gesuch des Herrn Gustav Graulich zum Betrieb einer Gastwirthschaft auf dem Grundstück Ecke Taunusstraße/ Schnurstraße« offenbar nur mit Bedenken zu. Die Lokalpresse deutet es an und teilt mit, die Gemeindevertreter hätten Überlegungen angestellt, »für die Zukunft eine Beschränkung eintreten zu lassen, da das Überhandnehmen der Wirthschaftsconcessionen erschreckend zunimmt«. Allerdings stellte Graulich nach entsprechenden Baumaßnahmen einen großen Saal zur Verfügung, so geräumig, dass damals im älteren Teil Nauheims nur die Turnhalle in der Hauptstraße und der Anbau der »Krone« mit ihm konkurrieren konnten. Durch Renovierung und Erweiterung im Jahre 1919 hatte er die Ausmaße von 13 auf 24 Meter und bot außerdem zusätzliche Fläche für Sitzplätze auf einer stattlichen Galerie.

»Gute Küche, prima Bier, reingehaltene Weine«

Es gab also, allgemein begrüßt, ausreichend Platz, um vor allem am Kerbwochenende das Tanzbein zu schwingen – sei es zu schmissigen Klängen von Blasmusik der Hanauer Ulanen etwa oder den verhalteneren Weisen eines »Original Wiener Salonorchesters« folgend. Ein Brauch, der sich jahrzehntelang hielt und gewissermaßen den Namen des Lokals legitimierte, denn »Thalysia« war die antike Bezeichnung eines griechischen Erntefestes. Aber auch an Ostern und Pfingsten spielte regelmäßig eine Kapelle zum Tanz auf. Angepriesen wurden: »Gute Küche, prima Bier, reingehaltene Weine«. Der solide Mittagstisch empfahl sich ab 1,10 Mark, im Abonnement billiger. Und wenn ein Sonderinserat »Prager Schinken im Brotteig mit Braunschweiger Kartoffelsalat« in Aussicht stellte, hatte die Bedienung alle Hände voll zu tun.

Vor dem Gebäude luden auf einer Art Gartenterrasse Tische und Stühle unter schattigen Bäumen zum Verweilen beim Äppelwoi ein. Im Sommer 1900 beispielsweise sorgten tägliche Konzerte der Sänger-, Jodler- und Instrumentalistengesellschaft Georg Lechner aus Rodenheim für Kurzweil der Besucher. Recht schnell fanden Vereine im Thalysienhof ihr mehr oder weniger ständiges Domizil: der Ring- und Stemmclub, der Zitherclub, der Verein der Buchdrucker oder der Männerturnverein, der hier im Februar 1914 ein letztes ausgelassenes

»karnevalistisches Gauturnfest« vor dem schrecklichen Weltkrieg feierte. Schießbuden, diverse Verkaufsstände und ein Fotografenatelier hatte man aufgebaut, ein Wahrsager gab sich die Ehre, und natürlich fehlten weder turnerische Vorführungen noch Maskentanz. Männerturnverein wie Radfahrvereinigung 1892/96 hielten auch in den Zwanzigerjahren ihrem Vereinslokal die Treue. Die Mitglieder des Landwirtschaftsvereins trafen sich dort zum Gedankenaustausch beim Schöppchen und arrangierten unter anderem 1927 eine große Geflügel-, Vogel- und Kaninchenausstellung. Versuche in jener Zeit, den Namen in »Turnerheim« oder »Florapalast« zu ändern, scheiterten. Der Thalysienhof war zu einem festen Begriff geworden.

Heimstätte der heimlichen Muse

Früh schon erfolgte der Einbau einer einfachen Bühne in den Saal. Somit bestand die Möglichkeit, Theater zu spielen. Von ihr machten nicht nur mimische Talente der Vereine Gebrauch, um Mitgliedern und Freunden auf Weihnachtsfeiern und Wintervergnügen Proben ihres Könnens zu liefern. Auch Wanderbühnen gastierten immer wieder, meistens nach Abschluss der Kursaison, wenn das Veranstaltungsprogramm des Staatsbades endete und in Nauheim dörfliche Stille einkehrte.

1906/07 beispielsweise gab Matthias Henss mit seinen Schauspielerkollegen von Oktober bis Ende Januar an fast jedem Wochenende Vorstellungen vorwiegend mit Stücken der leichten Muse. Dazu gehörten triviale Lustspiele wie »Alt-Heidelberg« von Meyer-Forster, »Auf der Sonnenseite« von Blumenthal und Kadelburg, »Flachsmann als Erzieher« oder das Singspiel »Preziosa«. Aber er offerierte auch Anspruchsvolles mit Henrik Ibsens Dramen »Nora« und »Gespenster«. Anfänglich war das Publikumsinteresse trotz günstiger Eintrittspreise sehr mäßig, sodass der Principal daran dachte aufzugeben. Auf einem Handzettel verkündete er enttäuscht: »Da der Besuch fortgesetzt ein solch geringer ist, dass ich in den sechs Wochen meines Hierseins nicht die Gagen der Mitglieder verdiente, sehe ich mich veranlasst, die Saison baldigst zu schließen und finden somit nur noch wenige Vorstellungen statt.« Der Bad Nauheimer Anzeiger meinte, die Ursachen für den mangelnden Zuspruch lägen in nicht überzeugenden Leistungen des Ensembles, während die Bad Nauheimer Zeitung die zu zahlreichen parallelen Vereinsveranstaltungen dafür verantwortlich machte. Immerhin nahm dann doch die Zahl der Besucher zu. Henss hielt noch einige Wochen durch.

»Lustige Witwe« ausverkauft

Etwas mehr Glück scheint 1910 die Theatertruppe Kappenmacher gehabt zu haben. Ihr Programm, das weniger Stücke enthielt, kam Berichten nach gut an. Bei einer Aufführung von Léhars »Die lustige Witwe« war das Haus sogar »vollständig ausverkauft und das Publikum in vorzüglicher Stimmung«. Ein Orchester konnte man freilich nicht finanzieren. Dessen Part übernahm ein Fräulein Grete Müller am Klavier »sicher und geschmackvoll und durfte sie um ihrer Leistung willen mancher männliche Kollege beneiden«. Auch das Theaterunternehmen J. W. Würtenberger brauchte offensichtlich nicht über Interessenlosigkeit der Nauheimer zu klagen. Sein Angebot problemfreier Unterhaltung wurde akzeptiert. Der Rezensent der Eröffnungsvorstellung am 10. Februar 1911 berichtete von gutem Besuch und lebhaftem Beifall, merkte jedoch an: »Für heute möchten wir dem Souffleur den Rat geben, sich etwas weniger bemerkbar zu machen und mehr in der Stille zu wirken.«

Nach kriegsbedingter Unterbrechung wurde in den Zwanzigerjahren weitergespielt. Wir wollen uns mit dem Hinweis auf zwei Beispiele begnügen: 1921 gastierte das Tegernseer Bauerntheater mit bayrischen Volksstücken und Ganghofers »Der heilige Rat«. 1929 führten Mitglieder des Berliner Theaters des Westens und des Staatstheaters eine Operette von Will Mensel auf. Schließlich sei erwähnt, dass sich 1912 ein Kinematographentheater zu etablieren versuchte. Dies misslang, da seit drei Jahren in der Badestadt bereits ein Kino bestand. Das so genannte Unionstheater bezog gerade sein neu eingerichtetes Etablissement Fürstenstraße 3 und versprach größere Modernität. Die Thalysienhof-Lichtspiele wurden nach wenigen Wochen als unrentabel geschlossen.

Raum für politische Versammlungen

Es ist geradezu selbstverständlich, dass sich die politischen Parteien ebenfalls die Geräumigkeit des Thalysienhofs zu Nutze machten, und zwar hauptsächlich für Wahlversammlungen. Eine der ersten scheint 1907 anlässlich der Reichstagswahl von der SPD durchgeführt worden zu sein. Vor mehr als 400 Teilnehmern sprachen Landtagsabgeordneter Carl Ulrich, später erster hessischer Staatspräsident, sowie der Friedberger Schreinermeister Heinrich Busold, der sich als Kandidat vorstellte. Damals konnte er sich noch nicht gegen den Nationalliberalen Waldemar Graf von Oriola durchsetzen. Erst 1910 gewann er bei der Nachwahl das Mandat, nachdem der Büdesheimer Gutsbesitzer an den Folgen eines Verkehrsunfalls gestorben war.

Vor allem während der bewegten Zeit der Weimarer Republik bemühten sich alle politischen Richtungen, das Wahlvolk in die Schnurstraße 26 zu locken. Prominente Politiker wurden aufgeboten wie beispielsweise Otto Wels, aber auch weniger bekannte Funktionäre von Zentrum und Deutscher Demokratischer Partei. Für die Kommunisten warb auf unübliche Weise des öfteren Dr. Daniel Greiner, ehemals Mitglied der Darmstädter Künstlerkolonie, dessen überlebensgroße Bachbüste die Westempore der Dankeskirche ziert. Er zeigte zum Beispiel Lichtbilder von Werken Constantin Meuniers oder von eigenen Arbeiten sozialkritischer Thematik. Im Anschluss daran erläuterte er Grundsätze seiner Partei.

Von sich reden machte im April 1924 eine Veranstaltung des nazistischen völkisch-sozialen Blocks mit Hauptredner Dr. Artur Dinter. Im überfüllten Saal waren nicht nur Anhänger anwesend, und als ein politischer Gegner zu diskutieren wünschte, jedoch nicht die Möglichkeit erhielt, entstand heftiger Tumult. »Anscheinend kam es in der Mitte des Saales zu einer Schlägerei, denn hinter unserem Rücken stürmten etwa acht bis zehn Polizisten in den Saal und trennten die Streitenden«, informierte die Bad Nauheimer Zeitung die Leser. Übrigens war einer der letzten Wahlredner im Thalysienhof vor der Machtergreifung der Nazis ihr Ideologe Alfred Rosenberg (November 1932). Um zu vermeiden, dass unsere Erinnerungen ausufern, soll nur kurz auf die wohl eindrucksvollste politische Veranstaltung im Saalbau hingewiesen werden: die öffentliche Trauerkundgebung am 8. März 1925 für Reichspräsident Friedrich Ebert.

Lang ist's her: SV 06 in der Gauliga

Im Verlauf der Dreißigerjahre wurde es im Thalysienhof immer stiller. Wahlveranstaltungen gab es nicht mehr, kulturelle Veranstaltungen, von der NS-Kulturgemeinde gesteuert, fanden fast ausschließlich in Kurhaus und Kerckhoff-Institut statt, das Vereinsleben nahm veränderte Formen an, andere Lokale kamen in Mode. Gleichwohl bleibt ein bemerkenswertes Ereignis zu verzeichnen: am 29. Mai 1935 die Siegesfeier des Sportvereins 06, da seine Fußballmannschaft den Aufstieg in die Gauliga, damals die höchste Fußballklasse (heute spielt der SV 06 bekanntlich in der tiefsten) geschafft hatte. Abends marschierte der stolze Verein gemeinsam mit fast allen anderen Nauheimer Vereinen durch die Stadt. »Überall, wo der Zug, der vorne ein großes Transparent mit der Werbeaufschrift ›Treibt Sport im Sportverein‹ mitführte, durchkam, wurde er von den die Straßen umsäumenden Zuschauern freudig begrüßt. Der Thalysienhof vermochte kaum all die frohgestimmten Menschen zu fassen, die sich zu der anschließenden Siegesfeier dort eingefunden hatten.«
1936/37 sah sich dann die Bauaufsichtsbehörde wiederholt zur Anmahnung von Instandsetzungsarbeiten genötigt. Umfangreiche Renovierung musste auch Hermann Burk vornehmen, der nach dem Krieg den Saal in ein Filmstudio umwandelte. Hier wurden Kulturfilme fertig gestellt und zahlreiche Werbespots gedreht, für Kulissen stand ja genügend Platz zur Verfügung. Nachdem 1978 sein Vater verstorben war, nutzte Gerhard Burk kurze Zeit den Raum als Bildhaueratelier. Danach folgten dessen »Degradierung« zur Lagerhalle und Zerstörung.

Jetzt allerdings – wie anfangs erwähnt – tut sich etwas im Bereich Schnurstraße 26. Ob die gastronomische Tradition wieder auflebt oder vielleicht durch Errichten eines modernen Wohnblocks das Kapitel Thalysienhof endgültig abgeschlossen wird? Der jetzige Inhaber, ein Weißbindermeister, wollte, dazu befragt, keinen Kommentar abgeben. Man darf gespannt sein.

(Wetterauer Zeitung , 23. Dezember 1986)

(In dem unter Denkmalschutz stehenden Komplex befinden sich heute Wohnungen, Anm. d. Red.)

Bad Nauheims erster Berufsbürgermeister

Zum 125. Geburtstag von Dr. Gustav Kayser

Man kann es sich heute kaum vorstellen, dass die Schultheißen des Söderdorfs Nauheim und später ebenso badestädtische Bürgermeister ihre Verwaltungstätigkeit mit wenigen Hilfskräften nebenberuflich ausübten. Dr. Gustav Kayser war der erste und bisher zugleich am längsten amtierende Berufsbürgermeister der Stadt. Noch sein Vorgänger, Jean Wörner, widmete sich außer der Kommunalpolitik seiner Kolonialwarenhandlung, betreute als »Agent« die hiesigen Mitglieder der Aachen-Münchener-Feuerversicherung und vermittelte Darlehen der Frankfurter Hypothekenbank. Nach seinem Tod 1902 entschloss sich die Gemeindevertretung, die Hessische Städteordnung einzuführen und dafür zu sorgen, dass sich das Stadtoberhaupt künftig ganz auf sein Amt konzentrierte. Nauheim stand mitten in einer stürmischen Aufwärtsentwicklung, wichtige Probleme der Modernisierung und vorausschauenden Planung mussten gelöst werden. Gefragt war eine Persönlichkeit mit Sachverstand und Führungskraft. Im damaligen Wormser Beigeordneten Dr. Kayser glaubte man den richtigen Mann gefunden zu haben. Am 3. Mai 1903 erfolgte seine einstimmige Wahl zum Bürgermeister. Die Amtsperiode sollte zunächst zwölf Jahre dauern.

Modernisierung der Stadt

Gustav Philipp Kayser wurde am 16. Februar 1862 in Amsterdam geboren, wo sein Vater, ein Mainzer Kaufmann, eine Geschäftsfiliale unterhielt. In Mainz absolvierte er das Gymnasium und studierte in Leipzig und Gießen Rechtswissenschaft. Nach Staatsexamen und Promotion war er unter anderem an Gerichten in Darmstadt, Worms, Büdingen und Vilbel tätig, bis er ab 1894 in Worms als besoldeter Beigeordneter kommunalpolitische Erfahrungen sammeln konnte. Sie kamen ihm nun bei seiner neuen Aufgabe zugute, die er mit großem Elan in Angriff nahm.

In kurzer Zeit legte er dem Stadtparlament zahlreiche Entwürfe zur Beschlussfassung vor, um die rechtlichen Grundlagen für eine effektive, zukunftsorientierte Verwaltung zu schaffen. Dies reichte beispielsweise von Satzungen für Krankenhaus und Gaswerk bis hin zur Gehaltsordnung städtischer Bediensteter oder der Erstellung von Bebauungsplänen.

Straßenbau, Kanal, elektrisches Licht

Infolge des ständigen Anwachsens der Einwohner- und Kurgastzahlen waren rasche Maßnahmen zur Verbesserung der Infrastruktur nötig. Als Beispiel sei die Sicherung und Intensivierung der Trinkwasserversorgung genannt. Dazu musste das staatliche Wasserwerk in Kommunalbesitz überführt und ausgebaut werden. Im Jahre 1907 schloss sich Bad Nauheim dann an die Gruppenwasserleitung nördliche Wetterau an. Ferner wurden forciert Straßenbau, Kanalisation und Einführung des elektrischen Stroms im Stadtgebiet vorangetrieben. Weil gleichzeitig die Neubauprojekte des Staates für Sprudelhof, Trinkkuranlage, Saline usw. anliefen, machte mancher Nauheimer seinem Unmut über die allgegenwärtigen Baustellen mit ihrem Schmutz und Lärm empört in der Lokalpresse Luft. Vielmehr freilich beunruhigte etliche Bürger die Frage der Finanzierbarkeit aller Neuerungen. Man argwöhnte, der Ehrgeiz des Bürgermeisters sei zu groß, er werde »der Gemeinde Lasten aufladen, woran Kinder und Kindeskinder zu leiden haben«. Als Fremder kenne er die einheimischen Gegebenheiten nicht beziehungsweise nehme auf sie keine Rücksichten.

Kritiker überzeugt

Mit solchen Vorwürfen hatte sich Dr. Kayser in der ersten Hälfte seiner Amtszeit immer wieder auseinander zu setzen, es gelang ihm jedoch, mit Beharrlichkeit und starkem persönlichen Arbeitseinsatz Vorurteile und Widerstände zu überwinden. Seine Kritiker sahen schließlich ein, dass dank wohl überlegter, im Grunde recht sparsamer Kalkulation trotz steigender Ausgaben die Gemeindefinanzen gesund blieben und vernünftige Investitionen der gesamten Bevölkerung nützten.

In Kooperation mit dem Staatsbad, die leider gelegentlich von Konflikten beeinträchtigt war, bemühte sich Kayser unablässig um den Ausbau des Fremdenverkehrs. Auf seine Initiative kam es 1904 zur Gründung eines Vereins zur »Hebung des Stadtverkehrs«; über zwei Jahrzehnte arbeitete er ideenreich in der Verkehrskommission mit. Durch Begrünen von Straßen, deren verbesserte Reinigung, zeitgemäße Müllbeseitigung sowie Unterstützung des Beherbergungsgewerbes wollte die städtische Verwaltung zur Erhöhung der Attraktivität des Badeortes beitragen. Dr. Kayser setzte auch die Anbindung Nauheims an die Wettertalbahn durch, obwohl es eine Zeit lang schien, als werde die Streckenführung der Süderweiterung der Butzbach-Licher-Eisenbahn an der Stadt vorbei nach Friedberg verlaufen. Das von ihm favorisierte Projekt einer Usatalbahn (Verbindung Bad Nauheim – Usingen) ließ sich allerdings nicht realisieren. Andere Vorhaben, wie etwa die Einrichtung einer innerstädtischen elektrischen Straßenbahn oder den Bau eines Schlachthofes, brachte letztlich der Erste Weltkrieg zum Scheitern.

Förderung von Bildung und Kultur

Besonders hervorgehoben zu werden verdient Gustav Kaysers Förderung von Bildungswesen und kulturellem Leben der Stadt. Vehement kämpfte er für die Errichtung einer höheren Bürgerschule, damit am Ort den Nauheimer Mädchen und Buben die Möglichkeit zum Erwerb weiterführender Bildung gegeben würde. Gegen Ablehnung oder Skepsis größerer Teile der Einwohnerschaft erreichte er mit Gleichgesinnten bekanntlich 1905 die Gründung der ELS und wenige Jahre später die Bereitstellung erheblicher Mittel für deren Neubau in der Mittelstraße. Zielstrebig unterstützte er die Umwandlung zur Real- beziehungsweise Oberrealschule. Aber auch der Ausstattung der städtischen Volksschule widmete er stets sorgsame Aufmerksamkeit, denn er sah in allen Schulen »Pfeiler für die Weiterentwicklung unserer Stadt«.

Vortrags- und Musikverein gegründet

Da es ihn störte, dass nach Abschluss des sommerlichen Kurbetriebs Bad Nauheim in tiefen Winterschlaf versank und gewissermaßen ein kulturelles Vakuum entstand, gründete er im Oktober 1904 einen Verein, der in den saisonlosen Monaten das »Bedürfnis nach einer nutzbringenden, allen Bürgern zugänglichen Unterhaltung« befriedigen sollte. Dieser Vortrags- und Musikverein hat Veranstaltungen von beachtlichem Niveau organisiert. Auf den Programmen von Musikabenden finden sich Namen bekannter Interpreten, zum Beispiel Arnold Mendelssohn, Wilhelm Backhaus, Paul Hindemith oder das Hock-Quartett. Aufführungen des Brahms'schen Requiems und Schumanns »Der Rose Pilgerfahrt« seien erwähnt. Ernst von Wolzogen und Alfred Bock gestalteten Dichterlesungen. Neben anderen hielten Prof. Henry Thode (Schwiegersohn Richard Wagners), Prof. Dr. Martin Rade, Prof. Dr. D. Wilhelm Diehl und Gustav Waldt Vorträge über wissenschaftliche Fragen. Gleichfalls konnte der von Dr. Reinhard Strecker geleitete Bildungsverein auf bürgermeisterliche Hilfe zählen, vor allem beim Aufbau einer Leihbibliothek, dem Grundstock der heutigen Stadtbücherei. Ihr wurden seit 1911 kostenlos Räume im alten Rathaus am Marktplatz zur Verfügung gestellt.

Während des Weltkriegs begann Dr. Kaysers zweite Amtsperiode. Die Stadtverordneten wählten ihn im April 1915 ohne Diskussion für weitere zwölf Jahre zum Stadtoberhaupt. Auf die Verwaltung kamen starke Belastungen zu: Lebensmittelbewirtschaftung mit aufwändigem Bezugsscheinsystem; Unterbringung von Evakuierten aus Elsaß-Lothringen; Versorgung von Lazaretten; Brennstoffbeschaffung; Einsammeln so genannter kriegswichtiger Grundstoffe; Maßnahmen gegen »Schieberei und Hamstertum« und anderes mehr. In einem Teil des Stadthauses hatte man eine Militärdienststelle eingerichtet, der Bürgermeister fungierte vorübergehend als Adjutant einer Landsturmeinheit.

Preisgünstige Wohnungen

Nach Kriegsende waren die Sorgen keineswegs kleiner. Sehr langsam nur milderte sich der Nahrungsmittelmangel, dagegen stieg die Zahl von Wohnungssuchenden, Arbeitslosen und Fürsorgebedürftigen bei gleichzeitigem rapidem Geldwertverfall. Zusammen mit der in Butzbach ansässig gewordenen Meguin AG gründete die Stadt eine Baugesellschaft, um preisgünstigen Wohnraum zu schaffen. So entstanden am Eleonorenring und dessen Nähe 14 Doppelhäuser mit insgesamt 44 Wohnungen. Kommunale Notstandsarbeiten sollten die Arbeitslosigkeit begrenzen. 1922/23 wurden eine Volksküche im Konitzkystift und eine öffentliche Wärmstube in der Stadtschule eingerichtet. Wiederholt appellierte Dr. Kayser in Aufrufen an die tätige Solidarität der Mitbürger: »Wer noch ein Heim hat mit warmer Kost, lasse Darbende an seiner Küche teilnehmen; wer im Felde oder Garten über Bedarf geerntet hat, mache anderen eine Freude!« Er erwartete Unterstützung »im Kampf gegen Sorglosigkeit und übertriebenen Eigennutz«.

1925 Schwimmbad »sang- und klanglos« eingeweiht

Nachdem die Inflation und ihre schlimmen Folgen überwunden waren, gelang es Dr. Kayser, kurz vor Ablauf seiner Amtszeit noch zwei wichtige Vorhaben zu verwirklichen, deren Planung bis weit in die Vorkriegszeit zurückreichte: die Errichtung eines Freibades und den Bau einer Kläranlage. Von früheren Überlegungen, ein städtisches Schwimmbad an der Wetter oder direkt am großen Teich im Kurpark anzulegen, nahm man teils aus hygienischen, teils aus Zweckmäßigkeitsgründen Abstand. Verwaltung und Stadtparlament entschieden sich für ein Parkbad hinter dem Konitzkystift, das am 28. Mai 1925 »recht sang- und klanglos« eingeweiht wurde. Das neue Klärwerk, längst überfällig, und vormals Anlass heftiger Auseinandersetzungen mit Friedberg, stieß wegen seiner fortschrittlichen technischen Ausstattung auf überregionale Beachtung. Bis zum vergangenen Jahr hat es seine Dienste geleistet.

Erneute Kandidatur abgelehnt

Zum Zeitpunkt der Inbetriebnahme im Herbst 1927 befand sich Gustav Kayser allerdings seit einigen Monaten nicht mehr im Amt. Man hatte ihm eine erneute Kandidatur angetragen, aber er lehnte zum allgemeinen Bedauern ab: »Ich halte es nicht für zweckmäßig, dass man, wenn man in die Jahre kommt, die über die Zeit hinausgehen, in der die Hauptkraft des Menschen sich betätigt, noch länger bleibt, weil ich aus meinen jüngeren Jahren noch in Ereignissen wurzele, die die meisten von Ihnen nicht gekannt haben, sodass ich die Zeit vielleicht nicht mehr so verstehen kann wie Sie.«

Ein nur kurzer Ruhestand war ihm vergönnt, denn er starb schon am 21. März 1930. Wie bei seiner Verabschiedung aus dem Amt wurden auch in Nachrufen Dr. Kaysers hervorragende Leistungen in echter Anerkennung und Dankbarkeit gewürdigt. Die Zeitgenossen wussten, dass er die Badestadt entscheidend über den Tag hinaus geprägt hatte. Einstimmig beschloss drei Jahre nach seinem Tod das Bad Nauheimer Stadtparlament, die Waldstraße, wo er jahrzehntelang zu Hause gewesen war, in Gustav-Kayser-Straße umzubenennen. Auch spätere Generationen sollten an diesen ersten, so verdienstvollen Berufsbürgermeister erinnert werden.

(Wetterauer Zeitung, 12. Februar 1987)

(Ein ausführlicher Aufsatz über Dr. Gustav Kayser ist erschienen in den Wetterauer Geschichtsblättern, Band 36, 1987: »Dr. Gustav Kaysers Amtszeit – ein entscheidender Abschnitt in der Entwicklung Bad Nauheims«. Dieser Text ist bei der Stadtverwaltung/Hauptamt als Sonderdruck erhältlich. Anm. d. Red.)

Träume aus Nauheims Vergangenheit
Ein Bericht über glücklose Pläne

Wer kennt sie nicht: Träume, von denen man sich wünscht, sie würden wahr; Wunschvorstellungen, von deren Verwirklichung man träumt! Bei manchen Nauheimern intensivierte sich das Träumen, als Bekanntheit und Beliebtheit des Solbads zunahmen und die dörflichen Strukturen in relativ raschem Entwicklungsprozess verändert wurden.

Trotz etlicher Rückschläge und ungünstiger Zeitumstände verbreitete sich im Allgemeinen immer wieder Fortschrittsoptimismus. Geschäftlich erfolgreiche Sommermonate beflügelten jeweils die Fantasie: Sollte es nicht Möglichkeiten geben, Wohlhabenheit und Ansehen noch erheblich zu steigern durch beschleunigte Modernität, ausgesucht urbane Projekte, die gelegentlich das Flair des Besonderen trugen?

In diesem Zusammenhang standen beispielsweise die bekannten Pläne für die Errichtung einer Dampf-Tramway zum Johannisberg, einer innerstädtischen elektrischen Straßenbahnlinie, die Gründung der Usatalbahn von Bad Nauheim nach Usingen und in späteren Jahren für die Wiederbelebung der Spielbank, den Bau einer Kolonialehrenburg oder schließlich des »größten Kurhauses der Welt«.

Städtischer Schlachthof...

Auch die Idee eines städtischen Schlachthofes hatte sich mindestens seit der Jahrhundertwende in einigen Köpfen festgesetzt und bot wiederholt Anlass zu Diskussionen. Eine solche Einrichtung vergrößere das Prestige der aufstrebenden Stadt, meinte man. Zudem stelle sie besonders während des Sommers eine hygienischere Versorgung von Einwohnern und Kurgästen sicher. Schon am 20. März 1900 entschloss sich die Stadtverwaltung zu einer öffentlichen Ausschreibung mit der Aufforderung an interessierte Firmen, »gut bearbeitete Detailpläne« einzureichen, die eine »gesamte Schlachthofeinrichtung, insbesondere die Be- und Entwässerungs-, Beleuchtungsanlage, Warmwasser- und Dampfleitung, Kühlanlage mit Eisfabrikation, alle maschinellen Einrichtungen, Transportvorrichtungen, Pflasterungen und Gebäudetheile umfassen«.

... auf 10 000 Quadratmetern

Man war geneigt, etwa zehntausend Quadratmeter für die Gesamtanlage verplanen zu lassen. Über den Standort allerdings bestand unter den Stadtverordneten keine Einigkeit. Hielt eine Mehrheit zunächst die »Pferdserweide«, ein Gelände südlich des Ludwigsbrunnens, für geeignet, rückte sie 1902 davon wieder ab. Ein Schlachthof ja – aber wohin? Erinnert das nicht an die sprichwörtlichen Schildbürger?

Ein weiteres entscheidendes Hemmnis stellte die Finanzierung dar. Am liebsten hätte man einen kräftigen Zuschuss seitens des Staates gesehen. Doch da stieß man auf taube Ohren. Noch im Jahre 1926 unternahm Bürgermeister Dr. Kayser einen entsprechenden Versuch mit einer Eingabe an den Landtag des Volksstaates Hessen, freilich ohne Erfolg. Vielleicht wäre das Vorhaben gemeinsam mit Friedberg zu realisieren gewesen, wie es 1904 Diplom-Ingenieur Siegel vorgeschlagen hatte. Indes war die Rivalität zwischen beiden Städten zu groß.

Kurstadt mit Garnison

Weniger bekannt sind Bestrebungen aus der Zeit kurz vor dem Ersten Weltkrieg, Bad Nauheim zu einer Garnisonsstadt zu machen. Im Rahmen der 1912/13 durchgeführten Heeresvergrößerung schien eine reale Chance zu bestehen. Der Bürger- und Stadtverkehrsverein wurde aktiv. Er drängte die Bürgermeisterei zu diesbezüglicher Bewerbung bei den Militärbehörden. Die Wunschvorstellung ging dahin, dass ein Jägerbataillon in die Badestadt verlegt werde. So erreiche man dann zugleich die Stationierung von »Bataillonsmusik«. Eine ständig vorhandene Militärkapelle bringe Abwechslung und Bereicherung auf gesellschaftlich-kulturellem Gebiet.

Und die »Oberhessischen Volksblätter« (Bad Nauheimer Anzeiger) argumentierten: »Auch ohne Musik ist uns ein Bataillon willkommen. Die Hausfrauen erhalten damit ausharrende Mädchen und perfekte Köchinnen, der Kurgast mancherlei Unterhaltung, um seine Zeit angenehm zu vertreiben. Der Nauheimer bekommt nicht allein eine Masse Gesprächsstoff mehr, sondern die Geschäfte werden ohne Zweifel von einer Garnison profitieren.«

Natürlich war man sich darüber im Klaren, dass für den Kasernenbau beträchtliche kommunale Investitionen erforderlich würden, hielt aber die Ausgaben für lohnend und in absehbarer Zeit amortisierbar. Außerdem verzinste der Militärfiskus die Aufwendungen der Gemeinden für Garnisonen mit vier Prozent.

»Zögerlichkeit fehl am Platze«

Zögerlichkeit sei also fehl am Platze. Um noch einmal die Tagespresse zu zitieren: »Man nehme nur die gebotene Aussicht, Leutnants jeden Tag in größerer Anzahl auf der Terrasse und sonstigen Plätzen zu haben. Das allein muss schon viele Familienväter – und selbst bei den Stadträten gibt es deren mehrere – veranlassen, sich die Frage einmal zu überlegen.«

Mitbewerber war Friedberg, das von 1807 bis zum deutsch-französischen Krieg 1870/71 Soldaten beherbergt hatte. Zu seinen Gunsten fiel schließlich die Entscheidung. Am 1. Oktober 1913 zogen Kompanien des 3. Bataillons des Infanterieregiments 168 in die fahnengeschmückte Kreisstadt ein. Dreiundzwanzig Jahre danach hofften die Badestädter doch noch zur eigenen Garnison zu kommen. Wieder einmal lief ein Aufrüstungsprogramm auf Hochtouren und neue Truppenunterkünfte wurden gebraucht.

In Verhandlungen mit der Wehrkreisverwaltung IX in Kassel erklärte sich die Stadt bereit, unentgeltlich Gelände südwestlich des Friedhofs an der Homburger Straße für die Errichtung von Kasernen zur Verfügung zu stellen. Sie wollte ebenso die Mittel für Versorgungsleitungen und eine zusätzliche, zweispurige Straße aufbringen. Die Baukosten der Gebäude sollte der Staat übernehmen. Als militärisches Übungsterrain war übrigens der Ockstädter Exerzierplatz vorgesehen.

Über das reine Planungsstadium gelangte die ganze Sache, aus welchen Gründen auch immer, wiederum nicht hinaus – dem Vernehmen nach zur Erleichterung einiger Bürger, denn die neue Wehrmacht hatte ja doch mit der zum Teil operettenhaften Leutnantsseligkeit der kaiserlichen Epoche wenig Gemeinsamkeit.

Ein Schloss im Park

Weitgehend in Vergessenheit geraten ist auch der Traum von einem landesherrlichen Palais. Bereits im Vertrag vom 1. Januar 1854 zwischen dem Kurfürstentum Hessen-Kassel, zu dem ja Nauheim bis 1866 gehörte, und Jacques Roland Viali war festgelegt, dass der Spielbankpächter »ein abseits liegendes Gebäude« zur ausschließlichen Benutzung der Landesfürsten für 325 000 Taler erbauen und vollständig ausmöblieren musste. Friedrich Wilhelm I. hat auf das Einhalten dieser Abmachung nicht bestanden und den Passus sechs Jahre später annulliert.

Die Nauheimer wären freilich froh darüber gewesen, wenn das bescheidene, kleine Teichhaus (*Salzmuseum bis Frühjahr 1998, seither in Privatbesitz, Anm. d. Red.*), das einst von Landgraf Wilhelm IX. für eine seiner Freundinnen erbaut worden war, ansehnliche Konkurrenz erhalten hätte. Sie schauten mit gewissen Neidgefühlen auf die Rivalinnen Wiesbaden und Bad Homburg. Hier gab es Residenzen, richtige Schlösser, deren Glanz diesen Städten Vorteile eintrug. Vor allem waren für kurende Fürstlichkeiten repräsentative Räume vorhanden.

Antrag im April 1914

Sicherlich ermutigt durch das persönliche Interesse, das Großherzog Ernst Ludwig für die Badestadt zeigte, unternahm man endlich einen konkreten Vorstoß. Im April 1914 beantragte der im hiesigen Wahlkreis zuständige Landtagsabgeordnete Wilhelm Joutz »die Erbauung eines Palais für Seine Königliche Hoheit den Großherzog in Bad Nauheim«. Er formulierte in der Begründung, es sei ein langjähriger Wunsch der Einwohner von Bad Nauheim, »dass Seine Königliche Hoheit der Großherzog als Landesfürst mit seiner Familie einige Wochen lang alljährlich seinen Aufenthalt in Bad Nauheim nehmen möge«. Es fehlte nicht der Hinweis auf die Besuche des deutschen Kaiserpaares im preußischen Wiesbaden und in Bad Homburg und den damit verbundenen Werbeeffekt.

Weiterhin hieß es etwas umständlich: »Wenn auch Seine Königliche Hoheit der Großherzog nebst Familie seit einigen Jahren das Schloss Friedberg zum zeitweiligen Aufenthalt gewählt hat, so übt dieser Aufenthalt, da immerhin an einem anderen, wenn auch benachbarten Platz, nicht die Wirkung auf das Renommee eines unter so scharfen Konkurrenzbestrebungen stehenden Badeplatzes wie Bad Nauheim aus, als ein persönlicher Aufenthalt für einige Zeit des Landesfürsten und dessen Hofstaat am Platz selbst.« Joutz konnte sich das Palais »im Barockstile, der Landschaft angepasst«, ganz gut im oberen nordwestlichen Kurpark »auf der Höhe zwischen Kurhaus und Teichhaus« vorstellen.

Publizistische Hilfe

Publizistische Unterstützung fand das Vorhaben unter anderem bei der Hessischen Liberalen Wochenschrift, die meinte, eine zweite Badekur der Zarin sei beispielsweise wegen »den fehlenden Wohngelegenheiten für fürstliche Personen« nicht zustande gekommen. Es gebe zwar ausgezeichnete Hotels, man müsse aber damit rechnen, dass Fürstlichkeiten »sich vor dem Zusammenwohnen mit exotischen Potentaten und amerikanischen Magnaten scheuen«. Im Gegensatz dazu hielt die angesehene Frankfurter Zeitung gar nichts von einem »Reklameschloss« für Bad Nauheim. Sie wandte sich entschieden dagegen, den Großherzog in solcher Weise für Werbung zu missbrauchen.

Und die Reaktion von Landtag und Regierung in Darmstadt? Zu einem formalen Beschluss ist es infolge des Kriegsausbruchs nicht mehr gekommen, allerdings hatte der Finanzausschuss schon Ablehnung signalisiert. Vielleicht wäre durch eine engagierte Parlamentsdebatte ein Stimmungsumschwung herbeizuführen gewesen. Wer weiß. Stimmt nicht das Sprichwort: Träume sind Schäume?

(Wetterauer Zeitung, 29. August 1987)

In Sorge um Frieden und Freiheit

Vor vierzig Jahren entstand der Nauheimer Kreis

Zwar ist er im Großen Brockhaus verzeichnet und in der Fachliteratur beschrieben, aber viele Zeitgenossen, die recht bewusst die ersten Nachkriegsjahre erlebt haben, dürften mit dem Nauheimer Kreis kaum noch konkrete Vorstellungen verbinden. Die Mehrzahl der Deutschen hatte damals schwere persönliche Sorgen: Einigermaßen satt zu werden bei knappen Lebensmittelrationen; als Flüchtlinge, Vertriebene und Ausgebombte eine bescheidene Unterkunft zu finden oder sich unbedingt nötigen Hausrat zu beschaffen; eine Arbeitsstelle zu suchen; endlich etwas über das Schicksal vermisster Angehöriger herauszubekommen. »Hamstern, Organisieren, Tauschen, Improvisieren« hießen die Slogans jener Tage. Es fehlte an nahezu allem. Dazu kamen Spruchkammerverfahren, hinderliche Kontrollen der Alliierten, totaler Geldwertverfall und die Erwartung der Währungsreform. Existenzielle Not hatte in breiten Bevölkerungsschichten das unmittelbare Interesse an Politik zunächst verdrängt. Die Informationsmöglichkeiten waren außerdem eingeschränkt. Nur wenige Zeitungen mit geringer Auflage erschienen regelmäßig.

Die Gründung im Kerckhoff-Institut

So konnte auch keine Lokalpresse über die Veranstaltung berichten, die gewissermaßen den Anstoß zur Bildung des Nauheimer Kreises gab. Am Dienstag, dem 25. Mai 1948, hielt im großen Hörsaal des William-Kerckhoff-Instituts Prof. Dr. Ulrich Noack einen öffentlichen Vortrag mit dem Thema »Das Werk Friedrich des Großen und Bismarcks – ein Problem der deutschen Geschichte«. Anschließend versammelte sich eine kleinere Gruppe interessierter Zuhörer in der Wohnung des damaligen Institutsleiters, Prof. Dr. Hans Schaefer, um mit dem Referenten des Abends zu diskutieren. Über den Inhalt des Vortrags hinaus gelangte man bald zu Gegenwartsproblemen. Dabei erläuterte Noack, Ordinarius für Geschichte an der Universität Würzburg und CSU-Stadtrat, seinen Plan für eine Neutralisierung Deutschlands, die er als den besten oder sogar einzig gangbaren Ausweg aus den Schwierigkeiten der Nachkriegspolitik ansah. Spontan beschlossen Teilnehmer an der Diskussionsrunde, sich in Abständen in der Badestadt wiederzutreffen und diese Idee eingehender zu erörtern beziehungsweise weiter zu entwickeln. Prof. Dr. Schaefer stellte großzügig seine Privatwohnung zur Verfügung.

Ein zwangloses Diskussionsforum

Gemäß eigener Definition wollte der Nauheimer Kreis keine vereinsähnliche Organisation sein, sondern ein freies Diskussionsforum, »ein offener Kreis von Einzelpersönlichkeiten auf überparteilicher Grundlage aus dem politischen, wirtschaftlichen und kulturellen Leben. Es gibt keine Mitgliedskarten und keine Mitgliedsbeiträge und keine Vereinskasse. Der Kreis hat die einzige Aufgabe, die leitende Idee, die Neutralisierung Deutschlands, mit Fachleuten durchzuarbeiten und der Öffentlichkeit zur Diskussion zu stellen«.

Freilich bildete sich dann doch im Laufe der Zeit eine so genannte Leitende Gruppe. Neben Noack gehörten zu ihr August Haußleiter (Journalist und stellvertretender CSU-Landesvorsitzender), Dr. Rudolf Binapfl (Mitglied der Europäischen Akademie Regensburg), Artur v. Machui (Vorstand der Agrarsozialen Gesellschaft Göttingen) und Prof. Dr. Reinhard Strecker (vor dem Ersten Weltkrieg zwölf Jahre lang Lehrer an der Ernst-Ludwig-Schule Bad Nauheim und 1919 hessischer Kultusminister). Sie bereitete die einzelnen Tagungen vor, erarbeitete Materialien und Presseerklärungen. Trotz wechselnder Zusammensetzung der Tagungen bestand ein gewisser fester Kern von Interessenten. Er hatte »einen ausgesprochenen bildungsbürgerlichen Zuschnitt; Mediziner und Juristen, zumeist in Bad Nauheim oder der Umgebung wohnend, stellten den größten Teil der Anwesenden« (H. P. Schwarz).

Politiker von Rang und Namen konnte man nicht zur Teilnahme bewegen. Eine Ausnahme stellte Dr. Heinrich v. Brentano dar, der allerdings nur bei der ersten offiziellen Tagung am 31. Juli und 1. August 1948 anwesend war.

Neutrale Mittlerstellung Gesamtdeutschlands

Im Mittelpunkt der Überlegungen des Nauheimer Kreises standen zwei Grundanliegen: die Wiederherstellung der Einheit Deutschlands und die Aufrechterhaltung des Friedens. Noack und seine Anhänger glaubten, dies sei durch immer während Neutralität und Entmilitarisierung eines nicht mehr besetzten deutschen Gesamtstaates erreichbar. Er sollte »sich als auseinander haltende und beschwichtigende Kraft zwischen die bewaffneten Weltgegensätze stellen, die heute in Deutschland aufeinander prallen«. Die Deutschen müssten sich bemühen, endgültig von machtpolitischen Ambitionen Abschied zu nehmen, und sich ganz auf die Entfaltung geistig-kultureller Schöpferkräfte konzentrieren. Wünschenswert sei das Wiedergewinnen des Vertrauens der Völker durch Selbstbescheidung, Willen zur Toleranz und allseitige Zusammenarbeit. Innere Erneuerung und Neubelebung »der nahezu gänzlich ohnmächtigen und gelähmten Gesellschaft« sei notwendig. In diesem Sinne legte beispielsweise am 19. September 1948 der damalige Nauheimer Kurdirektor Dr. Meller dem Kreis eine Denkschrift über »geistige Grundlagen zur Erneuerung der Politik« vor.

Die Mehrheit des Nauheimer Kreises war der Überzeugung, dass auf Grund einer von Ost und West gemeinsam garantierten Mittelstellung ein demokratisches Deutschland mit der Schweiz, Österreich sowie Schweden und Finnland eine isolierende, die bipolaren Spannungen abschwächende Sondergruppe bilden könne. Skeptiker warnten auf den Tagungen immer wieder vor Vereinfachung komplexer Probleme, vor Verharmlosung sowjetischer Expansionsgelüste oder der Unterschätzung langfristiger Wirtschaftsinteressen sowohl der Westmächte als auch der Sowjetunion in Bezug auf ihre jeweiligen Besatzungszonen. Viele Vorstellungen Prof. Noacks hielten sie für zu theoretisch, idealistisch überhöht und in Details wenig durchdacht. Die Protokolle der Sitzungen vermitteln einen Eindruck von der Lebhaftigkeit der Diskussionen.

Im Räderwerk der Propaganda

In Bad Nauheim wurde im Dezember 1948 ein »Aufruf zur Rettung des Friedens durch Neutralisierung Deutschlands« verfasst, im Januar 1949 folgte der

Entwurf eines Neutralitätsvertrages. Indes schlug die Zurückhaltung verantwortlicher Politiker in deutliche Ablehnung um. Auch in der Öffentlichkeit war das Echo enttäuschend. Hatten sich im Gründungsjahr zum Beispiel noch italienische und britische Zeitschriften mit Noacks Plänen auseinander gesetzt, erlahmte mit weiterer Verschärfung des Kalten Krieges dann rasch das Interesse. Der Nauheimer Kreis geriet in das Räderwerk west-östlicher Propaganda. Die DDR erklärte, ein deutscher Patriot dürfe angesichts der Spaltertätigkeit und Kriegspolitik des Westens nicht mehr für Neutralität eintreten. Er setze sich sonst des Verdachts imperialistischer Komplizenschaft aus. In der Bundesrepublik argwöhnte man, Vertreter der Neutralität seien »Östlinge« im Dienst einer unaufrichtigen, subversiven kommunistischen Friedensbewegung. Noack und seine Freunde versuchten dennoch, ihre Linie weiterzuverfolgen, vor allem in der Ablehnung einer deutschen Wiederbewaffnung. Aber die machtpolitischen Trends wiesen in eine andere Richtung. Anfang der Fünfzigerjahre zerfiel der Nauheimer Kreis.

(Wetterauer Zeitung, 6. Mai 1988)

In der Hochsaison brach der Weltkrieg aus

Erinnerungen an Ereignisse vor 75 Jahren

Am Anfang der Saison 1914 hatte der Kurbetrieb unter der kühlen und feuchten Witterung zu leiden. Die Anmeldung der Gäste verlief zunächst relativ schleppend. Auch während der erstmals vom 1. bis 7. Juni durchgeführten »Bad Nauheimer Verkehrswoche« fehlte die Sonne. Lästerzungen sprachen von der »Nauheimer nassen Woche«.

Eine Reihe von Freiluftveranstaltungen und Schaufensterwettbewerben waren beeinträchtigt. Lediglich das spätabendliche Teichfest fand bei Petrus Wohlwollen. Nahezu zehntausend Besucher erlebten «eine Stunde voll märchenhafter Schönheit und poetischen Zaubers«. Teichufer und Inseln wurden durch Lampions und Windlichter prachtvoll illuminiert. Von zwölf farbig erleuchteten Kähnen aus trugen Sänger des »Frohsinns« stimmungsvolle Lieder vor. Marmorgruppen (stehende Bilder) des Turnvereins mussten wiederholt gezeigt werden.

Dann stabilisierten sich Barometer und Gästezahlen. Am 9. Juli teilte das Staatsbad mit, dass bisher immerhin 19 670 Fremde die Heilquellen in Anspruch genommen hatten, darunter viele Ausländer. Noch war von den internationalen Spannungen infolge jener verhängnisvollen Schüsse von Sarajewo kaum etwas zu bemerken. Erst als Serbien am Samstag, dem 25. Juli, die Mobilmachung anordnete und Österreich mit Teilmobilmachung antwortete, zeigt das badestädtische Straßenbild laut Lokalpresse »eine derartige Belebung, wie sie nur bei besonderen Gelegenheiten zu beobachten ist. Jedes neue Extrablatt wurde an den Aushangstellen stark umlagert, und besonders manche Ausländer wurden in ihren Entschließungen von den einlaufenden Nachrichten bestimmt. Einige serbische Kurgäste traten sofort die Heimfahrt an. Am Sonntag und Montag folgten ihnen Russen und Österreicher in größerer Zahl, sodass einige Häuser einen empfindlichen Ausfall zu beklagen haben«.

Aus anderen Berichten ist ersichtlich, dass ebenfalls eine beträchtliche Zahl deutscher Gäste in nervöser Hast die Kur abbrach. In der Eile soll manche Hotelrechnung und manche Arztliquidation unerledigt geblieben sein.

Nationalistische Euphorie

Auf der Kurhausterrasse, auf der am Abend des 26. Juli ein Musikkorps des Garde-Dragoner-Regiments konzertierte, kam es zu »Szenen kriegerischer Begeisterung, wie sie unser stilles Bad vielleicht nicht einmal 1870 erlebt hat. Das ganze aufgestellte Programm musste ausgesetzt werden und unter fanatischem Jubel verlangte das Publikum nach dem Verklingen der österreichischen National-Hymne deutschpatriotische Weisen, die in vollem Chor mitgesungen wurden«.

Mancher Ausländer mag solche Gefühlsausbrüche mit Beunruhigung oder Verärgerung registriert haben. Die Bad Nauheimer Zeitung jedenfalls mahnte, angesichts der Anwesenheit eines internationalen Publikums die Lage nicht nur aus dem Gesichtswinkel eines einseitigen Nationalismus zu betrachten. »Ruhe tut uns Not und Fassung. Unsere älteren Einwohner wissen, was ein Krieg für uns zu bedeuten hat. Wir fühlen und ahnen, welche Folgen die Mobilmachung Deutschlands nach sich ziehen würde. Die auflodernde Begeisterung ist ein schöner Beweis der Treue, die Deutschland dem Bundeslande Österreich halten will, aber ruhig und sachlich betrachtet, müssen wir den Wunsch hegen, dass sich der Krieg zwischen Österreich und Serbien allein entscheide. Kommt es zu dem seit langem gefürchteten Weltkrieg, vermögen wir das Ende nicht abzusehen.«

Ausländerfeindliche Reaktionen

Wenige Tage später war es soweit. Am 1. August erließ die kaiserliche Reichsregierung die Anordnung zur allgemeinen Mobilmachung. Nun reisten alle noch verbliebenen deutschen Kurgäste ab. Ein Großteil der Ausländer freilich konnte vorläufig nicht in ihre Heimat zurückkehren. Vor allem saßen annähernd eintausend russische Staatsbürger – ganze Familien – in Nauheim fest. Ihre Lage war bedauernswert. Ihnen stand bald kaum noch Bargeld zur Verfügung. Von Banken jetzt feindlicher Länder ausgestellte Schecks oder Kreditbriefe fanden wenig Akzeptanz. Wertgegenstände wurden versetzt, zum Teil musste die Stadtverwaltung helfen beziehungsweise ein privates Hilfskomitee. Leider äußerten sich außerdem Misstrauen und Hass auch in ausländerfeindlichem Verhalten. Russen und Engländer wurden beschimpft, provoziert, vereinzelt in Selbstjustiz von Einwohnern zum Polizeiamt gebracht. Vor einem Hotel gab es Radau-Szenen. Besonnene warnten, Amerikaner mit Engländern zu verwechseln, und Oberamtsrichter Dr. Fuhr forderte in einer Zeitungsanzeige »mehr Ruhe, Würde und Selbstachtung«.

Nach wochenlanger Vorbereitungsarbeit der Verwaltungsbehörden, an denen auch das Reisebüro Koch und Lauteren beteiligt war, eröffnete sich im September für die russischen Gäste die Möglichkeit der Heimreise. Der Bericht der Verkehrskommission vom 22. Februar 1915 hielt rückblickend die Situation fest: »Am 23. September 1914, morgens 8 Uhr, fuhren zwei Extrazüge, in der Mehrzahl mit Wagen 2. Klasse, mit etwa 900 bis 1000 Personen hier ab. Schon von morgens 4 Uhr ab umstanden eine große Anzahl der Abreisenden den Bahnhof. Die nochmalige Kontrolle der Pässe durch eine Kette von Schutz- und Hilfsschutzleuten und Gendarmen verursachten ein großes Durcheinander und der ganze innere Bahnhofsraum war bedeckt mit aufgegangenem Handgepäck, zerbrochenen Milchflaschen usw. Nur mit Mühe und Kraftanstrengung war es möglich, auf den Bahnsteig zu gelangen. Auch da herrschte durch die Aufgeregtheit namentlich der Frauen und Kinder ein fortgesetztes Gedränge.«

Die amerikanischen Kurgäste konnten erst im Oktober ausreisen. Trauriger war das Schicksal der Engländer, die in ein Internierungslager bei Berlin-Spandau gebracht wurden.

Einquartierungen

Uniformen prägten bald das Straßenbild. Die meisten Hotels, Pensionen und einige Villen wurden zu Reserve- oder Teillazaretten umfunktioniert. Die freiwillige Sanitätskolonne suchte intensiv zusätzliches Pflegepersonal. Das örtliche Rote Kreuz richtete am Bahnhof eine Erfrischungsstelle für durchfahrende Truppentransporte ein. Genesende Verwundete ersetzten in den Badeanlagen die Kurgäste. Schließlich verlegte man den Stab und die drei Kompanien des

Landsturm-Infanterie-Ersatzbataillons in die Badestadt, da die Friedberger Kasernen überwiegend zur Unterbringung gefangener französischer und russischer Offiziere gebraucht wurden. Im Rathaus in der Friedrichstraße musste die zivile Verwaltung fünf Räume freimachen für die militärische, desgleichen hatten Stadtschule und ELS fünf beziehungsweise drei Säle zur Verfügung zu stellen. Das alte Rathaus beherbergte unter anderem Kompanieschreibstuben. Bürgermeister Dr. Kayser versah zeitweise seinen Dienst in der Uniform eines Reserveoffiziers.

Jubel und Ernüchterung

Die anfänglichen Meldungen über militärische Erfolge an West- und Ostfront lösten allgemeine Begeisterung aus. Spontane, spätabendliche Umzüge formierten sich, an denen Jung und Alt teilnahmen. Ungewöhnlich für den sonst moderaten Badeort. »Die unermüdliche Kurkapelle stellte sich an die Spitze und aufs Neue gings durch die Straßen. Die ›Wacht am Rhein‹, ›Deutschland über alles‹, ›Heil Dir im Siegerkranz‹ und all die vielen Marschlieder erklangen, erfüllten die Straßen mit einem in unserer Stadt noch nie erlebten Jubel, zu dem die Glocken wiederum einstimmten ....« (Oberhess. Volksblätter am 3. September 1914).

Dann wurde es stiller. Nachrichten von Tod und Verwundung naher Angehöriger trafen ein – immerhin kehrten 216 Nauheimer aus dem Krieg nicht mehr zurück. Die Versorgungslage verschlechterte sich. Man musste sich an das stundenlange Schlangestehen gewöhnen, das bereits in den Tagen des Kriegsausbruchs eingesetzt hatte und von dem damals manche Optimisten glaubten, das seien Zeichen vorübergehender Kopflosigkeit. »Schleichhandel« und »Hamsterei« begannen zu blühen. Sogar die wenigen Kurgäste, die Bad Nauheim trotz allem noch aufsuchten, waren daran beteiligt und wurden verwarnt. Die Behörden kontingentierten, kontrollierten und rationierten. Im Februar 1915 verbot das Großherzogliche Kreisamt Friedberg »das Bereiten von Kuchen, wozu auch Kreppel und dergleichen gehören«. Aber das sollte ja alles in den nächsten Jahren noch viel schlimmer werden, und gewiss besaß nicht jeder den Galgenhumor des »Durchhalters«, der in der Bad Nauheimer Zeitung reimte:

> »Wenn du 'ne Lebensmittelkarte hast,
>   Dann danke Gott und sei zufrieden.
> Auch wenn die letzte nur 'ne Last,
>   so tu sie dennoch fleißig hüten.
> Es wäre möglich, dass du mal
>   mit ihr was kaufen könntest.
> Doch besser wärs, wenn du egal
>   vom Essen dich entwöhntest.
> Ganz leicht ist ja die Sache nicht,
>   doch sind die Gründ' bekannt:
> Es wird gespart – weils unsre Pflicht –
>   Zum Dienst fürs Vaterland.«

(Wetterauer Zeitung,
24. Juni 1989)

Musikunterricht im Kurhaus

Erinnerung an die Bad Nauheimer Schülerkonzerte

Als Ehemalige den Bericht über das Gesprächskonzert des Jugendsinfonie-orchesters Wetzlar (Peter Schombert) für EL-Schüler vom 25. Juni 1988 lasen, dachten gewiss manche von ihnen an ähnliche Veranstaltungen vor vierzig Jahren. Damals traf man sich mit Gleichaltrigen aus Stadtschule und Lioba zu »Schülerkonzerten« im großen Kurhaussaal, vormittags, zu regulärer Unterrichtszeit, meistens ab 11 Uhr.

Es war dies eine besondere Sache, denn Bad Nauheim versuchte neben Frankfurt als einzige Stadt in Hessen, auf diese sehr direkte Weise den von der Landesregierung propagierten Gedanken einer verstärkten musischen Erziehung zu verwirklichen.

Der Initiator der Konzerte, Diplom-Handelslehrer Studienrat Dr. Fred Schmitt (1902–1970), formulierte die Zielsetzung folgendermaßen: Man wolle sich bemühen, »durch regelmäßige, belehrende Veranstaltungen das Verständnis der Jugend für die Musik zu wecken und zu fördern, sie von der Bedeutung der Musik als Kulturausdruck zu überzeugen und sie auf Grund des gesteigerten Interesses zum Besuch von Konzerten zu veranlassen«.

Dr. Schmitt – überregional bekannter Leiter mehrerer Chöre – hatte Stadtverwaltung und Staatsbad für sein Vorhaben gewinnen können; sie gewährten großzügig Unterstützung. Die Zusammenarbeit mit dem Bad Nauheimer Kur- und Sinfonieorchester und seinem Leiter, Musikdirektor Willi Naue, verlief geradezu mustergültig. Erfreulicherweise zeigten die Musiker, vierzig bis fünfzig an der Zahl, angesichts des jugendlichen Publikums viel Einfühlungsvermögen, Geduld und Enthusiasmus – das schildern jedenfalls immer wieder Konzertbesprechungen der Wetterauer Zeitung.

Die erste Konzertreihe fand im Winterhalbjahr 1948/49 statt. Für jede Veranstaltung (monatlich etwa zwei von jeweils zweistündiger Dauer) war ein bestimmtes Thema vorgesehen. Anfänglich sollte das musikalische Hören geschult beziehungsweise angeregt werden. Deshalb stellte Dr. Schmitt als Moderator einzelne Orchesterinstrumente vor und erläuterte ihre Bedeutung für Klangfülle sowie Klangfarbe des Gesamtensembles. Alle seine Ausführungen wurden durch charakteristische Musikstücke verstehbarer gemacht. Dann standen einzelne Komponisten mit sorgfältig ausgewählten Werkbeispielen im Mittelpunkt: Bach, Händel, Haydn, Mozart …

Dass die Konzerte »ankamen«, bewies unter anderem die Reaktion der Zuhörer bei der Fortsetzung der Reihe im Winterhalbjahr 1949/50. »Als die Mitglieder des Kur- und Symphonie-Orchesters am Mittwochvormittag an ihren Pulten Platz nahmen und Studienrat Dr. Schmitt das Wort ergreifen wollte, setzte im Saal lang anhaltender Beifall ein. Nicht besser konnten die Schüler der hiesigen Anstalten ihre Freude über die Wiederholung der für sie bestimmten Konzerte zum Ausdruck bringen.« (WZ vom 15. Dezember 1949)

Freilich gab es auch Uninteressierte und Unaufmerksame, die sogar Zeitung lasen, so dass die Aufsicht führenden Lehrer eingreifen mussten. Im Ganzen gesehen blieb dies jedoch eine Minderheit. Dr. Schmitt war sehr um Abwechslung und Auflockerung bemüht. Beispielsweise begannen einige Konzerte mit einem quizartigen Frage- und Antwortspiel über den Stoff der vorausgegangenen Veranstaltung, oder es bestand die Möglichkeit, am Schluss gestellte Fragen schriftlich zu beantworten. Die Gewinner wurden beim nächsten Mal öffentlich beglückwünscht. Auch ließ man gelegentlich Schüler selbst musizieren. So etwa am 31. Januar 1950 anlässlich der Darstellung des Klavier- und Kammermusikschaffens Franz Schuberts. Interpreten waren Erika Zitny (St.-Lioba-Schule) mit dem Scherzo in Des-Dur und die beiden EL-Schüler Immo Collatz mit Moment musical op. 90, Nr. 6, und Impromptu op. 90, Nr. 2, sowie Werner König mit Scherzo B-Dur und Impromptu op. 142, Nr. 2. Vor allem Königs Klavierleistungen fanden Beachtung. »Er scheint zu den Hoffnungsvollen zu zählen, auf die man acht haben muss«, vermerkte ein Rezensent.

Im Frühjahr 1950 endeten die Schülerkonzerte. Weshalb sie nicht fortgesetzt wurden, vermochten die Recherchen nicht zu ergründen.

(Kontakte Nr. 8, 1990)

Das gelobte Land der kränklichen Kinder

Erinnerungen an Kindererholungsheime in der Badestadt

Muntere Kinderscharen, Jungen und Mädchen, ältere und jüngere, die in ungezwungenen Grüppchen oder auch wohl geordnet in Dreier- und Viererreihen von netten »Tanten« begleitet zu den Badehäusern des Sprudelhofs ziehen – Bilder aus vergangener Zeit. Daran erinnern sich aber viele Bad Nauheimer gewiss noch recht gut, wenngleich es mit den Kinderkuren seit etwa zehn Jahren ganz und gar vorbei ist. Auch sonst, bei ihren Spaziergängen beispielsweise (denn Kuranwendungen fanden manchmal bereits im eigenen Hause statt), belebten die kleinen Erholungssuchenden Stadt und Anlagen mit Geplapper und Gekicher.

Lob aus Frankreich

Die Heilwirkung der Solbäder gerade auf den kindlichen Organismus hatte man schon frühzeitig erkannt. Nauheims erster Arzt, Dr. Friedrich Bode, berichtete von Erfolgen bei Behandlungen von Skrofulose, Blutarmut, allgemeiner Körperschwäche und rheumatischen Beschwerden. Und der französische Gast Henri de Pène schilderte in seinem 1859 veröffentlichten Buch »Un mois en Allemagne. Nauheim« (Ein Monat in Deutschland. Nauheim) aus eigener Anschauung, wie kranke Kinder im Verlauf der Kur aufblühten. »Es ist ein Vergnügen, eine Schar Kinder mit Bällen und Reifen herumtollen zu sehen, die als magere, blasse, traurige Opfer der Skrofulose hier angekommen waren. Sie sind nach und nach aufgelebt und fröhlich geworden, haben Farbe bekommen und sich aufgerichtet. Der schönste Adelstitel Nauheims ist sein fast immer sieggekrönter Kreuzzug gegen diese schreckliche Krankheit. ... Während meines kurzen Aufenthalts habe ich kleine Leidende gesehen, die sich, als sie ankamen, mühselig auf Krücken fortbewegten. Aber nach 14-, manchmal nach 8- oder 10tägiger Behandlung begannen sie, mit Gleichaltrigen zu laufen. ... Nauheim ist das gelobte Land der kränklichen Kinder.«

Von bescheidenen Anfängen zum Elisabethhaus

Ein ausgesprochenes Kinderheim war damals noch nicht vorhanden, die Mehrzahl der kleinen Patienten ist wohl in Begleitung ihrer Eltern hierher gekommen. Allerdings wissen wir (Dr. Elisabeth Kredel, die Übersetzerin H. de Pènes, hat darauf hingewiesen), dass 1859 das Kasseler Kinderhospital kranke Kinder nach Nauheim schickte. Sie wohnten in kleineren Gruppen zu fünft oder sechst bei Maurermeister Heinrich Pfeffer in der Wilhelmstraße.

Zwanzig Jahre später gründete der evangelische Verein für Innere Mission in Oberhessen auf dem Salinengelände eine Kinderheilanstalt. Es ergab sich die Gelegenheit, im Salinenhaus Nr. 7 dafür den oberen Stock mit vier Zimmern, Küche und Vorplatz kostengünstig anzumieten. Am 4. Mai 1879 konnte die Heilstätte mit vier Kindern und vier geschenkten Betten eröffnet werden. Die Pflege übernahmen zwei Diakonissen vom Mutterhaus Elisabethenstift in Darmstadt. Für medizinische Betreuung und Gesamtleitung war Dr. Ernst Abée zuständig, dem ein rasch gebildeter Ortsvorstand bei der Bewältigung organisatorischer Probleme half, zugleich aber auch eifrig und erfolgreich um Spenden warb.

Von Elisabeth von Preußen eingeweiht

Bald dachte man an Erweiterung oder einen Neubau. Der Staat stellte einen preiswerten Bauplatz in der Nähe der Saline zur Verfügung, außerdem war es möglich, das Fachwerkgebäude des alten Spielsaals der Spielbank, zum Abbruch bestimmt, zu kaufen. Somit sparte man Materialkosten, obgleich Niederlegung, Transport und Neuaufbau noch eine erhebliche finanzielle Belastung darstellten. 1881 wurde das Gebäude eingeweiht in Gegenwart der Prinzessin Elisabeth von Preußen (verheiratet mit Prinz Carl von Hessen-Darmstadt). Sie gab als Schirmherrin der Kinderheilanstalt den Namen Elisabethhaus.

Schon zwei Jahre nach der Eröffnung erhielt es eine eigene Solezuleitung, und im Laufe der Zeit erfolgten dann mehrere Um- beziehungsweise Anbauten, bis sich erneut bedrängende Raumnot bemerkbar machte. Durch Zukäufe vergrößerte man das Grundstück so, dass schließlich genügend Baugelände hinter dem alten Gebäude (abgerissen 1934) vorhanden war. Nun entstand das neue Elisabethhaus, fertig gestellt im Jahre 1909. In dem großen, lichtdurchfluteten Haus konnten für eine vierwöchige Kur (sie wurde später verlängert auf sechs Wochen) jeweils nahezu 200 Kinder untergebracht werden. Es war unter anderem ausgestattet mit zwei Baderäumen, in denen 42 Wannen standen, luftigen Schlaf- und Spielzimmern sowie offenen oder überdachten Veranden für Liegekuren. Schattige Spielplätze im Grünen ergänzten die Gesamtanlage. Besondere Aufmerksamkeit widmete man mittlerweile kleinen herzkranken Patienten, aber nach wie vor wurden auch Kinder mit mancherlei anderen Beschwerden aufgenommen. Ihre soziale Lage fand entsprechende Berücksichtigung.

Heute ein Heim für alte Menschen

Es würde den Rahmen dieser Betrachtung sprengen, die wechselvolle Geschichte des Elisabethhauses in Einzelheiten darzustellen. Vor allem die Notjahre in und nach den beiden Weltkriegen brachten schwere Belastungen. Andererseits bot das Heim gerade damals vielen geschädigten Kindern wenigstens für ein paar Wochen Geborgenheit. Nach 1960 gingen die Belegzahlen zurück, gleichzeitig wuchsen personelle und finanzielle Schwierigkeiten. Infolgedessen lief die Kinderarbeit 1965 aus, und es begann die Umgestaltung des Hauses zu einem Heim für alte Menschen.

Die israelitische Kinderheilstätte

Bescheiden waren auch die Anfänge der israelitischen Kinderheilstätte. Aus den wenigen vorhandenen Informationen lässt sich rekonstruieren, dass 1889 eine Art »Versuchsstation« in einer kleinen Wohnung eröffnet wurde. Sie war von begüterten Frankfurter jüdischen Geschäftsleuten in Absprache mit dem »Unterstützungsverein für arme jüdische Kurbedürftige« gemietet worden. Das lebhafte Interesse, das man der Einrichtung entgegenbrachte, wie auch die erzielten Heilerfolge ermutigten drei Jahre danach zum Umzug in eine größere

Wohnung in der Karlstraße. Weitere Schenkungen, speziell der Baronin Mathilde von Rothschild, des Philanthropen Moses Michel Mainz und von Frankfurter Logen, schufen die Voraussetzung zum Erwerb des Grundstücks, auf dem man ein eigenes Haus erbaute. Es handelte sich dabei um das 1899 bezogene Gebäude Frankfurter Straße 103 (heute Waldorf-Schule – *seit 1997 als zweiter Standort der Stadtschule an der Wilhelmskirche genutzt, Anm. d. Red.*). Zum Terrain gehörten eine Gartenanlage und Spiel- beziehungsweise Turnplätze. Heimarzt war Dr. Emanuel Hirsch. Laufende Unterstützung gewährte auch ein Wohltätigkeitsverein, der sich 1896 in Frankfurt gebildet hatte, um »arme israelitische Kinder, welche auf ärztliche Anordnung eine Kur in Bad Nauheim gebrauchen sollen, daselbst in der Anstalt unentgeltlich oder gegen Ersatz eines Teiles der Selbstkosten zu verpflegen«. Seine Satzung legte ausdrücklich fest, dass die Heilstätte »streng nach den Grundsätzen des traditionellen Judentums geführt« werde, »insbesondere müssen auch Speisen und Getränke den religionsgesetzlichen Vorschriften vollkommen entsprechen«. Die Aufnahmekapazität lag bei durchschnittlich 300 Kindern pro Jahr.

Infolge des antisemitischen Naziterrors kam der Kurbetrieb nach 1933 zum Erliegen. Der Landesverband israelitischer Religionsgemeinden nutzte das Haus drei Jahre lang als jüdische Bezirksschule. 1940 ging es dann in den Besitz der Stadt Bad Nauheim über.

In sorgender Liebe – Caritasheim St. Josef

Als drittes konfessionell geprägtes Kindererholungsheim in der Badestadt wurde am 28. Juni 1926 vom Mainzer Bischof Dr. Ludwig Maria Hugo das Haus St. Josef, Luisenstraße 13, eingeweiht. Der Caritasverband der Diözese Mainz und die Ketteler-Gesellschaft Bad Nauheim hatten die Initiative ergriffen, um hier je 90 herz-, rheumatisch- und nervenkranken Kindern eine Kur in Verbindung mit einer »sorgfältigen Sonderbehandlung in Pflege und Erziehung« zu ermöglichen. Durch bewusst niedrig gehaltene Kosten wollte man (wie in den beiden oben genannten Heimen) besonders einkommensschwachen Familien entgegenkommen.

Das aus der Vorkriegszeit stammende Haus war grundlegend modernisiert und unter anderem mit neuen sanitären Anlagen, Dampfheizung und einem Lift versehen worden. Die Leitung lag in den liebevollen Händen von Ordensschwestern der Göttlichen Vorsehung. Während der Wintermonate fanden außerdem Diasporakinder Aufnahme, die auf die erste heilige Kommunion vorbereitet wurden. Ihre Zahl schwankte zwischen 35 und 97 jährlich. Sie kamen aus zum Teil entlegenen Orten des Hessenlandes, in denen es kein katholisches Gemeindeleben und keine katholischen Gottesdienste gab.

Letzte Kinderkuren 1963

Da im Jahre 1929 die Anmeldezahlen stark anstiegen, entschloss sich der Caritasverband zum Kauf der Villa Hubertus, Goethestraße 2, und eröffnete dort ein zweites Heim. Beide Häuser bestanden jedoch nur kurze Zeit nebeneinander, denn bald kehrte sich – nicht zuletzt durch die politischen Veränderungen bedingt – der Trend um. 1935 richtete man daher in der Luisenstraße ein Altersheim ein (Haus Hildegard), es existierte jetzt lediglich noch die Kinderheilstätte St. Josef in der Goethestraße. Allen Widrigkeiten der Kriegs- und Nachkriegszeit zum Trotz konnte sie ihre segensreiche Arbeit fortführen, bis in den 60er Jahren Probleme auftraten, die denen des Elisabethhauses ähnelten. Die Kinderkuren endeten 1963. Vorübergehend belebten Waisen und Halbwaisen das Haus, deren Bleibe in Ilbenstadt (St.-Gottfried-Heim) im Jahr zuvor durch einen Brand zerstört worden war. Seit 1968 ist das Gebäude Bildungsstätte der Diözese Mainz (Haus Johannes XXIII.).

An dieser Stelle sei erwähnt, dass sich auch im Hause St. Lioba, Zanderstraße 11, unter Obhut der Schwestern Unserer Lieben Frau von 1929 bis wohl kurz vor Kriegsausbruch ein kleineres Kindererholungsheim befand. Laut Adressbuch von 1935 standen 24 Betten zur Verfügung, der Hausarzt war Dr. Karl Körfgen.

Emmaheim und Haus Sonnenblick

Mit seiner Lage »dem schönsten Teile des Kurparks gegenüber«, in direkter Nähe des Kurhauses, »umgeben von großen Gärten und Lauben, Spielhallen, Croquet- und Spielplätzen« warb um die Jahrhundertwende in Zeitungen und dem Bad Nauheimer Fremdenführer das »Kindersanatorium Emma-Heim«. Es war 1892 in der Terrassenstraße 12 »zur Aufnahme und Pflege für Kinder besserer Stände« vom königlich-preußischen Sanitätsrat Dr. R. Müller eingerichtet worden. Der Eigentümer persönlich garantierte gewissenhafte, individuelle ärztliche Versorgung. Man legte Wert auf die Mitteilung, dass weder Vorsteherin noch Pflegerinnen Geschenke annahmen. Für »unbemittelte Kinder« standen »einige« Freibetten bereit. Nähere Angaben fehlen. Insgesamt ergibt sich der Eindruck eines gut geführten Hauses mit dem Flair von Exklusivität. Das Emmaheim wurde während des Ersten Weltkrieges geschlossen.

Ebenfalls ein Arzt, nämlich Hofrat Dr. Georg Schäcker, gründete 1916 in der Burgallee 3 das Kindererholungsheim »Sonnenblick«. Von Beginn an bestand ein Vertrag mit der Landesversicherungsanstalt Hessen. Das stattliche Haus, im damals noch ruhigen, homogenen Villenviertel gelegen, konnte für eine Kurperiode jeweils 80 bis 100 Kinder aufnehmen, wobei gut ausgebildetes Personal sich bemühte, die einzelnen Gruppen überschaubar zu halten. Letztlich hatte jede kleine Persönlichkeit Anspruch darauf, mit ihren Bedürfnissen und Wünschen ernst genommen zu werden. Sechs Wochen lang sollte das Heim gewissermaßen zugleich doch auch Heimat sein.

Neue Blütezeit nach dem Krieg – bis 1981

Anfang des Krieges war das Haus als Reservelazarett vorgesehen; 1943 zog, nach Verschärfung der alliierten Bombenangriffe, die Diphtherie- und Scharlachstation des Offenbacher Stadtkrankenhauses hier ein. Die Zweckentfremdung setzte sich 1945 fort, da so genannte Displaced Persons, wohnungslose ehemals verschleppte und geflohene Ausländer und deutsche Flüchtlinge, eingewiesen wurden. Ab 1950 diente das »Sonnenblick« schließlich wieder seiner eigentlichen Bestimmung. Das Kindersanatorium, wie die Bezeichnung jetzt lautete, erlebte eine neue Blütezeit. Moderne Therapieformen ergänzten die klassische Heilbehandlung. Ein Schwerpunkt dabei waren beispielsweise Haltungsschule und Heilgymnastik (das Spezialgebiet der Heimleiterin, einer

Enkelin des Gründers). Oberhalb des Höhenweges konnten sich die Kinder außerdem auf einem großen Spielplatz ungestört nach Herzenslust austoben. Doch dann ergaben sich zunehmend Schwierigkeiten. Allgemein schwand das Interesse an Kinderkuren; bei Versicherungsträgern wirkten sich konjunkturelle Schwankungen negativ aus; Engpässe in der Personalversorgung traten auf. Dennoch versuchte man im Haus »Sonnenblick« angepasste, fortschrittliche Lösungen, etwa mit der Einführung einer »Kur für Mutter und Kind«. In der Villa Burgallee 11 (Haus Treue) richtete man ein Müttererholungsheim ein, dort sollte die Mutter entspannen, derweil ihr Kind nur hundert Meter entfernt eine Kur absolvieren konnte. Das Projekt scheiterte ebenso wie das Angebot einer Kindertagesstätte. Im Jahre 1981 fiel der Entschluss, aufzugeben. Das Kindersanatorium wurde in ein Wohnhaus umgewandelt.

»Das gelobte Land der kränklichen Kinder« – wie vielen von ihnen der Aufenthalt in Bad Nauheim dauerhafte gesundheitliche Stärkung und menschliche Bereicherung gebracht hat, ist kaum abzuschätzen. Die Arbeit aller Heime indes lässt sich zusammenfassend unter das Leitwort der Caritaskinderfürsorge stellen: »Die Gesundheit des Kindes braucht Freiheit in der Natur, Geborgenheit im Heim und vor allem Freude und Frieden im Herzen.«

(Wetterauer Zeitung, 31. Mai 1990)

Den Menschen neue Perspektiven geboten

40 Jahre Volkshochschule Bad Nauheim

Nach der Katastrophe des Zweiten Weltkriegs und dem Zusammenbruch der Naziherrschaft erlebte die Volksbildungsbewegung relativ schnell eine Art Renaissance. Man erinnerte sich an die entsprechenden Bemühungen vor und nach dem Ersten Weltkrieg, die trotz aller Hemmnisse durch Wirtschaftskrisen zum Teil beachtliche Erfolge erzielt hatten, von der NS-Diktatur dann jedoch zwangsweise unterbunden worden waren. Nach gesinnungsmäßiger Gleichschaltung, nach Zerstörung materieller und geistiger Werte schien es jetzt notwendiger denn je zu sein, den Menschen zu helfen, neue Perspektiven zu finden, sie zu Selbstbesinnung zu führen. Es galt der Gefahr entgegenzuwirken, dass übermächtige Sorgen um die alltägliche Sicherung der Existenz grundsätzliche Nachdenklichkeit verdrängten. Der zu leistende Wiederaufbau sollte von neu gewonnener Fundamentierung her erfolgen, so dass dem Einzelnen Mut zuwachse zum eigenen, sinnvollen Denken und Handeln. Die Erkenntnis setzte sich durch, wonach Akzeptanz mitmenschlicher Verantwortlichkeit sowie das Engagement für das Gemeinwesen Voraussetzungen für das Funktionieren von Demokratie seien. Die amerikanische Besatzungsmacht unterstützte derartige Bestrebungen, da sie weitgehend mit den Zielen ihres Reeducation-Programms übereinstimmten. In größeren und kleineren Orten entstanden Volkshochschulen, 1946 bereits in Friedberg, bald beispielsweise auch in Butzbach und Wölfersheim.

Vorbilder in der Vergangenheit

Die Badestädter ließen sich Zeit, obgleich sie auf eine gute Tradition im Bereich der Erwachsenenbildung zurückblicken konnten. 1906 hatte Dr. Reinhard Strecker den Volksbildungsverein ins Leben gerufen, der besonders die Bevölkerungsschichten an Bildungswerte heranführen sollte, »die in der Jugend nicht in der Lage waren, mehr als Volksschulbildung zu gewinnen«. Ihnen versuchte man Wissen als Rüstzeug zur eigenen Urteilsfähigkeit zu vermitteln. Ein öffentliches Lesezimmer mit über 20 verschiedenen Zeitungen und Zeitschriften wurde eingerichtet, dazu kam eine Leihbücherei, jedermann für geringe Gebühren zugänglich (Vorläufer der Stadtbibliothek). Zahlreiche Vortragsveranstaltungen gaben eine Einführung in Literatur- und Kunstgeschichte oder machten in allgemein verständlicher Form mit Fragen von Philosophie und Geschichte bekannt. Die Zusammenarbeit mit dem Rhein-Mainischen Verband für Volksbildung ermöglichte die Organisation von Theateraufführungen (Tournee-Theater), deren Eintrittspreise recht niedrig waren.

Belehrung und anspruchsvolle Unterhaltung

Belehrung und anspruchsvolle Unterhaltung – speziell in den ruhigen Wintermonaten – lagen auch dem Vortrags- und Musikverein am Herzen, der ebenfalls Anfang unseres Jahrhunderts von Bürgermeister Dr. Kayser gegründet worden war. Neben Vorträgen spielten Musikveranstaltungen die Hauptrolle: Kammermusikdarbietungen, Solistenkonzerte beziehungsweise Liederabende.

Künstler wie Wilhelm Backhaus, Arnold Mendelssohn, Paul Hindemith und Frédéric Lamond garantierten Veranstaltungen von hoher Qualität.

Beide Vereine setzten ihre Arbeit nach dem Ersten Weltkrieg fort, allerdings verringerte sich das Interesse des Publikums spürbar unter anderem infolge von Inflation und Weltwirtschaftskrise. Am Ende der Zwanzigerjahre errichteten Idealisten ungeachtet solcher Schwierigkeiten außerdem sogar eine Volkshochschule. Ihren Schwerpunkt bildeten arbeitsgemeinschaftliche Kurse über verschiedene Wissensgebiete. Die nationalsozialistische Machtübernahme brachte für alle diese Einrichtungen das Ende.

Eine neue Volkshochschule unnötig?

1946 verhandelte der Schulausschuss der Stadt über die Wiedereröffnung einer Volkshochschule in Bad Nauheim, verschob aber zunächst eine Entscheidung. Im November des nächsten Jahres stand das Thema erneut auf der Tagesordnung. Nach längerer Aussprache glaubte man feststellen zu müssen: »Das Bedürfnis zur Errichtung einer Volkshochschule ist gegenüber anderen Städten gering.« Dies wurde hauptsächlich damit begründet, dass die William-Kerckhoff-Stiftung in regelmäßigen Abständen öffentliche Vorträge anbot und für 1948 im Haus der Deutschen Jugend – einer Einrichtung der Amerikaner im beschlagnahmten Gasthaus »Zur Krone« – Arbeitsgemeinschaften in Musik, Literatur, Kunst, Naturwissenschaften und Fremdsprachen in Aussicht standen. Außerdem, so lautete ein Argument, seien die Veranstaltungen im Kerckhoff-Institut gelegentlich sehr schwach besucht.

Vorträge mit hohem Niveau

Anhänger der Volksbildung konnten sich mit solchen Begründungen nicht zufrieden geben, hatten doch die Vorträge im Durchschnitt ein wissenschaftliches Niveau, das vielfach den Normalbürger überforderte, während das Angebot der Amerikaner sich in erster Linie an Jugendliche richtete. Dennoch trat vorerst keine Veränderung der Situation ein. Die Diskussion erhielt erst neuen Auftrieb, als eine in Friedberg abgehaltene Kreiskonferenz zur Förderung der Erwachsenenbildung mit Erstaunen konstatierte, »dass in einer Stadt von 15 000 Einwohnern keine behördliche oder private Organisation existiere, die sich die Pflege der Volksbildung zur Aufgabe gesetzt habe«, wohingegen in kleineren Gemeinden, wie Rockenberg oder Burgholzhausen, auf diesem Gebiet Beachtliches geleistet werde.

Zusammenarbeit mit Friedberg umstritten

Dr. Seelbach (zusammen mit Otto Franz Kutscher, Leiter des Freien Kulturbundes) machte dann in einem WZ-Artikel vom 21. Januar 1950 den Vorschlag einer »nahe liegenden Lösung, die es in der Badestadt ermöglichen würde, bei einem Minimum an Kosten und Risiko ein Maximum an Bildungsmöglichkeiten für ihre Bürger zu schaffen: die Ausdehnung der Friedberger Volkshochschularbeit auf Bad Nauheim«.

Die Reaktionen hierauf reichten von uneingeschränkter Zustimmung bis zu schroffer Ablehnung. Die Verantwortlichen in Friedberg signalisierten umgehend Einverständnis, in der Badestadt fühlte sich vor allem der Lokalpatriotismus herausgefordert. Eine Führungsrolle Friedbergs wurde als beschämend empfunden. Man dürfe, so hieß es beispielsweise, »die Bad Nauheimer Erwachsenenbildung nicht an Friedberg ausliefern«, das internationale Herzheilbad habe »eine besondere kulturelle Sendung«, und es »würde entschieden eine Bevormundung bedeuten, wenn Bad Nauheim von Friedberg aus geistig betreut würde«. Das Ziel müsse die »Bildung einer den örtlichen Verhältnissen und Wünschen angepasste Volkshochschule sein«.

Letzterem Gedanken stimmte wohl auch die Mehrheit der Stadtverordneten zu und vertrat zögerlich die Auffassung, man solle abwarten, bis »das Verlangen nach Erwachsenenbildung aus der Bevölkerung herauswachse«, die Bürger also selbst die Initiative ergriffen. Dieser Punkt der Entwicklung war im Herbst 1950 erreicht.

Dr. Kopps Aufbauleistung

Die Bad Nauheimer hatten glücklicherweise einen Mitbürger, der seine Persönlichkeit und Arbeitskraft entschlossen in den Dienst der Sache stellte. Dr. Bernhard Kopp, damals 33-jährig und erst vor kurzem aus russischer Kriegsgefangenschaft entlassen, aktivierte zusammen mit Otto Franz Kutscher und Dr. Fritz Langsdorf die Verfechter des Volksbildungsgedankens, führte intensive Gespräche mit den Vorsitzenden der kulturpflegenden Vereine der Badestadt, dem städtischen Kulturdezernenten Dr. Hawemann sowie der Kurverwaltung. Er entwickelte konkrete inhaltliche und organisatorische Pläne zum Aufbau einer eigenständigen Volkshochschule und konstituierte einen vorbereitenden Ausschuss für Erwachsenenbildung. Ihm gehörten F. A. Klausnitzer, H. Kohl, O. F. Kutscher und Dr. F. Langsdorf an. Später gewann Kopp die Mitarbeit des Gewerkschafters Emil Müller, so dass die Interessen der Arbeitnehmerschaft in diesem Gremium bei allen Überlegungen angemessen vertreten waren. In einer öffentlichen Versammlung am 7. November im Hörsaal des Kerckhoff-Instituts wurden die Intentionen des Ausschusses zur allgemeinen Diskussion gestellt. Die Anwesenden wählten Dr. Kopp zum Vorsitzenden der Volkshochschule. Er hat sie dann mit unermüdlichem Einsatz fast 30 Jahre lang bis zu seinem Tod 1979 geleitet.

»Kein Debattierclub Intellektueller«

Sie sollte nach seiner Auffassung »kein Debattierklub volksfremder Intellektueller sein«, vielmehr »eine alle Jahrgänge und Bevölkerungsschichten umfassende Heimstätte ernsthafter Menschenbildung«. Auf der Grundlage von »Allgemeinverständlichkeit, Aktualität, Überparteilichkeit und Überkonfessionalität« sah er ihre Aufgabe darin, Anregungen zum Nachdenken über Lebenssinn und Gegenwartsproblematik zu vermitteln, gerade auch Hilfe anzubieten »für diejenigen Altersstufen, welche der Krieg und die Nachkriegsnot aus einer geordneten Berufsausbildung herausgerissen hat, und die deshalb schon aus volkswirtschaftlichen Gründen einer dringenden Förderung bedürfen«.

Erste Veranstaltungen mit guter Resonanz

Nach Einrichtung eines Kuratoriums, bestehend aus 15 Persönlichkeiten, darunter Bürgermeister Voss, Kurdirektor Kammacher, Pfarrer beider Konfessionen und Schulleiter, konnte das Programm der Volkshochschule Bad Nauheim für das Winterhalbjahr 1950/51 veröffentlicht werden. Der erfreulich gute Besuch der ersten Veranstaltungen bestätigte die optimistischen Erwartungen der Initiatoren. Damals noch immer vorhandene Skepsis bezüglich der Zukunft der Volkshochschule ist mittlerweile längst durch ihre 40-jährige erfolgreiche Arbeit widerlegt.

(Wetterauer Zeitung, 29. Oktober 1990)

Diebe, Spieler und ein Mörder

Folgen des Ersten Weltkriegs in der Badestadt

Dass Kriege und ihre unmittelbaren Folgen die Normalität der Verhältnisse generell verändern, ist eine Binsenweisheit. Vieles gerät durcheinander, Lebensgewohnheiten müssen aufgegeben werden, Selbstverständliches scheint plötzlich fragwürdig zu sein. Wertvorstellungen verlieren ihre Geltung. Mangel, Verzicht, Verlust prägen das Alltagsgeschehen. Ängste aller Art und reale existenzielle Bedrohungen hinterlassen tiefe Spuren. Der Erste Weltkrieg brachte auch für die Bad Nauheimer Leid und mancherlei Belastungen. Über 200 Gefallene waren zu beklagen, eine weitaus größere Zahl von Männern kam mit teilweise schweren Verletzungen von der Front zurück. Ausgewiesene und Flüchtlinge suchten in der Badestadt ein Unterkommen, Hunderte von internierten Ausländern beanspruchten Versorgung. Schwierigkeiten bei der Beschaffung von Lebensmitteln und Heizstoffen bereiteten erhebliche Mühen. Die meisten Hotels und Pensionen hatten Lazarettfunktion zu übernehmen, der herkömmliche Kurbetrieb spielte eine untergeordnete Rolle. Uniformen beherrschten das Stadtbild. 1918 beispielsweise waren insgesamt fast 15 000 Militärpersonen hier untergebracht, überwiegend Verwundete, direkt nach Kriegsende dann aber auch Teile des Stabs der 25. Infanterie-Division und Einheiten der Reichswehrbrigade Hessen. Badehäuser und Trinkkuranlage dienten zeitweise als Massenquartiere, die Parkanlagen wurden zu Stapelplätzen von Geschützen und allerlei Armeematerial der demobilisierten, zurückflutenden Truppen zweckentfremdet.

Unsichere Verhältnisse

Nur recht langsam verbesserte sich Anfang 1919 die Situation, und man versuchte den Badebetrieb der Vorkriegsjahre wieder zu aktivieren. Doch der allgemeine Umbruch machte sich bemerkbar. Der Chronist der Bad Nauheimer Zeitung notierte: »Viele unserer alten, bekannten Kurgäste konnten sich bei den derzeit herrschenden Preisen keine Kur in Bad Nauheim leisten. Sie mussten trauernd beiseite stehen und den Leuten Platz machen, die in der Lage sind, aus den schwierigen Verhältnissen, in denen sich unser Volk und Vaterland befindet, Gewinn für sich zu schlagen. Den veränderten Verhältnissen entsprechend gab sich unser Bad ein neues Gesicht. An Stelle der vornehmen, ruhigen Eleganz trat eine gewisse geschmückte Leichtfertigkeit.« Schärfer formuliert: Kriegsgewinnler, Schieber, Hasardeure, zwielichtige Existenzen tauchten auf und trübten das Image eines idyllisch-behaglichen Badeortes.

Innerhalb eines kurzen Zeitraumes häuften sich schwere Einbruchdiebstähle. Heimgesucht wurden unter anderem einige Lederwaren- und Konfektionsgeschäfte in der Stresemannstraße, ein Wäschegeschäft in der Ludwigstraße, zwei Juwelierläden in der Parkstraße, mehrfach ein Lager mit Heeresgut auf dem Gelände des Staatsbades, das Restaurant am Golfplatz und die Wilhelmskirche, in der Lebensmittel und Rauchwaren des Proviantamtes lagerten. Hinzu kamen Garteneinbrüche und etliche Fälle von Viehdiebstahl. So etwa drangen Diebe in ein Stallgebäude an der Steingasse ein, schlachteten an Ort und Stelle zwei hochträchtige Ziegen, zwei Schweine und zwei Stallhasen ab und nahmen dann ihre Beute mit. Ähnlich wurden in einem Hühnerhaus am Solgraben sämtliche Hühner getötet und entwendet oder in der Frankfurter Straße drei Schweine sowie fünf Enten geschlachtet und gestohlen.

Braucht man eine Bürgerwehr?

Das Gefühl der Unsicherheit wuchs bei den Einwohnern, die Polizei hielten sie für überfordert. Am 17. Mai 1919 übergab man Bürgermeister Dr. Kayser eine Liste mit Unterschriften von 271 Bürgern, die ihre Bereitschaft erklärten, eine Einwohnerwehr zu bilden. Auch das Staatsbad teilte in einem Schreiben der Stadt mit, dass in einer Sitzung des erweiterten Kurverwaltungsausschusses »die Gründung einer Einwohnerwehr allgemein als notwendig anerkannt wurde«. Die Einrichtung solcher Formationen stand damals überall in Deutschland zur Diskussion und fand Unterstützung seitens der Reichsregierung. Allerdings ging es dabei nicht nur um Eigentumsschutz, vielmehr ebenso um eventuelle Abwehr politischer Unruhen und Aufstände »linksradikaler Elemente«. Die politische Dimension der Sache war maßgebend dafür, dass das Stadtparlament schließlich eine Einwohnerwehr für Bad Nauheim mehrheitlich ablehnte. Statt dessen sollten, notfalls Hilfsschutzleute verpflichtet, auf alle Fälle aber Streifengänge und Kontrolle der Polizei verstärkt werden.

Illegale Spielhöllen

Ein weiterer Stein des Anstoßes stellte für viele Bürger die Existenz dreier Spielklubs dar, in denen Roulette, Baccarat et cetera betrieben wurden. Sie tarnten sich mit unverfänglichen Namen und umgingen ein behördliches Verbot, indem sie behaupteten, es handele sich um geschlossene Gesellschaften, obgleich sie – wie allgemein bekannt – jedem Interessierten gegen Zahlung eines Mitgliedsbeitrages Zutritt gewährten. Es waren dies der »Internationale Sportverein« im Hotel Bristol, der »Klub von 1919« in Jeschkes Grand Hotel und der »Gesellschaftsklub« in der Villa Heinemann (Auguste-Viktoria-Straße 3). Die Empörung machte sich beispielsweise in folgendem Leserbrief in der Bad Nauheimer Zeitung Luft: »... Die Spielwut ist bereits so weit gediehen, dass diese Clubs sich nicht mit einigen Räumen in den Hotels begnügen, sondern sogar dazu greifen, ganze Häuser für sich zu verwenden. Bekanntlich ist jetzt auch eine ganze Villa für eine derartige Sache hergerichtet worden, während andererseits unsere Arbeiter- und Beamtenfamilien mit der größten Wohnungsnot kämpfen und viele nicht wissen, wo und wie sie sich und ihre Kinder unterbringen sollen.«

Man sah außerdem von den »Klubs« eine Art Magnetwirkung ausgehen auf hochstaplerische Schuldenmacher, gewissenlose Verschwender und »halbkriminelle Individuen«. Die Gerüchteküche brodelte, von Selbstmord in diesen Spielhallen war die Rede, von Menschen, die dort am Herzschlag gestorben seien. Dass die anrüchigen Gesellschaften und skrupellosen Geldschneider namhafte Summen für Wohltätigkeitszwecke spendeten, hat ihren Ruf nicht aufpolieren können. Als dann tatsächlich ein Raubmord geschah, war das Ende der »Klubs« gekommen. Sie wurden polizeilich geschlossen und ihre Vorstände sowie zwei Hoteliers später zu Geldstrafen verurteilt.

Raubmord in der Ludwigstraße

Am 22. Juli 1919 meldete die Bad Nauheimer Zeitung: »Heute nacht wurde unmittelbar an der Usa-Brücke im Zuge der Ludwigstraße ein aus Straßburg stammender Herr erschossen aufgefunden. Da bei dem Erschossenen Brieftasche, Uhr und Portemonnaie fehlten, ist Raubmord anzunehmen. Festgestellt ist bis jetzt, dass der Erschossene eine größere Geldsumme bei sich geführt hat.« Die Identität des Toten war rasch festgestellt: Es handelte sich um den 32-jährigen französischen Kaufmann Roger Louy, der, erst einige Tage zuvor in Bad Nauheim angekommen, im »Internationalen Sportverein« beziehungsweise im »Klub 1919« sein Glück auf die Probe gestellt hatte. Die Ermittlungen führten schon am nächsten Tag zur Festnahme des mutmaßlichen Täters: des Leutnants d. R. Volkmar Barthels aus Berlin, seit kurzem wohnhaft in der Pension »Melitta« (Ludwigstraße 15) und ebenfalls Gast der illegalen Spielklubs.

Täter: Berliner Schneidergeselle

Doch bald kam heraus, dass seine Papiere gefälscht waren. In Wahrheit hatte man es mit dem 25 Jahre alten Berliner Schneidergesellen Gerhard Vösgen zu tun. Als Unteroffizier eines Stettiner Regiments war er nach Unterschlagung von 4700 Mark Löhnung für seine Kameraden fahnenflüchtig geworden und in der Badestadt untergetaucht. Kurz bevor die Polizei zugriff, wollte er überstürzt abreisen. Er beglich die Pensionsrechnung, obgleich er am Vortag über Geldmangel geklagt und, nachweislich in der Mordnacht wie das Opfer im Spielsaal des Hotel Bristol anwesend, nichts gewonnen hatte. Vor allem aber fand man bei seiner Durchsuchung einen Revolver, der nach frischem Pulverschleim roch, sowie Blutspuren an seinen Kleidern. Auch hatten ihn nachts ungefähr zur Tatzeit die Wachtmeister Theis und Nungesser in der Nähe der Usabrücke gesehen. Vösgen bestritt entschieden, der Täter zu sein. Er wurde zunächst in das Bad Nauheimer Amtsgerichtsgefängnis eingeliefert. Von dort versuchte er vergebens zu fliehen, außerdem unternahm er einen Selbstmordversuch. Nachdem Oberamtsrichter Dr. Fuhr die Voruntersuchungen abgeschlossen hatte, brachte man ihn in das Untersuchungsgefängnis nach Gießen.

Ein aufwändiger Indizienprozess

Der Prozess vor dem Gießener Schwurgericht nahm im März 1921 eine ganze Woche für sich in Anspruch. Fast 50 Zeugen wurden vernommen, ferner sieben Sachverständige, darunter vier psychiatrische Ärzte. Das Publikumsinteresse war ungewöhnlich, an jedem Verhandlungtag mussten Enttäuschte abgewiesen werden, die keinen Platz im Zuhörerraum fanden. Vösgen zeigte ein recht exzentrisches Verhalten. Er erschien im Smoking, wirkte arrogant und begleitete seine zum Teil widersprüchlichen Aussagen mit großen Gesten. Immer wieder beteuerte er seine Unschuld. »Der Angeklagte musste wegen fortgesetzten Dreinredens und sonstigen unpassenden Benehmens unter wiederholter Drohung, dass er aus dem Saal entfernt und ohne ihn weiter verhandelt werden würde, zur Änderung seines Benehmens gezwungen werden. ... Mit Zynismus bekämpfte er alles, was ihm nicht in den Kram passte, überschüttete vor allem Staatsanwälte, Ärzte und die ›Gießener Spieße‹ mit bissigen Spottversen und wusste auf das Raffinierteste alles Belastende auf die harmloseste Weise zu deuten und zu drehen.« (Gießener Anzeiger)

Alle psychiatrischen Sachverständigen waren von der uneingeschränkten Zurechnungsfähigkeit Vösgens überzeugt, wenngleich dieser während der Untersuchungshaft gelegentlich simuliert habe. Er sei nicht geisteskrank, weise allerdings gewisse psychopathische Züge auf. Keine Übereinstimmung bestand indes zwischen den Waffensachverständigen. Für einen stammte mit Sicherheit die Kugel, die im Gehirn des Ermordeten vorgefunden worden war, aus dem Revolver des Angeklagten; der zweite äußerte Zweifel an einer solchen exakten Festlegung, da die Kugel zu deformiert gewesen sei. Eine Einigung der Fachleute war nicht zu erreichen.

»Kalt geplanter und ausgeführter Mord«

Die Aussagen der Zeugen ergaben keine neuen Gesichtspunkte und belasteten in Details den Angeklagten schwer. Der Staatsanwalt hielt ihn durch Indizienbeweis als Mörder für überführt. Das Tatmotiv sei im Geldmangel zu suchen, es liege ein »kalt geplanter und ausgeführter Mord mit dem Zwecke der Beraubung der Leiche« vor. Vösgen habe damals vor Roger Louy das Hotel Bristol verlassen, auf ihn gewartet und dann geschossen. »Der Getroffene sei zuerst, wie die am Knie zerschlissene Hose und der Schmutz am Bauch und in seinem Gesicht beweisen, nach vorn zu Boden gestürzt. Der Angeklagte habe sich auf ihn geworfen, ihn auf den Rücken gedreht, des Verröchelnden Wertsachen entrissen und dann die Flucht ergriffen.« (Prozessbericht Gießener Anzeiger) Bezeichnenderweise gebe es keine Entlastungszeugen.

Der Verteidiger versuchte, Lücken in der Indizienkette aufzuzeigen, wobei er besonders auf die widersprüchlichen Gutachten der Waffenspezialisten hinwies, aber auch darauf, dass bei Vösgen die dem Ermordeten geraubten Gegenstände nicht gefunden worden seien. Letztlich sollten die Geschworenen sorgfältig prüfen, »ob der Angeklagte sich nicht doch in beschränkt verantwortlichem Zustand befunden habe«. Diese hielten ihn jedoch für voll verantwortlich und schuldig. Vösgen wurde wegen Mordes und schweren Straßenraubs in einheitlichem Zusammenhang zum Tode verurteilt, wegen Urkundenfälschung, militärischer Unterschlagung und unerlaubter Entfernung aus dem Heeresdienst zu einer Gesamtstrafe von einem Jahr und neun Monaten Gefängnis bei Aberkennung der bürgerlichen Ehrenrechte auf Lebenszeit.

Todesstrafe in lebenslange Haft umgewandelt

Nach einem Gnadengesuch wandelte die hessische Regierung die Todesstrafe in lebenslange Haft um. Der Vollzug erfolgte teils im Marienschloss Rockenberg, teils im Zuchthaus Butzbach. Vösgen war ein aufsässiger Strafgefangener, das dokumentieren zwei umfangreiche Faszikel im Staatsarchiv Darmstadt. Er verweigerte regelmäßige Arbeitsleistung und beschäftigte die Behörden mit Serien von Eingaben bzw. Beschwerden über seine Haftbedingungen. So wandte er sich zum Beispiel an den hessischen Landtag, den hessischen Justizminister, den Staatspräsidenten, den Petitionsausschuss des Reichstags, den Reichsjustizminister, den Oberreichsanwalt ... Im Mai 1945 kam er dann frei.

(Wetterauer Zeitung, 7. Dezember 1990)

»O Wandern, o Wandern, du freie Burschenlust ...«

Erinnerungen an den Bad Nauheimer Wandervogel

Vor nunmehr 90 Jahren wurde er in Berlin-Steglitz gegründet, ein gutes Dutzend Pennäler machte anfangs mit – binnen kurzer Zeit dann hatte er sich gemausert: der Wandervogel, eine Jugendbewegung, die 1913 in Deutschland 21 800 Jungen und Mädchen umfasste. Mitglieder konnten übrigens nur Erwachsene werden: Eltern, Lehrer und andere Gönner. »Sie bringen das Geld auf, bilden den Vorstand, mit ihrer Bewilligung und unter ihrer Verantwortung wandern die Schüler.« So war es von Anfang an festgelegt. Unter eigener Führung sollten Jugendliche ihre Freizeit gestalten, Erwachsene lediglich verständnisvolle Berater sein.

Klampfe, Rucksack, Essgeschirr

Wer kennt sie nicht von Bildern und Beschreibungen, die eigenwilligen Wandervögel, in bewusst unkonventioneller »Kluft«, mit umgehängter »Klampfe«, Rucksack und Essgeschirr. Zivilisierter Großstadtkultur, Erstarrung traditioneller Vereine, der alten Autoritätsschule wollten sie eine freie Gemeinschaft Gleichgesinnter entgegensetzen, die sich an einfacher, naturbezogener Lebensweise orientierte. Da ging es um Freude am Sonnenaufgang, Pflege von Volkslied und Volkstanz, um Stärkung der Selbstständigkeit. Heraus aus dem Mief der Stuben, los von Mutters Schürzenzipfel, hießen die Parolen.

Für Wanderungen und Fahrten über Land benötigte man keine großen Summen, denn unterwegs wurde abgekocht, und zum Übernachten genügten anspruchslose Quartiere, notfalls die Scheune eines freundlichen Bauern. Natürlich gab es Vorurteile und Vorbehalte. Zertrampelte Wiesen, Obstdiebstähle, Heidebrände seien ausschließlich Folgen des »Wandervogelunwesens«. Und nach einer Umfrage an den Lehranstalten des Landes teilte die großherzoglich-hessische Ministerialabteilung für das Schulwesen 1911 mit, es bestünden »mehr oder minder starke Bedenken, die sich zum Teil auf das gesuchte Naturburschentum und die vielfach zur Schau getragene Formlosigkeit in Auftreten und Kleidertracht, zum Teil aber auch auf den – wie man vereinzelt befürchtet – nicht immer genügend überwachten Verkehr der beiden Geschlechter erstrecken«. Es sollte der Wandervogel nicht verboten, wohl aber besser überwacht werden.

In der »Bude« war man unter sich

Auch in Bad Nauheim existierte eine Ortsgruppe des Wandervogels. Einen Eindruck vom Leben und Treiben dieser quirligen Schar vermittelt uns ein fragmentarisches Tagebuch, das jahrzehntelang als Andenken aufbewahrt worden ist. Angelegt hat es 1917 Franziska (»Fränzi«) Martin, allzu früh verstorbene Tochter des bekannten Heimatforschers Dr. Alfred Martin. Sie erzählt von der »Bude«, dem Heim der Jugendlichen, eingerichtet im alten Amtshaus Reinhardstraße 15, an dessen Fassade das Abzeichen des Bundes, ein fliegender Greif, prangte. Hier war man unter sich, konnte ungestört musizieren, diskutieren, vorlesen. Sie berichtet von Spielnachmittagen im Hochwald, fröhlichen Stunden mit Singen und Tanzen; vom angebrannten Reisbrei und »Idurs« Lieblingsessen: Nudeln mit gekochten Äpfeln, Zwetschen und Birnen. »Idur« – rückwärts gelesen Rudi – Stahl, Sohn des jüdischen Rechtsanwaltes und Notars Arthur Stahl, war längere Zeit Gruppenleiter, bis er im Herbst 1917 als Kriegsfreiwilliger Bad Nauheim verließ. Bei Tageswanderungen, so erfahren wir, wurden tüchtige Strecken zurückgelegt, zum Beispiel zum Forsthaus Winterstein, an der Kaisergrube vorbei nach Friedrichsthal, wo abgekocht wurde (»Kartoffeln mit Kohlrüben«), über Pfaffenwiesbach wieder zum Winterstein nach Cransberg, an der Herrenmühle vorüber nach Ziegenberg und Bad Nauheim. Man wanderte von Schotten aus in den Vogelsberg oder vom Usastrand zur Kapelle Maria Sternbach und zurück.

Besuch im Bett: Flöhe!

Gelegentlich nahmen die Nauheimer an überregionalen Treffen teil, etwa im September 1917 in Wiesbaden. Zunächst musste eine mühevolle vierstündige Bahnfahrt mit Umsteigen in Frankfurt absolviert werden. »Die Züge waren so schrecklich voll, dass man sich kaum regen konnte.« Am Zielbahnhof standen die Wiesbadener Wandervögel und brachten die Gäste zum »Nest«, wo man sie schon erwartete und es viel zu bereden gab. Relativ spät verteilte man schließlich alle angereisten, übermüden Freunde in die Quartiere, Fränzi und Lissy (Müller) erlebten eine Überraschung. »Wie glücklich waren wir mit dem Gedanken, jetzt ins schöne Bett zu können. O Schreck, das Bett war nicht überzogen, wo wir zu zweit drin schlafen sollten, nur ein kleines und dünnes Kopfkissen, so dass wir uns das vom Sofa noch nahmen. Das Bett war so schrecklich hart, dass man kaum liegen konnte. Das Zimmer sehr schmutzig, und dann kam Besuch in unser Bett: Flöhe! Wir wussten nicht, wohin vor lauter Jucken. Um halb zwei Uhr hielten wir es nicht mehr aus.« Die Mädchen verbrachten den Rest der Nacht frierend auf dem Fußboden. Ein luftiger Heuschober wäre ihnen schon (fast?) lieber gewesen.

»Der Rossdieb« im Frauenwald

Wenige Tage später feierte die Nauheimer Gruppe ihr Waldfest. Vom Treffpunkt Englische Kirche *(heute: Johanneskirche, Anm. d. Red.)* zog die Schar mit Eltern, Geschwistern und Oberurseler Wanderfreunden auf eine Wiese im Frauenwald. Alle vergnügten sich mit gemeinsamem Singen und Volkstanzvorführungen. Als Höhepunkt hatte man das Spiel »Der Rossdieb« von Hans Sachs einstudiert. Die Hauptakteure Werner Kayser, Rudi und Hans Stahl sowie Anno Reinhardt ernteten viel Beifall und Gelächter.

Die Teilnehmerzahlen an den verschiedenen Aktivitäten schwankte offensichtlich, aber immer wieder begegnen wir in den Aufzeichnungen größtenteils geläufigen Nauheimer Namen, von denen eine kleine Auswahl erlaubt sei: Lissy Müller, Anneliese Wens, Gretel Aletter, Edith Fuhr, Frieda und Bina Reuling, Elisabeth Schultheiß, Willi Aletter, Alfred Stamm, Werner Kayser, Anno Reinhardt, Werner Busch, Theo Fränkel, Fritz Langsdorf, Ludwig Schmidt, Willi Dieter, Ernst Haeberlin ...

Initiator Dr. Reinhard Strecker

Den Anstoß zur Gründung einer Bad Nauheimer Gruppe des Wandervogels hatte Dr. Reinhard Strecker gegeben, der neben seiner Tätigkeit an der Ernst-Ludwig-Schule das badestädtische Kulturleben vielfach beeinflusste. 1908 warb er in einer Zeitungsanzeige für die Ideale des Jugendwanderns, bereits im folgenden Jahr konnte von etwa 20 festen Mitgliedern am Ort berichtet werden. Was ihn und die Jugend bewegte, fasste Strecker für den Wandervogeltag 1910 in Arolsen in Versen wie den folgenden zusammen:

> *Ja erst der Wandervogel ermisst,*
> *Wie reich die Welt an Schönheit ist.*
> *Noch einmal so lieb wird die Heimat ihm sein*
> *Und schreibt sich ihm tief in die Seel' hinein.*
> *Doch nicht nur Genüsse soll sie uns geben,*
> *Nein, Kraft auch und Mut und echtes Leben,*
> *In den jungen Knochen gesundes Mark*
> *Und Glieder gelenkig, behende und stark.*
> *Drum haben wir auch mit den Gecken und Laffen,*
> *Mit Großstadtbummlern nicht gern zu schaffen,*
> *Mit den Blasierten, Verwöhnten und Matten,*
> *Mit hohen Kragen und seidnen Krawatten,*
> *Mit Lackstiefeln, Bartwichs und goldnen Klemmern,*
> *Mit Überspannten und Trinkern und Schlemmern.*
> *Im Wald, auf der Heide, am See, auf der Alm,*
> *Wie schöner die Luft als im Tabaksqualm,*
> *Als Bierdunst oder im Großstadtcafé,*
> *Oder im schwüligen Varieté!*

In diesem Sinne lebte der Wandervogel in Bad Nauheim auch nach 1918 weiter, der Krieg hatte ihn gezaust, jedoch ihm die Federn nicht ausgerissen.

(Wetterauer Zeitung, 26. Februar 1991)

In Richtung der Längsachse nach vorne gerichtet

Nummernschilder für Fahrräder: Eine umstrittene Steuer

Es war seit eh und je das Bestreben der Regierenden, die Staatseinnahmen zu vergrößern. Ebbe in den öffentlichen Kassen ist ja durchaus kein Phänomen unserer Tage, und deshalb wurde das Nachdenken der Verantwortlichen immer wieder darauf hingelenkt, neue Steuern und Abgaben zu kreieren. Entsprechende Findigkeit erschloss stets seither ungenutzte Geldquellen. An ein Beispiel aus jüngerer Vergangenheit soll hier erinnert werden: die so genannte Stempelabgabe für Fahrräder.

Um die Jahrhundertwende erschien in jedem Frühjahr ein Aufruf des Friedberger Kreisamtes, Fahrräder anzumelden und quasi zu versteuern. Gesetzliche Grundlage bot eine Verordnung, die im Oktober 1899 im Großherzoglich Hessischen Regierungsblatt veröffentlicht worden war. Danach betrug die Abgabe für jedes Rad jährlich fünf Mark. Der Besitzer erhielt dann eine Platte mit einer Nummer sowie eine mit behördlichem Stempel versehene Karte, welche eben diese Nummer, außerdem seinen Namen und seine Anschrift, auswies. Die Nummernplatte sollte »in Richtung der Längsachse des Fahrrads nach vorne gerichtet« so befestigt sein, »dass die Inschrift von beiden Seiten gut sichtbar ist«. Sie war stets in deutlich lesbarem Zustand zu erhalten. Das erleichterte eine eventuelle polizeiliche Kontrolle.

Selbstverständlich hatte man jeden Wohnungswechsel der Behörde anzuzeigen, gegebenenfalls erfolgte eine neue Nummernvergabe. Von Anmelde- und Stempelpflicht befreit waren »Militärpersonen und sonstige Personen, welche in Diensten des Reichs oder eines Bundesstaats, einer Provinz, eines Kreises oder einer Gemeinde stehen und zur Erledigung der ihnen obliegenden Amtsgeschäfte Diensträder zur Verfügung haben«. Allerdings mussten sie bei Benutzung des Fahrrades Dienstkleidung oder Dienstabzeichen tragen, und das Rad sollte als »Dienstfahrzeug« kenntlich gemacht sein. Auf keinen Fall durfte man also ein solches Radel für eine Feierabendfahrt zum Schrebergarten zweckentfremden.

Ebenfalls keine Gebühr brauchten Lohnarbeiter zu zahlen, denen das Gefährt als »Transportmittel zur Arbeitsstelle« diente, desgleichen Gewerbetreibende, die ein Fahrrad bei Ausübung ihres Gewerbes benutzten. Freilich bestand für derartige Vergünstigungen eine Einkommensgrenze von 1500 Mark jährlich.

»Straßenmaschine« der kleinen Leute ...

Trotz dieser sozusagen sozialen Komponente reagierten viele Bürger damals mit Verärgerung auf die Abgabe. Das Fahrrad erfreute sich nämlich großer Beliebtheit. Vor allem seit der Entwicklung des Luftreifens durch den schottischen Arzt J. B. Dunlop im Jahre 1888 hatte ein schneller Aufschwung in Produktion und Verkauf eingesetzt. Binnen kurzer Zeit wandelte sich das Fahrrad von einer Art Luxusartikel zum relativ erschwinglichen Gebrauchsgegenstand. »Der Bote, der schnell eine Bestellung besorgen will, der kleine Geschäftsmann und Beamte, der sich mit seiner Familie einen billigen Sonntagsausflug leisten will, der Arbeiter, der eine lange Wegstrecke zurücklegen muss, um von seiner Wohnung zu der beständig wechselnden Arbeitsstelle zu gelangen, sie alle und viele Tausende sonst bedienen sich des Fahrrads zur raschen Überwindung des Raums«, formulierte 1909 die Lokalpresse. Das Fahrrad sei »die Straßenmaschine der kleinen Leute« – unverständlich, dass der Staat gerade sie belaste.

Unter dem Gesichtspunkt sozialer Gerechtigkeit schien dagegen die Automobilsteuer, die je nach Größe, Ankaufspreis und Leistungsfähigkeit des Fahrzeugs zwischen fünf und 50 Mark lag, zu niedrig angesetzt. Schließlich konnten ohnehin nur wohlhabende Zeitgenossen Erwerb und Unterhaltung dieses vierrädrigen fahrbaren Untersatzes finanzieren.

... und ungefährliches Fortbewegungsmittel

Überhaupt begegnete man oftmals dem Auto mit Argwohn, des Lärms, des Gestanks und angeblich mangelnder Sicherheit wegen. Wie leicht könne es beispielsweise zu Unfällen, Brand und Explosionen kommen, lauteten weit verbreitete Vorbehalte. Besonders der »gefährliche« Kraftstoff Benzin stand häufig im Verruf. Mancher skeptische Nauheimer fühlte sich bestätigt, als am frühen Morgen des 26. Juni 1910 in einer Werkstatt mit Garage in der Frankfurter Straße ein Feuer ausbrach. Obgleich ein Löschtrupp umgehend zur Stelle war, brannte die Garage völlig nieder, die Werkstatt wurde zum Teil erheblich beschädigt, sieben Automobile wurden total zerstört. Sechs davon gehörten Kurgästen, ein Wagen war fast noch nagelneu. Als Brandursache vermutete man ausgelaufenes Benzin, das durch eine brennende Laterne entzündet worden war, oder einen Motorschaden des zuletzt dort eingestellten Fahrzeugs.

Lieber beim harmloseren Fortbewegungsmittel Velociped bleiben, hieß daher vielfach die Devise, zumal in jenen Tagen schon das Radfahren auch als ausgesprochen sportlich galt. Lieber mit eigener Kraft in die Pedale treten, die Waden stärken und unverdrossen die Reifen flicken. Seine Fahrkünste konnte man auf einer offiziellen Radbahn üben, die an der Ecke Hochwaldstraße/Homburger Straße gelegen war, denn das Herumkurven im Kurviertel oder gar in Park- und Salinenanlagen wurde nicht gern gesehen beziehungsweise verboten. Ferner existierten zwei Fahrradklubs, einer 1892 gegründet, der zweite – mit dem vornehmen Namen »Bicycle-Club« – im Jahr 1896. Sie hatten regen Zuspruch und schlossen sich anfangs unseres Jahrhunderts zu einer Radfahrvereinigung zusammen.

Die ungeliebte Fahrradsteuer übrigens brachte 1909 laut Statistischem Handbuch des Großherzogtums Hessen 145 286 Mark für die Staatskasse. Unter Berücksichtigung des damaligen Geldwertes stellte dies eine einigermaßen ansehnliche Summe dar.

(Wetterauer Zeitung, 21. Mai 1991)

Als der Siegeszug des Rundfunks begann

Aus der Alltagsgeschichte der Badestadt

»Das Radiofieber hat den größten Teil der Menschheit erfasst. Jeder möchte in Radiodingen mitreden, möchte auf einmal Fachmann sein, jeder möchte einen Empfänger haben und möglichst sofort alle Sendestationen der Welt hören.« So beginnt ein kleinerer Artikel der Bad Nauheimer Zeitung vom 26. März 1924. Ein bisschen Übertreibung liegt hier gewiss vor, aber tatsächlich gehörte der Rundfunk zu den höchst bewunderten technischen Neuheiten der Zwanzigerjahre. Man betrieb das »Wellen-Fischen« vielfach als Modehobby, bezeichnete das Radiohören als neue Sportart, die »den Reiz profunder Wissenschaft mit dem Zauber tiefster Mystik vereinigt«. (Der Radioamateur, 1924)

In den USA trat die »Broadcast-Bewegung« ihren Siegeszug an. Nach der berühmten Boxkampfübertragung Carpentier – Dempsey in New Jersey 1921 und der Gründung der New Yorker Sendestation verbreitete sich das Interesse am neuen Medium so rasch, dass binnen kurzer Zeit jede sechste amerikanische Familie ein Radiogerät besaß. Etwas gemächlicher verlief die Entwicklung in Deutschland, dennoch strahlten 1924 die ersten Rundfunkgesellschaften ihr Programm aus, zum Beispiel ab 1. März der Mitteldeutsche Rundfunk Leipzig.

Suche nach Fachliteratur

Vor allem die Jugend war fasziniert von der Radiotelephonie, wie damals die Bezeichnung lautete. Mancher junge Badestädter hielt bei Heinrich Burk (Parkstraße) und Albert Sternberger (Aliceplatz) flugs Ausschau nach Fachliteratur. Ihm wurde einiges geboten: »Radiotechnik – Das Reich der elektrischen Wellen«, »Das ABC des Radiosports – Zum praktischen Gebrauch für jedermann« oder »Tabellen und Formeln für Radioamateure«. Der größte Reiz lag vielleicht beim »Bastelbuch für Radioamateure«, denn sollte man es nicht wagen, die Empfangsapparatur selber zusammenzumontieren?

»Dieser Empfangsapparat gleicht äußerlich einem kleinen Kasten, den man auf jedem Tisch oder auf dem Fensterbrett aufstellen kann. Dazu gehören zwei Batterien zur Lieferung des Betriebsstroms, zwei Fernhörer an einem federnden, über den Kopf zu legenden Stahlband und die Antenne, ein einfaches Drahtgebilde, das die Aufgabe hat, die Wellen dem Äther zu entnehmen.« So las es sich ganz einfach, und alle benötigten Einzelteile waren genau beschrieben und abgebildet. Danach musste bei der Post nur noch eine Empfangsgenehmigungsurkunde beantragt werden, die Jahresrundfunkgebühr betrug 25 Mark.

Gründung eines Radioklubs

Freilich überschätzten einige Leute ihre technischen Fähigkeiten, kamen trotz der praktischen Anleitungen nicht zurecht und störten zuweilen mit unsachgemäß gebastelten Geräten andere Rundfunkteilnehmer in ihrer unmittelbaren Umgebung. Was dem Einzelnen schwer fällt, geht in Gemeinschaft oft besser. Also bildete sich auch in Bad Nauheim ein entsprechender Verein, der dem Südwestdeutschen Radioklub angeschlossen war. Den Radiofans sollte Gelegenheit zu gegenseitigem Erfahrungsaustausch gegeben werden, ferner wollte man nicht nur für die neuen Wunderwerke der Technik werben, sondern in erster Linie mit Vorträgen wissenschaftliche Belehrung vermitteln. Geplant war schließlich auch die Einrichtung eines Vereinslaboratoriums.

Als die erste öffentliche Versammlung Ende März 1924 im Restaurant Burk (Reinhardstraße) stattfand, hatte der Verein ungefähr 40 Mitglieder, und der 1. Vorsitzende, Erich Schmidt, begrüßte mit Freude eine stattliche Schar von interessierten Bürgern. Nach einem Vortrag wurde an diesem Abend – gewiss mit Spannung erwartet – ein Musterempfangsgerät fachmännisch vorgeführt. Der Bericht der Lokalpresse hebt hervor, »dass die reichhaltigen Vorführungen fast ausnahmslos vollkommen störungsfrei waren und dass sowohl Musik wie auch Gesang mit erstaunlicher Klarheit und Verständlichkeit im ganzen Saal vernommen werden konnten«.

Wenige Wochen später eröffnete dann die Firma Heinrich Etzel einen »Radio-Salon«. Hier waren Einheimische und Kurgäste eingeladen, sich über verschiedene Gerätetypen zu informieren, die Unterschiede zwischen Empfang mit Kopfhörern und Lautsprechern zu studieren oder einen Überblick zu gewinnen hinsichtlich der Entwicklung der Sendeanstalten. Man konnte aber auch nur einfach ungestört in netter Atmosphäre dem neuen Hörgenuss frönen.

Kurkonzerte im Rundfunk

Mittlerweile hatte am 1. April 1924 Radio Frankfurt, getragen von der Südwestdeutschen Rundfunkdienst AG, auf Welle 460 mit seinem regelmäßigen Sendebetrieb begonnen. Die Bad Nauheimer Zeitung schilderte den neugierigen Zeitgenossen die Ausstattung: »Der Sender ist ein Telefunksender (nach Graf v. Arco), Antennenenergie 0,6 KW und liegt im Postscheckamt Frankfurt am Main. Dort sind folgende Räume dafür vorhanden: Maschinenraum, Senderaum, Verstärkerraum, Aufnahme- oder Besprechungsraum, Aufenthaltsraum für wartende Künstler. Der Aufnahmeraum ist ungefähr sechs auf zehn Meter groß. Die Wände sind 20 Zentimeter tief mit Holzwolle abgedämpft, über der ein dicker Stoff zu weiteren Abdämpfungen in Falten hängt, die baldachinartig die Decke überziehen. Der Teppich auf dem Fußboden liegt auf dreifacher Filzunterlage ...« Wenn der »klare Empfang der Frankfurter Darbietungen« aus weitentlegenen Gebieten im In- und Ausland Bestätigung fand, so kann man davon ausgehen, dass die Empfangsbedingungen in der Badestadt geradezu ideal gewesen sind. Bald konnten die Nauheimer sogar Vorträge zweier bekannter Mitbürger im Rundfunk hören. Am 15. Januar 1928 sprach der renommierte Chefarzt des städtischen Krankenhauses, Dr. Carl Haeberlin, über die Psychoanalyse, ein Wissenschaftsgebiet, dem er auch mehrere Druckveröffentlichungen widmete. Das Thema des Heimatforschers und Spezialisten für Bäderkunde, Dr. Alfred Martin, lautete in der Sendung vom 4. März 1930: »Die Entwicklung des Heilbadwesens in Europa«. Und mit der Verbesserung der Aufnahme- und Übertragungstechnik war Radio Frankfurt in der Lage, Kurkonzerte aus Bad Nauheim direkt zu übertragen. Das Programm eines der ersten dieser Konzerte (12. Mai 1930) lässt sich rekonstruieren. Die Meininger Landeskapelle, für die Saison als Kurorchester verpflichtet, spielte unter anderem von Richard Wagner das Preislied aus den Meistersingern von Nürnberg, Carl Maria v.

Webers »Aufforderung zum Tanz«, die 2. ungarische Rhapsodie von Franz Liszt und von Modest Mussorgskij die Fantasie aus der Oper »Boris Godunow«. Der Dirigent, Heinz Bongartz, stand noch am Anfang seiner erfolgreichen Karriere.

In allen Sälen ist Ruh

Übrigens führte schon Ende der Zwanzigerjahre die verlockende Möglichkeit, per Knopfdruck sowohl anspruchsvolle Anregungen als auch abwechslungsreiche Unterhaltung bequem ins Wohnzimmer zaubern zu können, dazu, dass immer öfter Veranstaltungen nachlassenden Publikumsbesuch zu verkraften hatten. So wie der Bad Nauheimer Bildungsverein ausdrücklich die Konkurrenz von Radio und Kino beklagte, wurde auch anderswo abnehmendes Interesse an kulturellen Angeboten den neuen Medien zugeschrieben. In diesem Sinne veröffentlichte Karl Kraus 1927 in der »Fackel« den parodistischen »Stoßseufzer einer Konzertdirektion«: »In allen Sälen ist Ruh, In allen Häusern spürest du Radiogebrauch. Warte nur, balde schließe ich auch.«

(Wetterauer Zeitung, 23. Januar 1992)

Ein Haus für das »Sooden-Gebet«

Die Kurstraße 27 war früher ein Betsaal für Salinenarbeiter

Keine Informationstafel weist vorübergehende Kurgäste oder »Neubürger« der Badestadt darauf hin, dass die Gebäude Kurstraße 27 und 29 noch aus der Salinenvergangenheit Nauheims stammen. Selbst manchem Alt-Eingesessenen mag es schwer fallen, sich das Gebiet von Postamt und Grand-Hotel bis zur Luther- und Karlstraße als ein Zentrum der alten Salinenanlage vorzustellen. Hier standen bis in das Anfangsjahrzehnt unseres Jahrhunderts deren Sudhäuser, Lagerschuppen, die Sodenschmiede, Wohn- und Verwaltungsgebäude. Das stattliche Haus Kurstraße 29 war Salinenrentamt (Finanzverwaltung, Kasse), das davor liegende, lang gestreckte Gebäude, das heute einen Billardsaal und eine Weinstube beherbergt *(inzwischen ist es in andere Hände übergegangen, Anm. d. Red.)* diente als Bethaus des Salinenpersonals.

In Napoleonischer Zeit erbaut

Soweit aus Aufzeichnungen vergangener Tage ersichtlich, fanden während des 18. Jahrhunderts regelmäßige Andachten im so genannten Posthaus der Saline – dem bereits erwähnten, späteren Salinenrentamt – statt. Als die Verwaltung jedoch den entsprechenden Raum für andere Zwecke benötigte, beschloss man, an das Siedehaus Nr. 1 (an der Stelle der jetzigen Post gelegen) einen Betsaal anzubauen. Die Einweihung erfolgte im Sommer 1800, indes erwies er sich sehr bald als unzureichend. So wurde dann schon 1810 das Bethaus (Kurstraße 27) errichtet, das einen großen Saal und Nebengelasse unter anderem für den Salzmötter (Salzmesser, Salzwieger) enthielt. Die Saline stand damals übrigens unter französischer Verwaltung, die anfänglich gegenüber dem Personal ein recht großzügiges Verhalten an den Tag legte. Löhne und Pensionen waren gut bemessen, und eine Verfügung der kaiserlichen Domänendirektion bestimmte eine Summe »zum Ankauf klassischer Bücher für die Kinder der Salinen-Arbeiter und für Preiß-Austheilungen« sowie von Bänden, »welche von Saltz- und Bergwerks- und anderen dahin einschlagenden Wissenschaften handeln, um eine öffentliche Bibliothek zum Gebrauch der Saline zu errichten«.

Nachdem Napoleon die Saline Marschall Davoust (Fürst von Eckmühl) geschenkt hatte, verschlechterten sich die Verhältnisse. Der nun eingesetzte französische Rendant sparte in jeder Hinsicht, damit er die Einkünfte seines Herrn erhöhte. Er ließ kaum Reparaturen ausführen, ordnete eine übersteigerte Salzproduktion an und nahm beim Abzug der Besatzer 1813 aus der Knappschafts- und Armenkasse für invalide Salinenarbeiter 6000 Gulden mit.

Ursprünglich waren auf der Saline zwei Andachten üblich: eine zu Beginn der Tagesarbeit, eine zweite nach Arbeitsschluss. Sie wurden in der Regel von einem Salinenbeamten abgehalten, zugleich bestand dabei die Gelegenheit, Anweisungen des Salzamtes bekannt zu geben. Nach dem abendlichen »Sooden-Gebet« durfte niemand mehr durch das Salinengelände gehen beziehungsweise sich dort aufhalten, es sei denn, er hatte einen bestimmten Auftrag auszuführen. Der Knappschaft drohte eine Verordnung an, »dass derjenige, welcher nach dem Salinen-Abendgebet in der Saline oder deren Bezirk ohne erhebliche und erwiesene Ursache betroffen würde, sogleich arretiert, zur Wache gebracht und nach Befund bestraft werde«. Man wollte auf diese Weise Einbrüche und Diebstahl verhindern. Im Laufe der Zeit wurde zunächst das Abendgebet aufgegeben, wohl gegen Ende des vorigen Jahrhunderts auch die Morgenandacht. 1897 richtete man im Betsaal eine Zollabfertigungsstelle ein. Bei Verlegung der Salzproduktion an den Goldstein und dem Abbruch der alten Salinenanlage blieb das Bethaus vorübergehend ungenutzt.

Städtische Altertumssammlung

Hundert Jahre nach seiner Erbauung fand es schließlich eine neue, angemessene Verwendung. Die Großherzogliche Kur- und Badeverwaltung entschied sich, hier eine Sammlung hauptsächlich heimischer vor- und frühgeschichtlicher Funde und geologisch interessanter Stücke der Öffentlichkeit zugänglich zu machen. Allerdings hatte ein beträchtlicher Teil von ausgegrabenen Gegenständen, speziell der Spätlatènezeit, zuvor schon Aufnahme in die Museen von Darmstadt und Frankfurt gefunden. Vor achtzig Jahren, im Juni 1912, kamen »Altertümer« hinzu, die im Besitz der Stadt Bad Nauheim waren. Der Vertrag zwischen Stadt und Staat sah vor, dass Ordnung beziehungsweise Art der Aufstellung und die Konservierung der städtischen Sammlungsgegenstände allein in den Händen des Großherzoglichen Badedirektors liegen sollte, der jedoch keine »Gewähr für Abhandenkommen oder Beschädigung von Altertümern infolge von Diebstahl« übernahm. Eine Eigentumsübertragung war nicht vorgesehen. Insgesamt steuerte die Stadt wohl eine ansehnliche Menge zum Inventar bei, eine Liste von 1912 führt 214 Positionen auf.

Keltische Töpfe und ein Herbarium

Dennoch ist es schwierig, rückschauend einen einigermaßen zutreffenden Eindruck von der Art der ausgestellten Objekte zu gewinnen. Zum fiskalischen Teil gehörten unter anderem ein Grab aus der so genannten Urnenfelderkultur; spätbronzezeitliche Sicheln und Messer; keltische Tongefäße, Gürtelhaken, Hals- und Armringe, Münzen; römische Eisen- und Horngerätschaften, Gefäßreste aus terra sigillata, Ziegel mit Stempeln der 11. und 14. Legion; diverse Gesteinsproben; ferner Zeugnisse aus der neueren Salinengeschichte, dabei auch Bücher der von den Franzosen angelegten Bibliothek, gestempelt mit französischem Adler und der Umschrift »Saline Imperiale de Nauheim. Kaysel. Saline«. Nach Mitteilung von Dr. Alfred Martin handelte es sich meist um Reisebeschreibungen.

Die städtischen Altertümer waren ganz überwiegend Schenkungen Bad Nauheimer Bürger: beispielsweise eine Anatomie von 1674; eine Henkelvase aus einem Etruskergrab, römische Urnen aus Trier; ein Webstuhl aus dem Jahre 1756, alte Laternen, Uhren, Geldstücke und Dokumente wie die Hanauische Judenkapitulation von 1738, eine Feuerordnung von 1793 oder alte Kaufverträge. Eine Kartensammlung umfasste 45 Stücke. Die Museumsbesucher konnten eine typisch Nauheimer Frauenkopfbedeckung, eine so genannte »Hille«, bestaunen, ebenso den Säbel mit Leibriemen des Hauptmanns der früheren Nauheimer Bürgergarde. Eine Besonderheit bot Heinrich Oertels Johannisberg-Herbarium. 1870/71 war es mit großer Sorgfalt von dem aus Leipzig stammenden Apotheker zusammengestellt worden. Kurioserweise hatte er seinen eigentlichen Beruf gegen den des Croupiers vertauscht und in der Nauheimer Spielbank Anstellung gefunden.

Das Herbarium zeigte 83 Blütenpflanzen des Johannisbergs, unter Glas übersichtlich angeordnet. Heinrich Oßwald, dem seit 1925 die Leitung des Museums oblag, bemerkte dazu: »Pflanzengeografisch ist die Sammlung von Bedeutung, weil sie zu einem Teil kontinentale und mediterrane Florenelemente birgt, die an der Zusammensetzung der Steppenheide und des Steppenheidewaldes beteiligt sind. Heute sind manche dieser Wärme liebenden Arten, die das Pflanzenkleid des Johannisberges einst auszeichneten und die Oertel vor 80 Jahren dort noch im ›Nizza‹ sammeln konnte, aus der Flora des Berges verschwunden.«

Das Ende des alten Museums

Nach dem Zweiten Weltkrieg beschlagnahmte die amerikanische Besatzungsmacht das ehemalige Bethaus. Zuerst diente es zur Unterkunft einer Militärdienststelle, danach eröffnete das Amerika-Haus Frankfurt eine Lesehalle in der Absicht, »die deutsche Bevölkerung mit dem Wesen und der Eigenart des amerikanischen Volkes vertraut zu machen und eine geistige Brücke zwischen beiden Völkern zu schlagen«. Seinerzeit mussten die Sammlungsgegenstände überhastet ausgeräumt werden. Notdürftig verpackt, gelangten sie zur Aufbewahrung unter anderem in den Dachraum des nördlichen Verwaltungsbaus des Staatsbades, aber auch dieses Gebäude entging nicht der Beschlagnahmung. Alle diese Umstände haben zur erheblichen Reduzierung und Zerstörung der Sammlung geführt. Reste wurden in das 1960 im Kurhaus geschaffene Salzmuseum integriert.

Dort, wie vor allem in den jetzigen Museumsräumen des so genannten Teichhausschlösschens, konnte man eine neue, konzentrierte Ausstellungskonzeption verwirklichen. An die Stelle des Eindrucks von Beliebigkeit (»Sammelsurium«), den das alte Museum wohl entstehen ließ, ist Übersichtlichkeit, thematische Geschlossenheit und eine nach modernen museumsdidaktischen Gesichtspunkten gestaltete Präsentation getreten. Ein Besuch lohnt sich.

(Wetterauer Zeitung, 19. Mai 1992)

(Im Frühjahr 1998 wurde das Salzmuseum aufgelöst und das Teichhaus an einen Privatmann verkauft. Seither harren die in Kisten und Kasten verpackten Exponate einer neuen Ausstellungsfläche. Anm. d. Red.)

Spiegelbild des öffentlichen Lebens

Drei Zeitungen berichteten vor dem Ersten Weltkrieg über lokale und weltpolitische Ereignisse

Beschäftigt man sich mit den Verhältnissen der Badestadt vor dem Ersten Weltkrieg, stößt man rasch darauf, dass vor etwa 80 Jahren drei Lokalblätter um die Gunst der Leser wetteiferten. Dies ist umso erstaunlicher bei einer Einwohnerzahl von knapp 6000 Personen. Die Kurgäste scheiden wohl überwiegend als »Kunden« aus, da sie eher an überregionalen Zeitungen interessiert gewesen sein dürften. Gewiss, noch fehlten damals Fernsehen und Rundfunk, die heute so mühelos und unmittelbar Weltereignisse frei Haus liefern, uns geradezu überfluten mit Informationen. Und das Kino, das später meist in seinen Wochenschauen wichtige Geschehnisse Revue passieren ließ, steckte in den Anfangsschwierigkeiten. Dennoch gehörten einerseits eine gehörige Portion Mut und Risikobereitschaft dazu, jeweils seine Zeitung neben anderen anzubieten; andererseits bestand offenbar Bedarf seitens der Bevölkerung. In Orten vergleichbarer Größe, Kreisstädte ausgenommen, war ein solches Angebot durchaus nicht üblich, das gilt zumindest für das Großherzogtum Hessen-Darmstadt.

Vordergründig betrachtet, müsste den Bad Nauheimern beispielsweise im Jahr 1912 die Entscheidung für eine der drei Zeitungen recht schwer gefallen sein. Sieht man nämlich die alten Ausgaben im Stadtarchiv vor sich liegen, so erkennt man vom Äußeren her kaum Unterschiede. Das Format stimmt mit etwa 31 zu 45 Zentimeter überein, ebenso der Umfang, der durchschnittlich vier Seiten pro Einzelnummer beträgt. Art der Platzierung und Aufmachung von Nachrichten spielten offensichtlich keine große Rolle, denn man vermisst Schlagzeilen und Untertitel im modernen Sinn. In allen drei Blättern, die die Seiten dreispaltig aufteilten, sind die Artikel relativ kurz gehalten und nicht mit gliedernden Zwischenüberschriften versehen. Namentlich gezeichnete Korrespondentenberichte fehlen, desgleichen eigens hervorgehobene Sportmeldungen. Der Inseratenteil nimmt übereinstimmend jeweils ungefähr eine Seite in Anspruch. Selbst bezüglich Drucktechnik und Papier gibt es keine Verschiedenheit. Fotos sucht man vergebens, lediglich ein Blatt (die »Bad Nauheimer Zeitung«) illustrierte gelegentlich ihre Berichte mit Zeichnungen oder Kartenskizzen.

Ausschlaggebend für den einzelnen Badestädter, welche Zeitung er regelmäßig lesen beziehungsweise abonnieren wollte, waren wohl im Wesentlichen die jeweiligen inhaltlichen Gesamtlinien, die Persönlichkeit des Herausgebers und Chefredakteurs (man kannte sich ja meistens persönlich) und sicherlich auch gewohnheitsmäßiges Verhalten.

»Bad Nauheimer Zeitung« – das älteste Blatt in der Badestadt

Erstmals erschien im Jahr 1878 zweimal wöchentlich ein kleines Gemeindeblättchen, redigiert und gedruckt von dem aus Bad Homburg zugezogenen Gustav Nephut, der zugleich die Kurliste herausgab. Angeblich bekam er wegen seiner freisinnigen politischen Einstellung Schwierigkeiten mit den staatlichen Behörden. Sie entzogen ihm den Auftrag zum Druck der Kurliste und veranlassten somit indirekt seinen Wegzug nach Gießen. Ab 1885 verlegte und druckte dann Johann Peter Ganß, zuvor in Vilbel ansässig, den »Wetterauer Anzeiger«, der sich zur echten Lokalzeitung mauserte und offizielles »Verkündigungsblatt für alle im Amtsgerichtsbezirk Bad Nauheim domicilierten Behörden« war.

Knapp zehn Jahre später übergab Ganß das Geschäft seinem Neffen Ludwig Wagner. Der neue Herausgeber, Verleger und Redakteur in einer Person modernisierte die Zeitung, ließ sie vom 1. April 1896 an jedem Dienstag, Donnerstag und Samstag, seit 1908 täglich, erscheinen. »Allein schon die Annehmlichkeit, für jeden Tag und für jede Gelegenheit ein Mittel in Händen zu halten, Anzeigen aufgeben zu können, ist ein unschätzbarer Vorzug; dazu tritt noch die schnelle Benachrichtigung unserer Leser von wichtigen Ereignissen«, heißt es in einer Eigenwerbung. Zweifellos hatte das Blatt einen Vorsprung vor seinen beiden örtlichen Konkurrenten, die ein tägliches Erscheinen nicht schafften. Aus dem »Wetterauer Anzeiger« wurde 1905 die »Bad Nauheimer Zeitung« mit dem Untertitel »Wetterauer Anzeiger«.

Freilich wechselten im Laufe der Jahrzehnte die Platzierung der einzelnen Sachgebiete, indes ergaben sich folgende inhaltliche Schwerpunkte: »Politisches«; Kommentare zu wichtigen politischen Themen; »Aus dem Großherzogtum Hessen« – an der Spitze Meldungen aus dem kommunalen Geschehen der Badestadt, während der Saison samstags eine ausführliche Veranstaltungsvorschau für die kommende Woche; »Verschiedenes« – eine Zusammenstellung von vorwiegend unpolitischen Nachrichten aus dem In- und Ausland, Kulturnotizen, Rezensionen zu Musik- und Theateraufführungen im Kurhaus, Prozessberichte, schließlich häufig Anekdoten und Witze (meist Typ des Kalauers).

In zeitlichen Abständen erschienen ein kleiner Abschnitt »Landwirtschaftliches«, eine Art Ratgeber beispielsweise zu praktischen Fragen der Tierhaltung, ferner Standesamtsnachrichten, amtliche Bekanntmachungen und Mitteilungen der Kirchengemeinden. Dem Unterhaltungsbedürfnis der Leser trugen das achtseitige »Illustrierte Sonntagsblatt« als Wochenendbeilage und der tägliche Fortsetzungsroman Rechnung. Samstags fassten die »Politische Wochenschau« (seit 1910) und die humorvolle »Wochenplauderei« (seit Juli 1905) Geschehnisse in Staat und Gemeinde rückblickend nochmals zusammen. Das Blatt strebte ernsthaft danach, in sachlicher Form, möglichst vorurteilsfrei, zu berichten und »ein getreues Spiegelbild des öffentlichen Lebens zu sein«.

Die »Oberhessischen Volksblätter«

Im Vergleich zur »Bad Nauheimer Zeitung« hatte die Politik in den »Oberhessischen Volksblättern«, der zweiten badestädtischen Lokalzeitung, einen höheren Stellenwert. Jedoch sollten gemäß dem Selbstverständnis von Verlag und Redaktion, verantwortlich zeichnete Carl Hartmann, Berichte über politisches Denken und Handeln nicht vorrangig auf egoistischen Machterwerb und wirtschaftliche Interessenkämpfe bezogen werden. Politik sei letztlich im allgemeinsten Sinne der »Begriff der menschlichen Betätigung überhaupt«, also mit allen Lebenssphären verbunden. Die Zeitungsmacher bekannten sich ausdrücklich zum Linksliberalismus und glaubten, in aufklärerischem Optimismus verwurzelt, zur Sicherung und Durchsetzung der Vernunft beitragen zu können. »Auf die Vernunft wollen wir uns wieder mehr besinnen, sie triumphiert stets in der

Weltgeschichte und rächt sich dort, wo Egoismus und Gewalt ihr Zepter schwangen. Wie die Vernunft uns befähigt, die Entwicklung und die natürlichen Erscheinungen des Lebens zu begreifen, so müssen wir ihr bei allen unseren Betätigungen vermehrten Einfluss zu verschaffen suchen ... Mit der Hoffnung und Zuversicht, dass dies gelinge und dass die Vernunft dem Fortschritt auf allen Gebieten des Lebens als Führer dienen müsse, beginnen die ›Oberhessischen Volksblätter‹ ihr Erscheinen« (26. März 1910).

In jeder Nummer nahmen eigene Kommentare zur Tagespolitik oder Auszüge aus der »Liberalen Wochenschrift«, ebenso häufig aus Friedrich Naumanns »Hilfe«, den ersten Platz ein. Unter der Rubrik »Politische Rundschau« folgten ausführlichere politische Nachrichten aus dem In- und Ausland. Vor allem wurde detailliert die Entwicklung der linksliberalen Fortschrittlichen Volkspartei und ihre Auseinandersetzungen mit den Nationalliberalen dargestellt.

Es fehlte hierbei nicht an kräftiger Polemik, auch in der Abgrenzung gegen den antisemitischen Bund der Landwirte. Die Zeitung ergriff Partei für Benachteiligte, plädierte für die Verwirklichung der Menschenrechte und setzte sich für Völkerverständigung ein. Sie verspottete manche Zeitphänomene, wie zum Beispiel das Ordenswesen. »Kaiser Wilhelm II. hat wieder drei neue Dekorationen für artige Untertanen gestiftet, 3 neue Orden an einem Tag! Ist es da nicht an der Zeit, die Ordenswirtschaft statistisch zu erfassen?« Und der Artikel kommt dann zu dem Ergebnis, dass es am Ende des 18. Jahrhunderts nur 58 Orden gab, »während die Summe aller in allen Kulturnationen existierenden Orden und Ehrenzeichen zur Zeit 386 beträgt.« (10. Februar 1912) Entsprechend äußerte sich die Zeitung ironisch über die enttäuschten Bad Nauheimer, die nach der Kur Kaiserin Auguste Viktorias im Frühjahr 1912 beim Ordenssegen leer ausgegangen waren. »Wir können es mitfühlen, wenn das Knopfloch sich nach der nötigen Ausfüllung sehnte ... So manche schöne Hoffnung hat die schnöde Wirklichkeit zerstört und bei manchem ist der auf der linken Brust bereits reservierte Platz unausgefüllt geblieben.« (14. Mai 1912)

Bei den übrigen inhaltlichen Schwerpunkten bestand weitgehend Übereinstimmung mit der »Bad Nauheimer Zeitung«: Information »Aus dem Großherzogtum Hessen« mit Priorität der Badestadt; »Vermischtes« unpolitischen Inhalts; Wochenprogramme für Veranstaltungen und kirchengemeindliche Hinweise, natürlich auch Fortsetzungsromane oder Erzählungen.

Erwähnung verdienen als Besonderheit die in Wochenendausgaben regelmäßig abgedruckten »Sonntagsgedanken« Dr. Reinhard Streckers. Der spätere hessische Kultusminister beabsichtigte, Nachdenklichkeit zu bewirken und liberale Wertvorstellungen zu vermitteln. Manchmal gerieten seine Artikel zu lyrischen Stimmungsbildern, inspiriert von Naturphänomenen im Wechsel der Jahreszeiten.

Die »Oberhessischen Volksblätter« waren eine Fortsetzung des 1894 gegründeten »Bad Nauheimer Anzeigers«, der von sich behauptete, »die gelesenste Zeitung in Bad Nauheim und Umgebung« zu sein. 1896 lag eigenen Angaben zufolge die Zahl der Abonnenten bei 445, fünf Jahre danach findet man die Mitteilung, dass die Zeitung an 80 Orte des In- und Auslandes verschickt werde, unter anderem nach Algier, Yorkshire, New York, Chicago, St. Louis, Indianapolis. Hauptinteressenten dürften dorthin ausgewanderte Bad Nauheimer gewesen sein. Zunächst erschien das Lokalblatt zwei Mal wöchentlich, ab 1902 drei Mal pro Woche. Verantwortung für Verlag, Redaktion und Druck oblag Peter Muth, der seine Ausbildung bei oben erwähntem Gustav Nephut absolviert hatte.

Dies erklärt wohl, dass schon der »Bad Nauheimer Anzeiger« eine linksliberale Tendenz aufwies. Er fungierte eine Zeitlang, speziell, nachdem Dr. G. Kayser Bürgermeister geworden war, geradezu als Sprachrohr kommunalpolitischer Opposition. In zahlreichen Leserbriefen (häufiger als in der »Bad Nauheimer Zeitung«) machten alteingesessene Nauheimer ihrem Ärger Luft über »neumodische« oder einseitige Entscheidungen der Stadtoberen. Die Zeitung forderte wiederholt dazu auf, die Lebenssituation sozial schwächerer Bürger mehr zu berücksichtigen und bemängelte beispielsweise fehlende Selbstständigkeit und Aktivität der Stadtverordneten. Besonders nach Kommunalwahlen kehre im Stadtparlament Untätigkeit ein. »Und über allen Wipfeln ist Ruh', Du spürst von Opposition keinen Hauch, Warte nur, Balde, balde kriechst Du gar auch«. (8. Dezember 1906).

Muth kam bereits 1907 in finanzielle Schwierigkeiten, drei Jahre später musste er ganz aufgeben. Die nachfolgenden »Oberhessischen Volksblätter« behielten den Untertitel »Bad Nauheimer Anzeiger« und, wie bereits berichtet, viel von der grundsätzlich kritischen Einstellung bei. Ihr tägliches Erscheinen konnte nicht aufrecht erhalten werden und reduzierte sich von 1912 an auf drei Wochentage.

»General-Anzeiger« seit 1906

Der »General-Anzeiger der Stadt Bad Nauheim«, die dritte seit 1906 am Ort bestehende Zeitung, erschien in den ersten Jahren ebenfalls dreimal, ab 1912 dann viermal in der Woche. Er wollte »seine Leser über die Ereignisse auf allen das öffentliche Interesse in Anspruch nehmenden Gebieten unterrichten ... Das Feuilleton bringt größere Erzählungen aus der Feder bewährter Schriftsteller«. Redaktion, Druck und Verlag: Wilhelm Klee. Vorrang hatten amtliche Bekanntmachungen aller Art, sie wurden stets auf der Vorderseite an erster Stelle abgedruckt. Sonst ähnelten die Rubriken denen der Konkurrenzblätter. Allerdings war der Politik insgesamt weniger Platz eingeräumt.

Die »Politischen Tagesberichte« enthielten eine Auswahl recht knapp formulierter Meldungen, Kommentare fanden keineswegs täglich Aufnahme und verrieten im allgemeinen eine nationalliberale Einstellung. Als zum Beispiel zu Beginn des Jahres 1912 Kriegsminister Lord Haldane in Berlin die Möglichkeit einer britisch-deutschen Annäherung auszuloten versuchte, spiegelte sich in der Kommentierung des »General-Anzeigers« die offizielle Regierungslinie wider. England galt als unzuverlässig, rücksichtslos in seinen nationalen Interessen. Deutschland müsse dem englischen Egoismus den deutschen entgegensetzen und »die Selbsterhaltung und ihre Sicherung in den Vordergrund stellen«. (27. Februar)

Zwei Zeitungen bis Ende 1914 eingestellt

In deutlichem Unterschied hierzu setzten sich die »Oberhessischen Volksblätter« für eine Politik des fairen Ausgleichs ein. Ein Scheitern der Annäherung führe zu einem Aufrüstungsschub; es bestehe die Gefahr, dass Deutschlands Rüstungen »die Antipathie anderer Völker zu uns noch verschärft«. (12. Mai) Auch die »Bad Nauheimer Zeitung« meinte, »wir haben keinen Grund, an der Aufrichtigkeit der englischen Absichten zu zweifeln«. (19. Februar) Bei gutem Willen sei Verständigung möglich und im Interesse der Völker wünschenswert.

Lokalpolitik, Berichte aus dem Vereinsleben und über Veranstaltungen waren im »General-Anzeiger« meist recht ausführlich. Die Rubrik »Aus Nah und Fern« enthielt unpolitische Neuigkeiten, vielfach Hinweise auf Unglücksfälle, Verbrechen oder Technik. »Verschiedenes« präsentierte eine bunte Mischung aus Anekdoten, kleinen kulturellen Nachrichten und Kuriositäten, wie etwa die Mitteilung, das naturhistorische Museum in New York sei »um einen einzigartigen Ausstellungsgegenstand bereichert worden«, nämlich die Skalp-Sammlung des Siouxhäuptlings »Kriegsadler«, die über 400 Stück umfasse. (Juni 1906)

Der »General-Anzeiger« stellte offenbar mit Ablauf des Jahres 1913 sein Erscheinen ein, jedenfalls sind von da an keine Exemplare mehr auffindbar. Die »Oberhessischen Volksblätter« gab es noch bis Dezember 1914. Nur die »Bad Nauheimer Zeitung« rettete sich durch Weltkrieg, Zusammenbruch und wirtschaftliche Krisen, baute dann ihre Stellung als nun einzige Lokalzeitung der Badestadt aus, verbesserte weiter ihre Qualität. Sie kann zu Recht als Vorgängerin der WZ betrachtet werden.

(Wetterauer Zeitung, 12. September 1992)

Männer von erprobter Redlichkeit

Dem letzten Salzsieder Matthäus Pfeffer zum Gedenken

Mit Matthäus Pfeffer ist vor einigen Wochen der letzte ehemalige Salzsieder der hiesigen Saline verstorben. Der gebürtige Bad Nauheimer des Jahrgangs 1906 – das Elternhaus stand am Ernst-Ludwig-Ring 40 – stammte aus alteingesessener Familie, schon seine Vorfahren waren einst mit der Salzgewinnung beschäftigt. Sie bildete bekanntlich jahrhundertelang neben der Landwirtschaft die Haupterwerbsquelle der Nauheimer Einwohner. Pfeffer hatte ursprünglich den Beruf des Elektrikers gelernt, wurde dann 1926 bei der Saline als Söder angestellt. Er habe sich damals über die feste Arbeitsstelle beim Staat gefreut, erzählte er wiederholt. Eine direkte Lehre sei nicht vonnöten gewesen, wohl aber gutes Ansehen, einwandfreies Betragen. Man erwartete beispielsweise große Pünktlichkeit, Sorgfalt bei der Durchführung aller Tätigkeiten, Schonung des Arbeitsgerätes und absolute Ehrlichkeit. Kein noch so kleines Quantum Salz hätte mit nach Hause genommen werden dürfen. Im Ganzen gesehen sei harte Arbeit verrichtet worden.

Ruß und Staub auf der alten Saline

Dass man sich bei der Einstellung in den Salinendienst die Bewerber genauer anschaute, beruhte gewissermaßen auf Tradition. Bereits der Hessen-Darmstädtische wirkliche Kammerrath Johann Wilhelm Langsdorf, Sohn des Nauheimer Salinenrentmeisters Georg Melchior Langsdorf, schrieb 1781, die Interessenten müssten »sowohl nach ihrem moralischen Charakter, als nach ihrer Fähigkeit geprüft« werden. Er empfahl, »nur Männer von erprobter Redlichkeit, die für sich ein guter Haushälter, jedoch vom Geitze entfernt und ein fähiger Kopf sind«, zu beschäftigen. Und von alters her regelten strenge Ordnungen und Vorschriften den Arbeitsablauf auf der Saline. Übertretungen zogen Strafen nach sich. So heißt es zum Beispiel in folgenden Verurteilungen: »Söder Georg Holl wird auf Resolution kurfürstlicher Regierung vom 23. März 1820 mit acht Kreuzern gestraft, weil derselbe den 21. März am Bau 2 Tabak rauchte.« Oder: »Hat der Christian Stoll die Soole zu heiß gemacht, wird gestrafet um 6 Kreuzer.«

Wer auf der Saline als »Ständiger« angenommen war, das heißt auf Dauer, Sommer wie Winter, und nicht nur im Tagelohn Beschäftigung fand, verdiente nicht schlecht und hatte Aussicht, ein einigermaßen vermögendes Mädchen heiraten zu können. Indes wird die Arbeit auch bei der alten »Sud« als sehr anstrengend beschrieben. Vor allem das Erhitzen der Pfannen mittels Braunkohlefeuerung stellte eine unangenehme Plackerei dar. In der Nähe eines jeden der sechs Siedehäuser, die noch in der Mitte des letzten Jahrhunderts auf dem Gelände der heutigen Lutherstraße/Kurstraße betrieben wurden, lagerten in großen Schuppen die Braunkohlenvorräte. Mit großen zweirädrigen Eisenkarren fuhr man das Brennmaterial vor die Feuerung. Da die »Klötze« leicht zerbröckelten, entstanden viel Staub, Grus und Abfall. Umgekehrt mussten die Mengen Asche, meist noch glühend, zu einem Platz an der Usa gekarrt werden. Wichtig war es, das Eindringen von Kohlenstaub in die Siederäume zu verhindern. Deshalb gab es Doppeltüren, zum Teil unten mit Schaffell abgedichtet. Das Personal hatte die strikte Anweisung, alle Türen geschlossen zu halten. »Wer eine Thür zu den Eingängen in die Siederäume aufstehen lässt, zahlet Strafe 6 Kreuzer. Wer beyde Thüren zu einem Eingang aufstehen lässt, 12 Kreuzer ...« Der einzelne Salzsud dauerte in dieser Zeit fünf Tage und Nächte ununterbrochen. Die Söder überwachten schichtweise den Vorgang.

Die neue Saline nach 50 Jahren unrentabel

Matthäus Pfeffer arbeitete in der neuen Saline, die 1910/1911 mit einem Kostenaufwand von 350 379 Mark am Goldstein erbaut worden war. Hier standen nur noch drei große Salzpfannen sowie eine kleinere Mutterlaugenpfanne. Technische Neuerungen hatten einige Details beim Siedehergang verändert und die Belegschaft verringert. Trotz Modernisierung verlangte der Betriebsablauf nach wie vor körperliche Anstrengung. Es sei nur das ständige Rühren der eingedickten Sole beim Panestieren (Kochen), das Anziehen und Ausdrücken des Salzes mit Holzrechen an den Pfannenrand oder das Abschöpfen erwähnt. Mancher Söder machte den häufigen Dampf und kalte Zugluft für seine rheumatischen Beschwerden verantwortlich. Produktionsmenge und Qualität des Salzes stimmten übrigens fast genau mit dem Ergebnis der alten Anlage überein. 1929 beispielsweise erzeugte man 27 700 Zentner Speisesalz, 2600 Zentner Viehsalz, 280 Zentner Gewerbesalz, 5324 Zentner Badesalz (das größtenteils für Hauskuren verschickt wurde, aber auch in den Universitätskliniken Frankfurt und Gießen regelmäßig Verwendung fand) und 30 000 Liter Mutterlauge. Sie diente zur Bereitung von Solbädern und als Badezusatz, um die Salzkonzentration zu erhöhen. Genau dreißig Jahre später kam es zur Stilllegung der Bad Nauheimer Saline; sie konnte mit dem höherwertigen und preisgünstigeren Steinsalz nicht konkurrieren. Diverse Gutachten bestätigten ihre mangelnde Rentabilität.

Obwohl er am Feierabend oft recht müde war und gelegentlich sogar sonntags Dienst machen musste, widmete Matthäus Pfeffer einen beträchtlichen Teil der Freizeit seinem Hobby: der Hühnerzucht. Er nahm an zahlreichen Ausstellungen teil, errang etliche Preise und genoss überregionale Anerkennung. Ältere Nauheimer erinnern sich gewiss noch an seine aktive Mitgliedschaft im Gartenbauverein und sein förderndes Interesse an der Hiesbach. Der letzte Salzsieder hing sehr an seiner Heimatstadt.

(Wetterauer Zeitung, 9. Oktober 1992)

»Die Welt will betrogen sein ...«

Von Gaunereien vergangener Tage

Der Stoßseufzer, dass in der guten alten Zeit alles entschieden besser gewesen sei als in der tristen Gegenwart, lässt sich gar nicht so selten von Zeitgenossen vernehmen. Dabei erscheint bekanntlich das Vergangene umso mehr im rosaroten Licht, je größer sein Abstand zum Heute ist. Das verklärte Damals muss durchaus nicht selbst erlebt worden sein, etwa in der eigenen Jugend, man kennt es vom Hörensagen als die heile oder zumindest bessere Welt. Bei genauerem Hinschauen erfolgt dann die Ernüchterung. Es zeigt sich, dass früher die Menschen nicht generell friedlicher, freundlicher, uneigennütziger oder ehrlicher gewesen sind als gegenwärtig.

Wie sehr das junge Bad Nauheim vor allem in der Spielbank-Ära des vergangenen Jahrhunderts Rummelplatz zwielichtiger Figuren war, wissen wir aus mehreren Veröffentlichungen, nicht zuletzt durch Fritz Mädels Darstellung der Amtstätigkeit des Polizei-Sergeanten Heinrich Klinkerfuß. Dieses Original verfolgte mit mehr oder weniger befriedigenden Ergebnissen Diebe, Räuber, Bankrotteure, Deserteure, Schwindler, »liederliche Weibspersonen« und sonstige »gefährliche Subjekte«. Aber auch danach hatten die zuständigen Behörden genug zu tun, um brave Bürger und Kurfremde vor der Bosheit ihrer Mitmenschen zu schützen, was die Schilderung einiger weniger bekannter Gaunereien beweisen soll.

Die scharmante englische Lady

Unter den 325 englischen Gästen, die 1894 Bad Nauheim mit ihrem Besuch beehrten, befand sich eine etwa 40-jährige elegante Dame aus London namens Mrs. Bertram. Sie nahm bei ihrer Ankunft am 12. Mai Quartier im Hotel L'Europe, einem der damals großen, vornehmen Häuser, in der Kurstraße gelegen, direkt gegenüber der heutigen Dankeskirche. Als weltgewandte und offenkundig gutsituierte Lady schloss sie nicht nur Bekanntschaft mit anderen wohlhabenden Kurgästen, sondern knüpfte auch Kontakte zu Mitgliedern der badestädtischen High Society. Speziell zu ihrem Badearzt – einem von siebzehn in jener Saison hier praktizierenden Medizinern – entwickelten sich vertrauensvolle, freundschaftliche Beziehungen. Dennoch mag dieser überrascht gewesen sein, dass Mrs. Bertram ihn eines Tages Anfang Juli bat, ihr aus einer höchst peinlichen Lage zu helfen. Ihr Scheckbuch sei abgelaufen, das habe sie furchtbarerweise nicht rechtzeitig bemerkt. Eine Regelung der Angelegenheit könne nur in England vorgenommen werden. Aber für die Heimreise und die momentan notwendige Begleichung finanzieller Verpflichtungen in Nauheim fehle ihr noch ein gewisser Betrag. Ob er nicht gentlemanlike ein Privatdarlehen gewähre? Sie werde so schnell wie möglich aus London zurückkommen, das Geliehene zurückgeben und zusätzlich einige Wochen im schönen Bad Nauheim verbringen. Man vereinbarte Diskretion. Der großzügige Arzt zahlte 800 Goldmark – eine Summe, die er, wie sich bald herausstellte, als Totalverlust abschreiben musste: Kurze Zeit später war der Zeitung zu entnehmen, dass es sich bei der scharmanten Engländerin um eine international gesuchte, vorbestrafte

Schwindlerin und Diebin handelte. Unter verschiedenen Namen hatte sie bei- spielsweise in Dresden, Berlin, Mentone, Como und Bad Homburg in erstklas- sigen Hotels logiert. Jede Gelegenheit nutzte sie dann, um die »oft Tausende re- präsentierenden Preziosen, hin und wieder auch die gespickten Brieftaschen anderer Hotelgäste zu stehlen«. Im Bad Nauheimer Hotel L'Europe erschien jetzt ebenfalls das Abhandenkommen kleinerer Geldbeträge in neuem Zusam- menhang, war doch zuvor ein Kellner in falschen Verdacht geraten. »Frankfurts Polizei machte schließlich dem bösen Treiben der Diebin ein Ende. Sie hatte sich an ihre Fersen geheftet und verhaftete sie im Friedberger Hotel Trapp. In der Untersuchungshaft allerdings legte sie Spuren großen Trübsinns an den Tag, die sich endlich zu Wahnsinnsausbrüchen steigerten. Der von der raffi- nierten Person zweifellos gewollte Effekt trat nun in der Tat ein: Der Gerichts- arzt befürwortete ihre Verbringung in die städtische Irrenanstalt auf dem Af- fenstein, wo man sie nach längerer Beobachtung für geisteskrank erklärte.« Da- mit hatte die Sache indes keineswegs ihren Abschluss gefunden. Irgendwann nämlich gelang Mrs. Bertram die Ausführung eines länger ersonnenen Flucht- plans. Sie verschwand in den Kleidern der Oberwärterin, wobei sie zugleich aus deren Besitz 1340 Mark mitgehen ließ. Über ihr weiteres Schicksal ist nichts bekannt.

Allerlei Wundermittel

Um die Jahrhundertwende wurden zahlreiche Versuche unternommen, mit Hilfe unseriöser Werbung Abnehmer für so genannte Geheimmittel zu gewin- nen. Die dubiosen Hersteller spekulierten auf die Gutgläubigkeit übermäßig Ge- sundheitsbewusster, das ängstliche Reagieren von Hypochondern, aber auch auf die Hoffnungen mancher wirklich Kranker. Spezialtees und Bitterliköre sollten ebenso schnell wie schmerzlos Gallensteine beseitigen. »Pastor Koenigs Nerven- stärker« sei heilsam bei Epilepsie, Alkoholismus, sogar Morphium- und Opium- sucht. Unter dem Namen »Rheuma-Tabakolinum« war ein »unschädliches Pflanzenprodukt von wunderbarer Wirkung« im Verkehr, das nach Untersu- chungen des Pharmakologischen Instituts der Universität Berlin weiter nichts enthielt als Tabakabfall (Abfallgrus), den der Hersteller durch Zusatz eines wohlriechenden ätherischen Öls parfümiert hatte. Ein »Institut Ares, Elektro- therapie« versprach in Zeitungsinseraten und umfangreichen Prospekten »Hei- lung der verschiedenartigsten Krankheiten und Schwächezustände ohne Be- rufsstörung und Zeitverlust« mittels Anwendung der Ares-Batterie, »welche je nach der Stärke des Stroms 60 bis 250 Mark kosten«. Die »Cartilage Company« in Paris empfahl einen Apparat, der das Wachstum der Zwischenwirbelknochen des Rückgrats in bisher nicht geahnter Weise beeinflusse. Personen bis zum 60. Lebensjahr könnten ihr Körpermaß um maximal zwölf Zentimeter erhöhen. Be- sonders intensiv scheint für den amerikanischen »Erfinder der Radiopathie«, einen gewissen Prof. G.A. Mann, geworben worden zu sein. »Ärzte und Predi- ger erzählen von der Einfachheit, mit der dieser moderne Wunderheiler Blinde und Lahme mit Erfolg behandelt«, heißt es reißerisch in einer Broschüre. Seine »Wissenschaft des Lebens« erkläre die Gesetze, durch die Lebenskräfte in Ner- venzentren und Zellgeweben die Gesundheit herstellen. »Wenn Sie krank sind, so ist es einerlei, an welcher Krankheit Sie leiden; schreiben Sie Herrn Mann, beschreiben Sie die Symptome, geben Sie an, wie lange Sie krank sind, und er wird sich ein Vergnügen daraus machen, Ihnen die Krankheit zu nennen, an der Sie leiden, und Ihnen ein Verfahren zu beschreiben, das Ihnen nützen wird.« Die eigentliche Behandlung kostete »ausnahmsweise« 40 Mark pro Monat. Dafür wurde den Patienten Tabletten zur regelmäßigen Einnahme zugestellt. Eine Analyse freilich ergab, dass sie außer geringen Mengen Mangan und Eisen keine heilkräftigen Stoffe enthielten.

Genug derartiger Beispiele. Die zuständigen Behörden machten nachdrücklich auf diese Schwindeleien aufmerksam (zum Beispiel im Kreisblatt) und warnten vor leichtsinnigem Gebrauch der Mittel, da sie unter Umständen Schäden hervorrufen könnten.

Der falsche Prinz

»Die Welt will betroffen sein, also soll sie betrogen werden« – gemäß jenem alten Motto lebte auch der Hochstapler Harry Domela. Er brachte seinerzeit halb Europa mit seinen Eskapaden zum Lachen, und die Badestädter bekamen 1929 Gelegenheit, ihn persönlich zu bestaunen. Der gebürtige Deutschbalte war als noch jugendlicher Soldat in den Strudel des Ersten Weltkrieges geraten, wurde dann wegen seines Kampfes gegen Letten und Litauer aus seiner Heimat ausgewiesen und landete nach kurzem Dienst in der Reichswehr in Berlin. Entwurzelt, staatenlos, allein stehend versuchte er sich durchzuschlagen. Da er Reichsfremder ohne Berufsausbildung war, blieben für ihn nur Gelegenheitsarbeiten, verbunden mit Demütigungen und geringem Einkommen. Straffällig geworden, drohte er vollends in das asoziale Milieu abzurutschen. In Potsdam übernahm er schließlich den Job eines Tabakwarenvertreters und trat in Adelskreisen als Hochstapler auf. »Als ich mich als Graf v.d. Recke vorstellte und meine Zigaretten anbot, wurde ich glänzend aufgenommen ... ich galt als flüchtiger Balte, Nachfahre eines weithin verzweigten Adelsgeschlechtes«, berichtete er selbst über die Anfänge seiner »Karriere«. Domela gewann zunehmend Sicherheit im Auftreten und in der Beurteilung von Menschen, er beherrschte bald – wie er formulierte – »den schönen Schein gesellschaftlicher Formen«. Abenteuerlustig durch Deutschland vagabundierend, nahm er unter anderem in Heidelberg als Prinz Lieven Kontakte zum Studentenkorps Saxo-Borussia auf. Unter dem Vorwand, für einen Bruder, der demnächst in der romantischen Neckarstadt studieren, vielleicht auch im Korps aktiv werden wolle, die Lage zu sondieren, ließ er sich wochenlang freihalten und genoss das Studentenleben in vollen Zügen. Den Höhepunkt der Hochstapelei stellte dann sein »Gastspiel« in Mitteldeutschland (Erfurt, Gotha, Weimar) dar. Eine gewisse Ähnlichkeit mit dem ältesten Sohn des deutschen Kronprinzen nutzte er geschickt aus, indem er seine Umgebung in den Glauben versetzte, eben dieser Hohenzollernprinz inkognito zu sein. Unterwürfig dienende Spießer bestaunten ihn ehrfürchtig; eingeschworene Monarchisten bemühten sich, ihm jeden Wunsch möglichst gratis zu erfüllen; illustre Kreise fühlten sich durch seinen Besuch geehrt. »Ich wurde so vielfach von allen Ecken und Enden eingeladen, dass ich als echter Prinz fürs nächste halbe Jahr gut untergebracht gewesen wäre.« Natürlich flog der Schwindel auf. Domela versuchte, in die Fremdenlegion zu entkommen, die Polizei nahm ihn jedoch im letzten Moment fest. Aus Scheu vor Blamage verzichteten etliche von der Affäre betroffene Prominente auf Anzeige beziehungsweise Schadensersatzklage und umgingen trickreich die Notwendigkeit, beim Prozess im Juli 1927 als Zeugen gegen Domela aussagen zu müssen. Das Urteil lautete auf sieben Monate Gefängnis, die sechs Monate Untersuchungshaft wurden allerdings angerechnet.

In Bad Nauheim gab sich der vielbekannte falsche Prinz am 30. November und 1. Dezember 1929 die Ehre. Er plauderte im Hupfeld-Casino (Ludwigstraße) über seine Erlebnisse in »höchsten Kreisen«, die er mittlerweile auch schriftstellernd vermarktet hatte. Das Buch erreichte als Bestseller sechs Auflagen und trug dazu bei, Harry Domela finanziell zu sanieren. In den Dreißigerjahren emigrierte er nach Spanien, dann verlieren sich seine Spuren.

(Wetterauer Zeitung, 27. November 1992)

Bad Nauheim. Blick von der Dankeskirche.

Blick von der Dankeskirche (um 1910)

Elisabeth-Haus.

Elisabethhaus. Ansicht außen (Postkarte von 1911)

Innenraum Elisabethhaus (Speisesaal mit Kindern)

Dr. Friedrich Bode,
erster Bad Nauheimer Badearzt

Reinhard Strecker, 1905 Lehrer an der
Ernst-Ludwig-Schule,
1918 erster hessischer Kultusminister

Dr. Gustav Kayser, erster Berufsbürger-
meister in Bad Nauheim (1903–1924)

Mathilde Lorenz,
Pädagogin und Frauenrechtlerin,
Leiterin des »Mädcheninstituts«

Die Ruine des Thalysienhofes im Dezember 1986

Ehemaliges Krankenhaus Karlstraße (1967 abgebrochen)

Partie am unteren Marktplatz, um 1900

Der Bicycle-Club Bad Nauheim von 1896

Sprudelhof vor der Weihe des Ernst-Ludwig-Sprudels am 28. Juni 1900

Hotel Bristol, Ludwigstraße, 1908

Kurstraße von Süden, bevor die großzügigen Hotelpaläste (Sprudelhotel links und Sprengels Parkhotel rechts) erbaut wurden

Foyer von Jeschkes Grand Hotel um 1935

Reklame der Fabrik feuerfester Produkte

Johannisberg in der Zukunft (Karte um 1905)

Gasthaus »Zum Ritter« (Ritterstraße), eine beliebte Altstadtgaststätte

Sprudelhotel Bad Nauheim, Kurstraße 13–15 (Aufnahme aus der Zeit von 1907–1923)

Aufmarsch des Bad Nauheimer Stahlhelms in der Terrassenstraße, 1933

Eselreiten um 1890

Einweihung der russischen Kirche 1907/1908

Abtransport der Wilhelmskirchenglocken zum Einschmelzen (26. Juli 1917)

Gästehaus »Bad Nauheim«. Olympische Spiele 1936, Berlin

Staatsbad-Jubiläum 1935

Musikdirektor Willy Naue

Reinhardskirche aus dem westöstlichen Blickwinkel (19. Jh.)

Wilhelmskirche:
Orgel der alten Kirche, um 1905

Dr. Zander

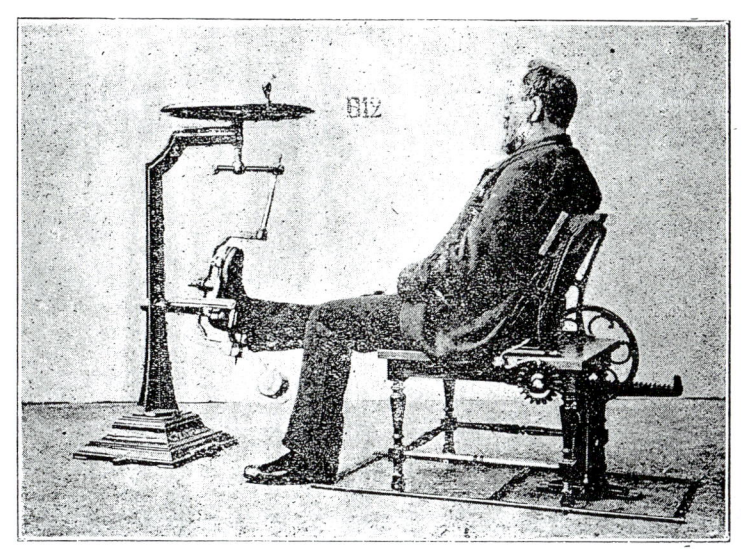

Medico-mechanisches Zander-Institut
BAD NAUHEIM
Neben Badehaus 4.

Besichtigung des Instituts ist gestattet.

Fusskreisen.

Fremdenführer 1896

Radio-Humor.

Die letzte Pferde-Droſche im Zeitalter des Radio.

Karikatur: Droschkenfahrt mit Rundfunkempfänger

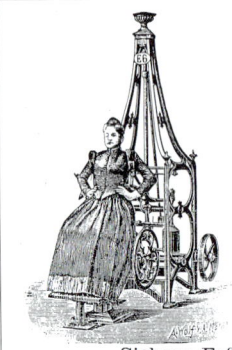

Medico-mechanisches

Zander-Institut

BAD-NAUHEIM

neben Badehaus No. IV.
(Inhaber u. Leiter: W. Gabriel.)

ANSTALT

für mechanische und manuelle
schwedische Heilgymnastik,
Massage u. Orthopädie.

Neu erbaut und mit sämmt-
lichen (62) Apparaten von
Dr. G. Zander in Stockholm
ausgestättet.
— Dampfbetrieb. —
Grosser Apparatensaal (23
m lang, 13 m breit, 5½ m
hoch) mit Dampfheizung
u. vorzüglicher Ventilation,
zu ebener Erde gelegen, mit
Auffahrt für Fahrstühle.

Sichere Erfolge bei:

I. Bleichsucht, Blutarmuth, allgem. Fettsucht, **Rheumatismus**
(Hexenschuss, Ischias), Gicht, Zuckerkrankheit.
II. **Erkrankungen des Herzens** (Herzschwäche,
nervöses Herzklopfen, Fettherz, Herzerweiterung u. s. w.)
III. Emphysem, chronischer Bronchitis, Asthma.
IV. Schlaflosigkeit, Nervosität, **Neurasthenie,** Hysterie, Neural-
gien, Veitstanz.
V. Muskel- und Gelenkleiden, Krampfzustände (Schreibkrampf),
fehlerhafter Körperhaltung und Rückgratsverkrümmungen.
VI. Chronischem Magen- und Darmkatarrh, Magenerweiterung,
Stuhlverstopfung, Hämorrhoidalleiden u. s. w.
☞ Vom 1. Mai bis 1. Oktober im Betrieb. ☜
Geöffnet:
für Damen: von ½10–½12 Uhr. Vorm. u. von 4–½6 Uhr Nachm.
für Herren: „ 8–½10 „ „ von ½12–1 Uhr Mittags
und von ½6–7 Uhr Nachmittags.
Elegante Wohnungen ev. mit Pension sind in der dem Institute
angebauten Villa zu mässigen Preisen zu haben.
Prospekt gratis. — Die Besichtigung des Instituts ist gestattet.
— Personenwaage im Institut. —

Aufruf.

Die hier durchreisenden jungen Krieger aus allen
Gauen des Vaterlandes verlangen Getränke und Lebensmittel. Besonders groß ist das Verlangen nach Zigarren.
Liebesgaben für unsere braven Vaterlandsverteidiger, die
unseren Bahnhof in hoher Begeisterung passieren, werden
am Bahnhof entgegengenommen.

Aufrufe zum Beitrag: In der Hochsaison brach der 1. Weltkrieg aus.

Reklame: Zander-Institut

Truppenverpflegung am Bahnhof Bad Nauheim 1914. In der Mitte hinten stehen Gendarm Vogel (mit Dienstmütze) und Rektor Adam Kredel (mit Hut)

Rückgratrichten, Bauchwalkung, Velozipedtreten

Vor hundert Jahren wurde das Zanderinstitut eröffnet

Das »Zandern« war um die Jahrhundertwende eine recht verbreitete Art der Heilgymnastik. Dazu wurden Maschinen verwendet, die der schwedische Arzt Gustav Jonas Zander (1835–1920) konstruiert hatte, um bestimmte Muskelgruppen mechanisch zu trainieren. Vom Grundprinzip her sollten dadurch Kräfte eingespart beziehungsweise durch richtige Dosierung vorschnelle Ermüdung vermieden werden. Mittels unterschiedlicher Widerstände – etwa durch verstellbare Gewichte erzeugt – konnte man die Belastung individuell regulieren. Manches dabei erinnert an moderne Heimtrainer.

Zander selbst schrieb: »Die Aufgabe ist ja, durch Übung der Muskeln eine gesunde Lebenstätigkeit und eine harmonische Entwicklung des Muskelsystems hervorzurufen. Übersteigt die Arbeit die Kräfte, so tritt Überanstrengung ein, die unwillkürlich eine Abnahme der Kraft zur Folge hat. Ist die Arbeit dagegen zu leicht, so hört ihre stärkende Kraft auf, und die Zeit wird unnütz verschwendet. Es ist mithin notwendig, dass für jeden Patienten bestimmt wird, welche Anstrengung seinen verschiedenen Muskeln entspricht.« Hinzu kamen Apparaturen zur Vibrationsmassage, zur mechanischen »Bauchknetung« (durch Walzen) oder »Beinwalkung«, Dehnung des Brustkorbes, zum Rückgratrichten etc. Bis 1905 hatte Zander 76 Apparate entwickelt, sie wurden ab dem selben Jahr ausschließlich von der Wiesbadener Firma Rossel, Schwarz und Co. hergestellt.

Bescheidene Anfänge im Gewächshaus

Die erste deutsche »Abteilung für mechanische Heilgymnastik« entstand 1884 im Großherzoglichen Friedrichsbad in Baden-Baden. Rasch folgten Institute in Hamburg, Berlin, Karlsruhe, Breslau, Frankfurt, Dresden usw. Die größte Verbreitung solcher Einrichtungen im Deutschen Reich war mit 79 im Jahr 1911 erreicht. Nach Schätzungen dürften in ihnen jährlich circa 100 000 Patienten behandelt worden sein. Nach Bad Nauheim brachte das »Zandern« Wilhelm Gabriel, zuvor Inhaber und Leiter einer Medico-mechanischen Anstalt in Mannheim-Ludwigshafen. Ihm gelang es, die Badeverwaltung vom Vorteil und Nutzen der Institution am Ort zu überzeugen, sie sollte eine therapeutische Ergänzung der Badekur bieten. 1893 wurde Gabriel provisorisch das Gewächshaus bei der Saline (heute etwa das Gelände der BVA-Klinik Rheinland) überlassen – ein bescheidener Anfang, wie sich leicht nachvollziehen lässt. Infolge großen Zuspruchs entschloss er sich bald zu einem ansehnlichen Neubau, nicht weit entfernt vom seitherigen Provisorium östlich der Usa (Usaweg). Die feierliche Eröffnung im Mai 1895 stellte nach einem Bericht der Nauheimer Zeitung geradezu ein gesellschaftliches Ereignis dar: »... und hatten sich dazu auf Einladung die Beamten, Ärzte, die Stadträte, die Hoteliers, die Badeindustriellen und die hervorragendsten Vertreter des industriellen und merkantilen Faches aus Bad Nauheim in reicher Zahl eingefunden, zu denen sich auch eine Anzahl Vertreterinnen des schönen Geschlechts gesellt hatten.«

Das Gebäude erwies sich indes binnen kurzer Zeit erneut als zu klein und machte bereits 1900 eine Erweiterung notwendig. Der Gesamtkomplex umfasste schließlich die Villa Zander, das Wohnhaus Gabriels, zugleich auch Logis für Kurgäste, und einen stattlichen Fachwerkbau mit zwei großen Übungssälen für Männer und Frauen getrennt. Außer der mechanischen Therapie und manueller Massage wurden u.a. »elektrische Lichtbäder« und »Heißluftbäder« angeboten.

Umstrittene Heilmethode

Anzeigen, die man in alten Bad Nauheimer Kurlisten und Fremdenführern findet, versprachen »sichere Erfolge« bei einer sehr großen Anzahl von Krankheiten. Dies reichte von Rückgratverkrümmungen und allen Formen des Rheumatismus bis zu Herzerkrankungen, Magen- und Darmkatarrhen, Hämorridalleiden, Nervosität, Blutarmut, ja sogar Nasenbluten. Selbst für die Behandlung von Heiserkeit existierte ein spezielles, den Kehlkopf umgreifendes Ansatzstück, das durch »Kehlkopferschütterung« zur Beseitigung der Beschwerden führen sollte. Die Erwartungen waren insgesamt viel zu hoch geschraubt. Andererseits gab es von Beginn an intensive Kritik an Zanders Methoden. »Welche noch so genial geformte Maschine kann die Geschicklichkeit der menschlichen Hand ersetzen? Ja, hätte die Maschine ein Gehirn, welches die Form und Intensität der Einwirkung jeden Augenblick nach Bedürfnis ändert und reguliert! Welche Maschine kann den kranken Menschen so erfassen, umgreifen, drücken, kneipen, walken, hacken wie die umgreifende Hand?« (J. Schreiber) Skeptiker meinten, die Apparate würden »sicher mehr Unheil als Nutzen in der Welt anstiften«. (A. Reibmayr) Nervenschwache Personen »zittern vor Furcht, an den so harmlosen Apparaten Verletzungen davonzutragen«; überhaupt befürchtete man eine Verstärkung hypochondrischer Ängste. Georg Hünerfauth, Inhaber einer »Wasserheilanstalt« in Bad Homburg, plädierte dafür, dass die Patienten besser »im Besitz gesunder Beine in der frischen Luft sich die nötige Bewegung machten«. Viele Kranke befänden sich im Zustand der Selbsttäuschung, wenn sie Besserung ihrer Beschwerden feststellten. In Wirklichkeit seien die Heilerfolge der Maschinen gering, das Ganze stelle letztlich »ein prächtiges Spielwerk für große Kinder« dar.

In den Zwanzigerjahren verlor dann die Mechanotherapie, wenngleich an neuere medizinische Konzeptionen angepasst, immer mehr an Bedeutung. Das bekam auch das Bad Nauheimer Institut zu spüren. Es lag mittlerweile übrigens nicht mehr am Usaweg, sondern in der »Zander-Straße«, so offiziell benannt seit 1904. Die Leitung oblag nach dem Ersten Weltkrieg dem Sohn des Gründers, dem orthopädischen Facharzt Dr. Gustav Gabriel. Er stellte den Betrieb 1929 ein und verkaufte das Anwesen an die Kongregation der Schwestern Unserer Lieben Frau, die hier dann ihre St.-Lioba-Schule mit Internat einrichtete.

(Wetterauer Zeitung, 21. Mai 1993)

Willy Salzmanns Märchenstraße

Eine Attraktion in Bad Nauheim vor 40 Jahren

»Es muss werben, wer nicht will verderben«, sagt ein alter Spruch. Traditionsgemäß bemüht sich die Bad Nauheimer Geschäftswelt gerade in den Wochen unmittelbar vor Weihnachten, recht zahlreich Kunden anzulocken, sie einzuladen, »am Platze zu kaufen«, wie es früher in Anzeigenserien hieß. Weshalb sollte die Parkstraße beispielsweise nicht mit Frankfurts Zeil konkurrieren?! So finanzierte vor vierzig Jahren im Dezember 1953 die badestädtische Einzelhandelsvereinigung nach den überwiegend tristen Kriegs- und Nachkriegsjahren mit Unterstützung von Staatsbad und Stadt eine besondere Attraktion für Kinder, wohlwissend natürlich, dass dadurch auch deren Eltern und Großeltern als potenzielle Käufer angesprochen werden könnten. Man richtete, ganz der Besinnlichkeit vor dem Fest entsprechend, eine so genannte Märchenstraße ein und landete damit einen Volltreffer.

In der unteren und mittleren Parkstraße, von den Kolonnaden (damals noch unversehrt – *und seit 1999 durch architektonisch harmonisch sich einpassende Neubauten ersetzt, Anm. d. Red.)* bis zur Terrassenstraße standen entlang der Allee, den Schaufenstern gegenüber, neun stattliche, mit Märchenszenen farbig bemalte Holztafeln. Die Verbindung zwischen ihnen stellte ein kunterbunter Festzug von lebensgroßen Figuren her, aus Spezialholzplatten geschnitten und ebenfalls lustig bemalt. Altvertraute Erzählungen der Brüder Grimm wurden lebendig. Zu Rotkäppchen und dem Wolf gesellten sich Hänsel und Gretel, das Aschenputtel und das tapfere Schneiderlein. Schneewittchen hatte die sieben Zwerge um sich versammelt, der arglistige Wolf die sieben Geißlein. Hans im Glück fehlte ebenso wenig wie Dornröschen und Frau Holle. Es war möglich, einen Blick ins Schlaraffenland zu werfen. Den Zug der Figuren führte St. Nikolaus an, ihm folgten Gnome, der bärtige Rübezahl, der gestiefelte Kater, aber auch bekannte, gerade populär gewordene Walt-Disney-Figuren: Donald Duck etwa, oder Pluto, Dumbo, Mecki und Bambi. Am effektvollsten boten sich die Darstellungen am Spätnachmittag und abends im Licht der Anstrahler. »Alles schien zum Greifen nahe. Die Farben wirken besonders satt und tief im nächtlichen Hintergrund«, hieß es in einem Zeitungsbericht. Kein Wunder, dass die Märchenstraße viele auswärtige Besucher in die Badestadt zog, große und kleine.

Außerdem gab es bei einem Suchspiel Preise zu gewinnen. An den Märchenbildern waren Nummern angebracht, die es jeweils auch in verschiedenen Schaufenstern zu entdecken galt. Die Übereinstimmung sollte danach in einen Vordruck eingetragen werden. Mit welchem Eifer Jung und Alt sich der Sache annahmen, zeigt die Pressenotiz, dass bis zum 21. Dezember weit über tausend Lösungen eingesandt worden waren. An der Märchentombola beteiligten sich Geschäfte, die zum Teil heute längst nicht mehr zu finden sind. Dazu gehörten in der Parkstraße unter anderem das Stoffhaus Woll; das Pelzhaus Thomas; der Modesalon der Geschwister Maysenhälder; der Herrenausstatter Berner, Heinrich Reichhardts Juweliergeschäft; Paul Leinkaufs Uhrenhandlung; die Firma Leder-Hirth; Christel Pehlows Angebot von feinen Schokoladenwaren und das Modehaus Becker.

Willy Salzmann war der »Vater« der Märchenstraße. Gewiss erinnern sich noch viele Bad Nauheimer an diesen talentierten Künstler und lebensfrohen, bescheidenen Menschen, der 1980 siebenundsechzigjährig verstarb. Sowohl seine Grafiken als auch vor allem seine Bühnenbilder haben ihn über seine Heimatstadt hinaus bekannt gemacht. Erwähnt seien nur die fantasievollen Kulissen zu Aufführungen des »Rosenkavaliers«, der »Madame Butterfly«, von »Tiefland« oder der »Entführung aus dem Serail« im Kurtheater vor dem Zweiten Weltkrieg. Er arbeitete aber auch zeitweise für Bühnen in Gießen, Frankfurt und Berlin. Kritiken rühmten die Einordnung der Bühnenbilder »in die geistige Welt eines Dichters oder Komponisten, die Übersetzung von Wort und Musik ins Bildhaft-Atmosphärische, in Farbe, Licht und Raum«. Willy Salzmann entwarf für das Staatsbad festliche Balldekorationen (»Fest in Silber«, »Japanisches Blütenfest«) und stattete die Narrhalla der Hiesbach-Karnevalisten wie auch der Sprudelgeister aus. Wetterauer Zeitung-Leser erfreute er über 25 Jahre hindurch mit köstlichen Karikaturen in der »Meckerauer Wäschbütt«, der Fastnachtsbeilage der Zeitung. Anlässlich des 125jährigen Stadtjubiläums der Badestadt 1979 vermittelte eine ausschnitthafte Werkschau in der Volksbank Eindrücke von der Breite seines Schaffens (Zeichnungen, bühnenbildnerische Entwürfe, Grafiken, Aquarelle); er beteiligte sich ferner an der Kollektivausstellung Bad Nauheimer Künstler in der Trinkkuranlage.

Einfühlungsvermögen, Einfallsreichtum und sicherer Geschmack leiteten Willy Salzmann auch bei der Gestaltung der Märchenstraße. In einem provisorischen Atelier im Badehaus 8 (es stand an der Stelle des heutigen Parkdecks Ludwigstraße) hatte er mit seinen Mitarbeitern wochenlang teilweise bis Mitternacht gewerkelt, um die schon vor Jahren gemeinsam mit Ludwig Böckel (Veranstaltungsleiter des Staatsbades) entwickelte Idee zu realisieren. Geschickt passte er dann Tafeln und Figuren in die Randzone zum Park hin ein, die damals allerdings noch nicht als Autoabstellfläche verunziert war. Die Büsche und Bäume bildeten die natürliche Kulisse. Es gelang Salzmann, jeden Anflug von Kitsch zu vermeiden, und selbst die Kreisschulbehörde empfahl schulpflichtigen Kindern offiziell einen Besuch dieser kleinen Zauberwelt. Unerwarteter, ergiebiger Schneefall am vierten Advent brachte schließlich so recht den Höhepunkt der vorweihnachtlichen Stimmung.

Mancher mag bedauert haben, dass die liebevoll hergerichteten Bilder und Figuren im folgenden Jahr nicht noch einmal zu sehen waren. Die Märchenstraße blieb ein singuläres Ereignis.

(Wetterauer Zeitung, 25. November 1993)

Die »Feuerfeste« an der Chaussee nach Frankfurt

Eine längst vergessene Fabrik in Bad Nauheim

Industrielle Produktion verträgt sich in der Regel schlecht mit der Sonderfunktion einer Badestadt, die fast vollständig auf den Kurbetrieb abzielt. Diese Meinung setzte sich im aufstrebenden Bad Nauheim bereits in der zweiten Hälfte des 19. Jahrhunderts durch – bis in die Gegenwart spielt ja letztlich das produzierende Gewerbe im Wirtschaftsgefüge der Stadt eine untergeordnete Rolle. Man wollte Lärm- wie Geruchsbelästigungen weitgehend vermeiden, und vor allem größere Werkstätten galten als unerwünscht. Beispielsweise gab schon die alte Saline durch das Heizen der Sudkessel mit Braunkohleklötzen und den damit verbundenen Rauch- und Rußausstoß gelegentlich Anlass zu Beschwerden. Vorherrschend waren daher Betriebe des Dienstleistungsbereichs.

1875 von Ernst Boeing gegründet

Eine gewisse Ausnahme bildete die Fabrik zur Herstellung feuerfester Steine, von den Einheimischen kurz und bündig die »Feuerfeste« genannt. Sie wurde laut Unterlagen des Stadtarchivs von Ernst Boeing 1875 gegründet und lag »an der Chaussee von Cassel nach Frankfurt bis an die Bahnlinie neben dem Grundstück des Otto Abrie«, Ecke Frankfurter Straße/Lindenstraße. Der Betrieb befand sich damals also ein ganzes Stück abseits des Ortskerns beziehungsweise der Hotels und Kurvillen. Er verfügte über ein eigenes Bahnanschlussgleis für den Transport von Rohmaterialien und Fertigprodukten.

Im Laufe der Jahre entwickelte sich nach zahlreichen Neu- und Umbauten ein stattlicher Gebäudekomplex. Die Fabrik umfasste unter anderem eine Formschneiderei, eine Trockenhalle, Brennöfen, Lagerräume, ein Dampfkesselhaus, eine Schmiede, Verwaltungsräume und Pferdestallungen. Hergestellt wurden in erster Linie feuerfeste Steine in allen Formen für Hochöfen, Kupolöfen, Puddel- und Schweißöfen, ferner säurefestes Material zur Auskleidung von Rohrleitungen und Kanälen in der chemischen Industrie, Säurebassins sowie anderes feuerfestes Material für Brauereien und Zuckerfabriken. Entsprechend erfolgte eine Änderung des Namens in »Fabrik feuerfester und säurefester Produkte«. 1891 ging die Firma in den Besitz einer Aktiengesellschaft über, es kamen eine Zweigniederlassung in Wirges bei Montabaur dazu sowie die Glashütten Osterwald bei Hameln und Gertraudenhütte bei Schneidemühl. Der Hauptsitz blieb zunächst in Bad Nauheim. Hier fanden in der »Feuerfesten« rund 150 Arbeiter Beschäftigung, für die damaligen örtlichen Verhältnisse (bei etwas über 3000 Einwohnern) eine ansehnliche Zahl von Arbeitsplätzen, die nicht von der Konjunktur des Fremdenverkehrs abhängig waren. Als verantwortliche Prokuristen fungierten Philipp Stamm und Karl Kersting.

Verkleinerung der Fabrik

Die Niederlassung Wirges nahm rasch einen enormen Aufschwung, was nach einem Bericht des Wetterauer Anzeigers von 1897 nicht zuletzt an den dort vorhandenen »Tonlagern der vorzüglichsten Qualität« gelegen haben soll. Um einen dauerhaften Stamm zuverlässiger Arbeiter zu halten, erbaute die Gesellschaft 150 Doppelhäuser mit 300 Wohnungen. Trotz hoher Investitionen erwirtschaftete man in dieser Zeit gute Nettogewinne. Wirges lief also Bad Nauheim den Rang ab; folgerichtig beschloss eine außerordentliche Generalversammlung der Aktionäre, den Hauptsitz der Firma ab Juni 1897 nach Vallendar (südlich von Neuwied) zu verlagern. Dadurch saß die Geschäftsleitung wesentlich näher beim Schwerpunkt der expandierenden Produktion. Verbunden mit der Abwertung des Bad Nauheimer Teils der Firma war dessen Verkleinerung. 1901 indes geriet das gesamte Unternehmen in erhebliche finanzielle Schwierigkeiten, man hatte sich wohl übernommen. Zugleich ermittelte die Staatsanwaltschaft Neuwied gegen Mitarbeiter auf Grund des Verdachtes geschäftlicher Unregelmäßigkeiten. Ein Konkursverfahren wurde schließlich eingeleitet, einer der Direktoren »wegen Bilanzfälschung, Registerfälschung und absichtlichen Handelns zum Nachteil der Aktiengesellschaft« zu vier Jahren Gefängnis, 19 800 Mark Geldstrafe und fünf Jahren Ehrverlust verurteilt.

Ein Großteil des Unternehmens fiel 1902 an die »Aktiengesellschaft«, mit Verwaltungssitz in Dresden, sie führte zwar die Abteilung Bad Nauheim als Chamottefabrik (säurefeste und feuerfeste Steine, Platten, Röhren, auch Zylinder) weiter, jedoch war ein zusätzlicher Abbau von Arbeitsplätzen unvermeidlich. Aus den Jahresberichten der Großherzoglichen Handelskammer Friedberg lässt sich entnehmen, dass sich die Anzahl der Arbeiter bei etwa 40 einpendelte. »Der Geschäftsgang kann verhältnismäßig als befriedigend bezeichnet werden, trotzdem waren wir gezwungen, einen Teil der Produktion auf Lager zu nehmen«, heißt es 1907. »Der Export nach der Schweiz, Frankreich, Belgien und Schweden bewegte sich in mäßigen Grenzen. Dagegen wurden nach Russland nicht diejenigen Mengen geliefert, als es in früheren Jahren der Fall war.« Auch in der Folgezeit verlief das Geschäft eher schleppend.

Das Ende durch einen Brand

In der Nacht vom 29. zum 30. Juli 1911 brach auf dem Gelände der Fabrik ein Großfeuer aus. Es soll nach Vermutungen vom Sachverständigen durch Selbstentzündung im Trockenraum entstanden sein. Die Flammen schossen »kerzengerade« in die Höhe und boten in ihrer mächtigen Ausdehnung ein weithin sichtbares Schauspiel. »Dass der Brand halb Bad Nauheim auf die Beine gebracht hatte, ist leicht begreiflich«, berichtete die Bad Nauheimer Zeitung. Und mancher Schaulustige empfand die Zerstörung der »Feuerfesten« gerade durch Feuer als besondere Ironie des Schicksals. In den meist aus Fachwerk errichteten Fabrikgebäuden konnten sich die Flammen sehr schnell ausbreiten. Die Feuerwehr konzentrierte ihre Bemühungen bald hauptsächlich darauf, die Nachbargrundstücke zu schützen und ein Übergreifen auf den Verwaltungsbau zu verhindern. »Große Sorge bestand, dass mit dem in Gefahr befindlichen Verwaltungsgebäude auch die auf dem Dache desselben befindlichen Telefon-Anlagen (etwa 120 Fern- und Nahleitungen) zu Grunde gehen könnten. Glücklicherweise blieb alles, bis auf einige Kleinigkeiten intakt, und da diese Reparaturen schon Sonntag früh um 5 Uhr vorgenommen wurden, dürfte kaum eine Störung im Telefonbetrieb bemerkt worden sein.« (Bad Nauheimer Zeitung) Von Kesselhaus, Trockenanlage, Formersaal etc. standen allerdings nur noch Mauerreste.

»Anlage nicht mehr zeitgemäß«

Die Klärung versicherungsrechtlicher Fragen beanspruchte Zeit, dennoch stellte die Aktiengesellschaft für Glasindustrie mehrere Anträge für den Wiederaufbau der Chamottefabrik. Die Großherzogliche Badedirektion erhob freilich verständlicherweise ernsthafte Einwände. Ihrer Meinung nach war die Anlage in dem avancierten Kurort »nicht mehr zeitgemäß«. Der Streit um die Baugenehmigung zog sich recht in die Länge, der Erste Weltkrieg brach darüber aus. Danach gab die Dresdner AF ihre Pläne auf. 1919 endlich erfolgte der Abbruch der hässlichen Ruinenreste. Der größte Teil des Grundstücks sowie das erhaltene Verwaltungsgebäude wurden eine Zeit lang vom Reformbund der Gutshöfe E. GmbH. genutzt, dann von der Firma Konrad Meier erworben, die Garagen einrichtete und eine Autotankstelle erbaute. In der zweiten Hälfte der Dreißigerjahre übernahm schließlich das Autohaus Georg von Opel das Anwesen. Nach etlichen Modernisierungen erinnert nichts mehr an die alte, längst vergessene Fabrikanlage.

(Wetterauer Zeitung, 14. Januar 1994)

Sicher im Schutz des Johannisbergs

Ein unbehagliches Kapitel der Vergangenheit

Nachdem Anfang 1944 die Alliierten ihre Bombenangriffe intensiviert hatten, nahm die Beunruhigung der Bevölkerung zu. Immer öfter störte das Heulen der Sirenen die Nachtruhe, häufiger Luftalarm zwang zur Unterbrechung des gewohnten Tagesablaufs. Der Sicherheitsdienst der SS meldete in seinen geheimen Lageberichten: »Der ununterbrochene Einsatz der feindlichen Luftwaffe macht tiefen Eindruck. Man ist durchweg der Überzeugung, dass mit noch Schlimmerem als bisher zu rechnen ist, wenn die Auseinandersetzung in ihr entscheidendes Stadium tritt. ... Die Angst, dass nach der Vernichtung größerer Städte auch kleinere zerstört werden, wird immer größer.« (4. Mai 1944)

In Bad Nauheim indes reagierte man mit Gelassenheit. Es hatte sich bei den meisten Einwohnern ein starkes Sicherheitsgefühl entwickelt, das beispielsweise auch nach den verheerenden Angriffen auf Frankfurt im März 1944 nicht zu erschüttern war. Mit Schaudern wurde vernommen, was die vielen hierher geflüchteten obdachlos Gewordenen über die Schreckensnächte erzählten. Die Badestadt jedoch brauche nichts zu befürchten, denn wegen der zahlreichen Lazarette sei sie von jeglichem Bombardement ausgenommen; die auf den Dächern der meisten Hotels aufgemalten riesigen roten Kreuze gewährten Schutz – so die weit verbreitete Meinung. Um so größer der Schock, als am 20. Juli gleichen Jahres doch Bomben fielen. ...

Schulung und Kontrolle

Die für den Luftschutz zuständigen Behörden allerdings verstärkten – vorwiegend auf Anweisung vorgesetzter Dienststellen – ihre Aktivitäten. Da ging es unter anderem um die »Schulung der Bevölkerung in bisher von feindlichen Luftangriffen verschonten Gebieten«. Konkret bedeutete dies, dass Luftschutz-Hausunterweisungen vermehrt und besser organisiert durchzuführen waren. Vordringlich geübt werden sollte »das sachgemäße Ablöschen von Brandbomben«. Praxis und Anschaulichkeit im Umgang mit diesem Kampfmittel vermindere die Ängste der Bevölkerung. Personen, die bei angesetzten Lehrgängen oder Übungen nicht erschienen, riskierten Anzeigen bei Gericht, empfindliche Geldstrafen wurden ihnen angedroht (Rundschreiben des Reichsluftschutzbundes vom 22. Mai 1944). Grundsätzlich galt Luftschutzdienstpflicht für alle Deutschen zwischen dem 15. und 70. Lebensjahr, freigestellt waren Kranke, Schwangere, Mütter aufsichtsbedürftiger Kinder etc.

Das gesamte Stadtgebiet war seit längerer Zeit in 78 Blocks eingeteilt, für deren Kontrolle die so genannten Blockwarte Verantwortung trugen. Sie wurden nun nachdrücklich angehalten, auch auf die notwendige, genaue Durchführung von Verdunkelungsmaßnahmen noch mehr als seither zu achten. Dabei spielte keineswegs nur die Abblendung von Fenstern und Türen eine Rolle. Man hatte zum Beispiel festgestellt, dass die Glasveranden des Kurhauses und des Cafés auf dem Johannisberg bei Mondschein oder überhaupt darauffallendem Licht zur Nachtzeit stark spiegelten und dadurch feindlichen Flugzeugen Orientierungsmöglichkeiten beziehungsweise Anreiz zum Bombenabwurf bieten konnten. Deshalb verlangte eine entsprechende Anweisung Mattierungsanstrich und forderte dies ebenso für Gärtnereien und andere gewerbliche Betriebe und Gebäude mit Glasflächen.

Generell gab es viel zu überprüfen und genügend Anlässe, das Verhalten der Volksgenossen zu rügen. Ein Betätigungsfeld insbesondere für pedantisch-cholerische Charaktere: Hier fehlte im Schutzraum eine Handspritze mit Schlauch, dort beim erforderlichen Räumgerät ein Pickel; anderswo war zu wenig Löschsand vorhanden; manche Kellerluken hatten noch immer keinen ausreichenden Splitterschutz; auf etlichen Dachböden lagerten brennbare Materialien und so weiter und so weiter. Erhalten gebliebene Aktennotizen teilen die Ärgernisse der Nachwelt mit.

Notfälle für den Ernstfall

Bereits kurz nach Kriegsbeginn hatten Polizei und Luftschutzbund damit begonnen, öffentliche Schutzräume einzurichten. In Bad Nauheim existierten vor 50 Jahren sieben davon, und zwar an folgenden Stellen: Amtsgericht, Parkstraße 17; Hotel Burk, Reinhardstraße 2–4; altes Rathaus, Marktplatz; Berufsschule, Karlstraße 37; Haus Luisenstraße 13; Haus Ernst-Moritz-Arndt-Straße 12; Haus Bahnhofsallee 10. Am Stadtrand sollten vier Lotsenstationen im Notfall auswärtige Hilfstrupps von Feuerwehr und Rotem Kreuz schnell und zielsicher an innerstädtische Einsatzstellen bringen.

Ende 1943, Anfang 1944 entstanden Pläne für Sofortmaßnahmen bei einem Angriff auf die Badestadt. Der Befehlszentrale in der Friedensstraße 3 unterstand eine Rettungsstelle im Haus Lioba (Zanderstraße) mit zwei Luftschutzärzten, 28 DRK-Helfern und 30 Helferinnen. Ihnen oblag die Erstversorgung möglicher Verwundeter, die anschließend im Fall der Unversehrtheit des Grand Hotels (Ernst-Ludwig-Ring, heute Klinik Nordrhein) dort Aufnahme finden oder zu einem Krankenhaus (notfalls in Friedberg, Bad Vilbel oder Nieder-Weisel) transportiert werden sollten. Für im Ernstfall wohnungslos Ausgebombte war eine von der NS-Frauenschaft mitbetreute Obdachlosensammelstelle errichtet worden (alte Berufsschule Karlstraße 37), ferner standen sechs vorläufige Sammelunterkünfte – meist Gasthäuser – zur Verfügung. Vorsorglich hielten die Behörden 80 gefüllte Strohsäcke, 30 Kopfkeile sowie Kinderbekleidung, Essgeschirr und ein bestimmtes Quantum an Notverpflegung in Bereitschaft. Es gab sowohl Löschwasserreservoirs (zum Beispiel auf dem alten Friedhof an der Mittelstraße) als auch dezentrale Lager für Verbandszeug.

Schutz vor »erhöhter Luftgefahr«

Schließlich beschäftigte man sich mit Überlegungen, einen Luftschutzstollen zu bauen, um so einem größeren Teil der Bevölkerung mehr Sicherheit zu gewährleisten. Überörtliche Dienststellen empfahlen dringend ein derartiges »Reagieren auf die erhöhte Luftgefahr«. Der Hang des Johannisbergs bot dafür geradezu ideale Möglichkeiten, da er bei Alarm in relativ kurzer Zeit erreichbar war. Nach Voruntersuchungen und Verhandlungen mit dem Grundstückseigentümer fiel die Entscheidung, einen solchen Stollen in der Gustav-Kayser-Straße 29 in Richtung Höhenweg anzulegen. Er sollte vor allem von den

Einwohnern der Altstadt aufgesucht werden, da dort keine Lazarette Schutz vor Bombardierung erhoffen ließen. Soweit recherchierbar, wurden die Bauarbeiten im März 1944 zügig vorangetrieben, gerieten allerdings infolge des Mangels an Stutzhölzern wieder ins Stocken und waren dann wohl bis zum Herbst beendet. Der Stollen – von der Bevölkerung häufig fälschlich als »Bunker« bezeichnet – hatte eine Breite von 1,40 Meter und eine Höhe von zwei Metern. In den Wänden befanden sich ausgebaute Aufenthaltskammern, ausgestattet mit Sitzbänken aus Holz und einigen Liegestätten (Dreifachliegen). Die Aufnahmekapazität betrug maximal 300 Personen.

Wahrscheinlich auch unter dem Eindruck der Bombenabwürfe vom 20. Juli und angesichts der Tatsache, dass mittlerweile Tausende von Evakuierten, Ausgebombten und Flüchtlingen zusätzlich die Keller überfüllten, erfolgte gegen Jahresende die Ausschachtung eines zweiten Luftschutzstollens. Vom ehemaligen Weinbergkeller Mondorfstraße 6, der zuvor (ab 1940) durch den Reichsluftschutzbund als Brandübungsraum zur Ausbildung von Helfern genutzt worden war, führte er in den Hang neben dem Kriegerdenkmal. Er konnte ungefähr 400 Menschen aufnehmen. Der in der Gustav-Kayser-Straße bestehende Stollen diente als Vorbild, die bereits gewonnenen Erfahrungen ermöglichten unter anderem eine schnellere Fertigstellung.

Glücklicherweise brauchte die Bevölkerung nicht mehr allzu häufig am Fuße des Johannisbergs Zuflucht zu suchen. Für sie war am 29. März 1945 mit dem Einmarsch amerikanischer Truppen der schreckliche Zweite Weltkrieg zu Ende.

(Wetterauer Zeitung, 6. Mai 1994)

»*Gegen Stumpfsinn und Rohheit dieses Zeitalters*«

Zum 125. Geburtstag Heinrich Ströbels

Dass einer der nicht gerade unbedeutenden Politiker der Weimarer Republik, Gerhard Heinrich Ströbel, in der Badestadt das Licht der Welt erblickte, dürfte hier kaum bekannt sein. Das Taufbuch der evangelischen Gemeinde Nauheim registriert als Geburtstag den »7. Juni 1869, nachts $\frac{1}{2}$12 Uhr«. Die Taufe folgte am 29. Juni in der Wilhelmskirche. Seine Eltern, Philipp Ströbel und Catharina, geborene Fennel, wohnten in der Reinhardstraße 332 (moderne Hausnummern wurden erst 1893/94 eingeführt). Der Vater stammte aus Hanau und war, wie dortige Akten vermerken, ursprünglich Kaufmann, jedoch »dermalen (1863) Employé bei der Bank in Nauheim«. Konkret heißt dies, dass Philipp Ströbel Angestellter der Spielbank gewesen sein muss, weil eine andere Bank damals am Ort nicht existierte. Die Familie hat also offenkundig eine Zeit lang hier gelebt – bis wann, lässt sich allerdings nicht feststellen, aber als wahrscheinliches Datum kann 1872, das Jahr der Spielbankauflösung, gelten. Über den neuen Wohnort besteht ebenfalls keine exakte Klarheit, doch darf Marburg vermutet werden, wo Familienmitglieder in späteren Adressbüchern verzeichnet sind. Heinrich Ströbel besuchte wohl dort die Volksschule und schloss das Gymnasium mit dem so genannten Einjährigen (d. h. nach Klasse 10) ab. Spärliche biografische Notizen weisen auf sein besonderes Interesse an Literaturwissenschaft, Geschichte und Ökonomie hin. Entsprechende Kenntnisse scheint er durch intensive private Studien vertieft zu haben.

Dazu kam eine frühe Hinwendung zur Politik. Als Zwanzigjähriger trat er in die noch unter dem Sozialistengesetz stehende SPD ein und arbeitete 1892/93 als Redakteur des Volksblattes in Kassel.

Schwerpunkt: die journalistische Arbeit

Die journalistische Tätigkeit für die Parteipresse bildete künftig den beruflichen Schwerpunkt. Von 1893 bis März 1900 war er Redakteur der Schleswig-Holsteinischen Volkszeitung in Kiel. Danach wechselte er nach Berlin zum Vorwärts, dessen Redaktionsmitglied er bis 1916 blieb. Während der Zwanzigerjahre schrieb er unter anderem als Leitartikler für »Das andere Deutschland, Unabhängige Zeitung für entschiedene republikanische Politik«, gelegentlich auch für die bekanntere »Weltbühne«. Von seinen Buchveröffentlichungen seien erwähnt: Die Schuld im Krieg (1920); Die deutsche Revolution. Ihr Unglück und ihre Rettung (1922); Die Sozialisierung, ihre Wege und Voraussetzungen (1922); Sozialismus und Weltgemeinschaft (1923).

Eigenwilliger Querdenker

Als homo politicus wollte Heinrich Ströbel das Zeitgeschehen nicht nur erläutern, kommentieren und kritisieren, sondern selbst handelnd beeinflussen. Seine politische Heimat war die Sozialdemokratie, indes zeigte es sich immer wieder, dass ihm willfährige Unterordnung unter Vorstandsbeschlüsse und Anpassung an irgendwelche Generallinien widerstrebten. Sein Bemühen, einen eigenständigen, der persönlichen Überzeugung entsprechenden Standpunkt zu bewahren, führte wiederholt zu Kollisionen und Auseinandersetzungen mit der Partei. Er wurde 1908 erstmals in den Preußischen Landtag gewählt und galt bald als schwieriger, eigenwilliger Querdenker. Im Verlauf des Ersten Weltkriegs distanzierte er sich vom Kurs der Parteiführung (so genannte Burgfriedenspolitik) und wechselte 1917 zur USPD. Beim Zusammenbruch des alten Systems übernahm er im November 1918 gemeinsam mit Paul Hirsch den Vorsitz der Provisorischen Regierung in Preußen. Entschieden wandte er sich gegen jede Gewaltanwendung, weil er glaubte, soziale Umgestaltungen der Gesellschaft könnten sich wirkungsvoll und dauerhaft nur mit friedlichen Mitteln vollziehen. Bezeichnenderweise wurde er im Juli 1920 »wegen Rechtsabweichung« aus der USPD ausgeschlossen; er kehrte zur SPD zurück. Hier gehörte Ströbel dann zum linken Flügel, vertrat dessen Positionen beispielsweise in der Programmkommission des Görlitzer Parteitages (1921), in der Wehrkommission sowie als Reichstagsabgeordneter für den Wahlkreis Chemnitz-Zwickau (1924 bis Juli 1932).

Gegen rechte Schlagworte

Neben Eduard Bernstein forderte Ströbel als einer der ersten in der SPD nachdrücklich, den rechten Schlagworten von Novemberverbrechern und Kriegsschuldlüge entgegenzutreten. Er meinte, von der These, dass das kaiserliche Deutschland nicht allein schuld sei am Krieg, sei nur ein kleiner Schritt zur Behauptung totaler Schuldlosigkeit. Zu leicht verbreite rechte Agitation die Parole, die Monarchie sei zu Unrecht gestürzt worden und die Judenrepublik und ihre Erfüllungspolitik trage die Alleinschuld an allen Übeln, unter denen die Deutschen litten. Mutige Aufklärung tue Not. Die Schuld des »borussisch-germanischen Militärgeistes«, das Versagen engstirniger Politiker müsse herausgestellt werden. Er warf den Republikanern »Lauheit und Zögerlichkeit« vor. Dadurch könne man bornierten nationalistischen Hochmut und kritiklose Untertanengesinnung nicht überwinden. Stets auf der Suche nach Mitstreitern »im Kampf gegen den Stumpfsinn und die Rohheit dieses Zeitalters«, plädierte er für Völkerverständigung, speziell für die Verwirklichung der Völkerbundsidee. »Sie allein könnte die wirtschaftlichen und nationalen Gegensätze mildern und aussöhnen, könnte widernatürliche Grenzführungen und Völkergruppierungen durch die Macht ihrer Autorität korrigieren.«

Überzeugter Pazifist

Seiner pazifistischen Gesinnung entsprach das Engagement in der Deutschen Friedensgesellschaft. Seit 1921 war er Mitglied der Geschäftsleitung, ab 1925 stellvertretender Vorsitzender. Frühzeitig warnte er vor Geheimrüstung, Schwarzer Reichswehr und angeblicher Notwendigkeit von Wehrgerechtigkeit. In unzähligen Versammlungsreden und Zeitungsartikeln rief er dazu auf, die Politik so auszurichten, »dass sie auf Aussöhnung der Völker und Friedenserhaltung eingestellt ist, nicht auf einen neuen Weltkrieg, der nur eine Frage der Zeit sein kann«. Grundsätze der Gewaltfreiheit bestimmten auch seine Abgrenzung zum Kommunismus, dessen Revolutionsabsichten Blutvergießen miteinschlössen und zu einem »Zuchthausstaat« führten, »der die Individuen unter die Fuchtel der Diktatur stellt«.

Gerade auch tiefgehende Meinungsverschiedenheiten in Bezug auf die Wehrpolitik (Diskussion um den Panzerkreuzer A, Magdeburger Parteitag) entfremdeten Ströbel erneut von seiner Partei. Er beharrte auf dem Standpunkt eines unbedingten Antimilitarismus, für den es nicht um Reform, sondern um Abschaffung der Reichswehr ging. Außerdem gehörte er zu der Gruppe der Parteilinken, die den sozialdemokratischen Tolerierungskurs gegenüber der Regierung Brüning ablehnte. Als sich der innerparteiliche Konflikt zuspitzte, trat Ströbel im Oktober 1931 mit Gesinnungsfreunden zur neugegründeten Sozialistischen Arbeiterpartei (SAP) über. Sehr schnell freilich folgte die Enttäuschung. Statt zur erhofften aktionsfähigen Bündelung der Linkskräfte kam es zu ständigen Auseinandersetzungen über einzelne Programmpunkte oder praktische Vorgehensweisen. Ströbel sah zuviel Revolutionsromantik und »Phrasenradikalismus«. Schon nach drei Monaten schloss er sich wieder der SPD an.

In größter Sorge betrachtete er das Erstarken der Nazibewegung, das »Brutalisierung der Volksmassen durch eine kulturlose Herrenschicht« bewirken werde. »Dieser Faschismus ist nicht nur der Tod der Demokratie, sondern auch der fanatische Entfacher des neuen Weltkriegs. Wer seine Gefahr unterschätzt, wer sich gar zum Hehler der nationalsozialistischen Weltbedrohung entwürdigt, macht sich zum Mitschuldigen des neuen Weltkriegs« – so formulierte er 1932. Ein Jahr später musste Heinrich Ströbel Deutschland verlassen. Er starb als Emigrant am 9. Januar 1944 in Zürich.

(Wetterauer Zeitung, Sonderseiten »125 Jahre Bad Nauheim«, 7. Juni 1994)

1919: Erstmals konnten Frauen wählen

Über den Verlauf der Wahlen vor 75 Jahren

Der in wenigen Wochen bevorstehende Gang zu den Wahlurnen mag Anlass sein, daran zu erinnern, dass vor 75 Jahren wichtige demokratische Wahlen stattfanden, bei denen erstmals Frauen ihre Stimmen abgeben konnten, aktive Militärpersonen Wahlrecht besaßen, das Verhältniswahlrecht maßgebend war und man das Wahlalter auf das 20. Lebensjahr herabgesetzt hatte. Außerdem wurden 1919 die Wähler viermal aufgefordert, ihrer staatsbürgerlichen Pflicht – beziehungsweise dem neu gewonnen Recht – nachzukommen; es war also eine Art Superwahljahr ähnlich dem unseren. Zunächst galt es, am 19. Januar die Abgeordneten zur verfassungsgebenden Weimarer Nationalversammlung zu wählen. Damit sollte die »revolutionäre Phase« der Nachkriegsentwicklung beendet werden. Bedeutsame Grundsatzfragen, die staatliche Ordnung sowie die künftige Wirtschafts- und Sozialpolitik betreffend, standen zur Entscheidung. Die Bevölkerung war sich dessen offensichtlich voll bewusst.

Lebhafte Wahlversammlungen

Der Wahlkampf dauerte nur etwa 14 Tage, aber alle Parteien hatten – im Unterschied zu Kaisers Zeiten – die Chance zur uneingeschränkten und gleichberechtigten propagandistischen Betätigung. Dabei spielten Wahlversammlungen in der Badestadt die Hauptrolle. Das Interesse daran war beträchtlich. Selbst größere Säle wie zum Beispiel die Turnhalle (Hauptstraße), der Thalysienhof (Schnurstraße) oder das Sprudelhotel (Kurstraße) reichten meist kaum aus, um den Teilnehmern hinreichend Platz zu gewähren. Gewiss hing das auch damit zusammen, dass sich zahlreiche Soldaten unter den Zuhörern befanden, die teils noch in Lazaretten behandelt wurden, teils Demobilisierungsaufgaben zu erledigen hatten.

Typisch für die entsprechenden Veranstaltungen scheint ihre Überlänge gewesen zu sein. Sie begannen in der Regel kurz nach 20 Uhr und endeten oft erst nach Mitternacht. Der Hauptgrund hierfür lag wohl in der Anwesenheit von jeweils Vertretern fast aller Parteien, die dann in Diskussionen ihre eigenen politischen Standpunkte erläuterten. Dies war einem Bericht der Lokalpresse zufolge »in Bad Nauheim Sitte geworden«. Gelegentlich kam es zu erheblicher Unruhe und direkten Lärmszenen, was vor allem die jetzt wahlmündigen weiblichen Versammlungsteilnehmer verärgerte. »Unsere Bitte, die wir an die Herren richten – denn diese sind es, die schreien – geht dahin, doch möglichst Ruhe zu halten, damit wir Frauen doch einen Gewinn von den Versammlungen haben«, heißt es beispielsweise in einem Leserbrief an die Bad Nauheimer Zeitung. Und ein weiteres Eingesandt weist auf ein anderes Problem hin: »Wir Frauen, und ich glaube auch Redner und Rednerinnen, würden es mit Freuden begrüßen, wenn die Herren Parteivorstände sich zu einem Rauchverbot entschließen würden, zumal die Herren ja auch bei Theatervorstellungen, Konzerten, Kinos usw. das Rauchen unterlassen müssen.«

Keine Handgreiflichkeiten

Von Handgreiflichkeiten oder einer Versammlungssprengung wird nicht berichtet, obschon die verbalen Auseinandersetzungen zum Teil heftig gewesen sind. Besonders seitens der antirepublikanischen, rechts stehenden Deutschnationalen Volkspartei (DNVP), die sich mit dem Bauernbund zur Hessischen Volkspartei verbunden hatte, waren manchmal schrille Töne zu vernehmen. Zum Beispiel erklärte Prof. Ferdinand Werner (Butzbach) am 17. Januar in der Turnhalle unter anderem: »Die Revolution hat uns um tausend Jahre zurückgeworfen und hat uns den Glanz des Heeres geraubt. Die rote Fahne bedeutet das Leichentuch Deutschlands.«

Die rechtsliberale, noch immer an der Monarchie orientierte Deutsche Volkspartei (DVP), deren Bad Nauheimer Ortsgruppe erst am 11. Januar gegründet worden war, legte einen Schwerpunkt ihrer Wahlagitation auf die Eigentumsfrage und teilte in Zeitungsanzeigen mit, sie sei »gegen Aufhebung des Privateigentums und des Erbrechts, gegen die Sozialisierung des Wirtschaftslebens und den damit verbundenen Ruin unserer Volkswirtschaft«. Dagegen verteidigte H. Kremser vom Bad Nauheimer Arbeiter- und Soldatenrat die Forderung nach Vergesellschaftung von Teilen der Wirtschaft: »Kleinbetriebe in Industrie und Handwerk sollen erhalten bleiben. Die Sozialisierung ist nur für Faulenzer ein Übel, für alle anderen Volksgenossen ein Vorteil.« Die linksliberale Deutsche Demokratische Partei (DDP) betonte, dass sie fest auf dem Boden der demokratischen Republik stehe: »Sie tritt ein für soziale Fürsorge, für weitgehenden Schutz der Arbeit gegenüber den Interessen des Besitzes und des Kapitals, sie verwirft aber entschieden die sozialistische Forderung auf Vergesellschaftung aller Produktionsmittel.« Relativ wenig Werbung machten das Zentrum, das als Christliche Volkspartei firmierte, und die von den Sozialdemokraten abgespaltete linke USPD.

Erfolg der republikanischen Parteien

Wie sah nun das Wahlergebnis in Bad Nauheim aus? Von 4462 gültigen Stimmen entfielen 1773 auf die SPD, 1096 auf die DDP, an dritter Stelle folgte die Hessische Volkspartei mit 695 Stimmen, dann die DVP mit 482 Stimmen und das Zentrum mit 384 Stimmen. Für die USPD stimmten 32 Wählerinnen und Wähler. Damit lag die Badestadt ganz im Landestrend, während auf Reichsebene die Christliche Volkspartei nach den Sozialdemokraten als zweitstärkste Kraft die DDP auf den dritten Platz verwies. Danach folgten mit Abstand die Deutschnationalen, außerdem erzielte die USPD ein besseres Ergebnis als die DVP. Insgesamt konnten sich die republikanischen Parteien über eine respektable Mehrheit freuen. Nur sieben Tage später, am 26. Januar, wurde über die Zusammensetzung des Hessischen Landtags (damals Volkskammer genannt) entschieden. Die Parteien organisierten kaum zusätzliche Veranstaltungen. Der Wahlkampf zuvor hatte sozusagen eine Doppelfunktion erfüllt. Wie allgemein erwartet, waren am Wahlabend lediglich geringfügige Verschiebungen festzustellen. Vor allem die Hess. Volkspartei (DNVP) musste in der Badestadt größere Verluste hinnehmen. Etliche ihrer Anhänger hatten offenbar aus Enttäuschung über das vorausgegangene Ergebnis resigniert.

Gemeinsame Großkundgebung

Auch bei der Wahl zum Stadtparlament, die am 15. Juni stattfand, verzichtete man auf einen eigentlichen Wahlkampf. Vielmehr begnügten sich die Parteien so wie früher damit, ihre Wähler in geschlossenen Mitgliederversammlungen zu mobilisieren. Die Hauptursache dafür bildete wohl die politische Großwetterlage. Anfang Mai hatten die ehemaligen westlichen Kriegsgegner den Deutschen unter demütigenden Umständen ihre harten Friedensbedingungen überreicht, den Entwurf des unseligen Versailler Vertrages. Seine Bestimmungen lösten in Deutschland eine Welle der Verbitterung und Empörung aus. Viele parteipolitische Kontroversen traten in den Hintergrund. Das Gefühl, ohnmächtig einer ungerechten Bestrafung ausgesetzt zu sein, wirkte, zumindestens vorübergehend, einigend.

In Bad Nauheim riefen die Parteien mit Ausnahme des USPD gemeinsam zu einer Protestkundgebung (»Gegen den Gewaltfrieden«) unter freie Himmel auf – ein für die Badestadt seltenes Ereignis. Vier- bis fünftausend Männer und Frauen versammelten sich am 14. Mai um 17 Uhr in der Trinkkuranlage. Die Hauptrede hielt Prof. D. Martin Schian, Universität Gießen. Das Vorstandsmitglied des Ortsvereins der SPD, Heinrich Kling (später langjähriger Beigeordneter), verlas dann den Wortlaut einer Resolution, die einen Rechts- und Verständigungsfrieden auf der Grundlage der 14 Punkte Wilsons forderte, ferner die Reichsregierung ausdrücklich in ihrem Protest bestärkte. »Die Entschließung wurde einstimmig angenommen. Unter dem dröhnenden Geläut unserer Kirchenglocken bildete sich ein Zug, der durch die Stadt marschierte und sich später im Sprudelhof wieder versammelte. Ein ergreifender Anblick war es, mehr als tausend Kinder, die fast alle unter der Not des Krieges gelitten, um das große Sprudelbecken versammelt zu sehen. Hier wurde das allgemeine Lied ›Mein Vaterland‹ gesungen. Ganz spontan folgte der Gesang von ›Deutschland Deutschland über alles‹, der nicht im Programm verzeichnet stand.« (Bad Nauheimer Zeitung, 15. Mai 1919) Heinrich Kling sprach das Schlusswort.

Zur Wahl der 21 Stadtverordneten stellten DDP, DVP und Zentrum eine gemeinsame Liste auf, geführt von Apotheker Willy Heß. Sie gewann sechs Sitze. Die gleiche Zahl von Mandaten errang die SPD, deren erster Mann Heinrich Kling war. Eine so genannte unparteiische Bürgerliste, hauptsächlich von der DNVP unterstützt, mit Joh. Peter Christian Schäfer an der Spitze, erhielt sieben Sitze, die USPD (erster Platz Spengler Karl Hartmann) zwei Sitze. Die Wahlbeteiligung lag bei nur annähernd 50 Prozent. Als schließlich im August auch noch über die Kreistagsabgeordneten abgestimmt wurde, sank sie noch weiter ab. Die Bürger waren wahlmüde, und die Nöte des Alltags (schlechte Lebensmittelversorgung, Überteuerung) reduzierten das Interesse an der Politik.

(Wetterauer Zeitung, 14. September 1994)

Einst Treffpunkt des eleganten Publikums

Vor vierzig Jahren verschwand das Tennis-Café

Mit Kopfschütteln und bissigen Kommentaren beobachteten viele Bade-städter die Tätigkeit der Baukolonne, die in der zweiten Hälfte des Novembers 1954 begann, das Tennis-Café und den größten Teil der Kolonnaden abzu-reißen. Man mochte es kaum glauben, dass dies die endgültige Lösung des Prob-lems sein sollte, hatte doch Kurdirektor Dr. Montenbruck wenige Monate zuvor, im Juni anlässlich einer Ausstellung des Foto-Klubs in den Räumen des ehema-ligen Cafés, erklärt, hinsichtlich der weiteren Verwendung der Gesamtanlage sei noch alles offen.

Als dann Abrisspläne der Hessischen Staatsbäderverwaltung bekannt wur-den, glaubten zahlreiche Bürgerinnen und Bürger, deren Verwirklichung durch Protestschreiben an Stadtverordnete verhindern zu können. Das Stadt-parlament stellte indes in einer Sitzung am 19. Oktober fest, die Entscheidungs-befugnis über die Zukunft des Gebäudekomplexes liege rein rechtlich gesehen allein beim Hessischen Staat. Mancher Parlamentarier hat sich wahrscheinlich bei dieser Art zu reagieren nicht recht wohl gefühlt, zumal im Sitzungssaal ein Plan aus der Bevölkerung zur Umgestaltung und Modernisierung der Ko-lonnaden aushing.

Zweifellos waren infolge mehrjähriger Nutzung durch die Besatzungsmacht beträchtliche Schäden entstanden, die Bausubstanz war jedoch im wesentlichen intakt geblieben. Das bewiesen wohl auch die Mühen und Schwierigkeiten, die es im Verlauf der Abbrucharbeiten zu bewältigen galt. Ihr Abschluss verzögerte sich, es mussten sogar Sprengungen vorgenommen werden. Wäre eine grund-legende Sanierung statt Abriss nicht zuletzt aus denkmalpflegerischen Ge-sichtspunkten lohnenswert gewesen?

Entwürfe von W. Jost und H. Petry

Wie erinnerlich, erfolgte die Erbauung der Kolonnaden und des Cafés im Rahmen der Gesamtplanung zur Neugestaltung der Bad Nauheimer Kur- und Badeanlagen anfangs unseres Jahrhunderts. Von Wilhelm Jost (Baumeister un-ter anderem der Trinkkuranlage, des Sprudelhofs und der Wirtschaftsgebäude am Goldstein) und seinem Mitarbeiter Heinrich Petry stammten die Entwürfe. Hierdurch war eine gewisse Einheitlichkeit aller Neubauten gewährleistet. Al-lerdings sah die Planung ursprünglich vor, ein großes, repräsentatives Café so-wie etwa 20 Läden in der zu bauenden Trinkkuranlage einzurichten. Sie sollten Ersatz bieten für die einfache, 1883 an der unteren Parkstraße erstellte, inzwi-schen unansehnlich gewordene Kaufhalle (die ihrerseits wiederum eine Vor-gängerin gehabt hatte), auch »alte Kolonnade« genannt. Sie beherbergte außer dem recht bescheidenen »Café Metropole« etwa ein Dutzend kleine Geschäfte. Deren Inhaber erklärten in einer Petition an die Kurdirektion und das Großher-zogliche Finanzministerium, dass die projektierten neuen Läden »infolge der ab-seitigen Lage keinesfalls dem Wert der jetzt von uns gemieteten Verkaufsstände der alten Kolonnade in der Parkstraße gleichkämen«. Der Platz an der Trink-halle sei keine Geschäftslage, ein Umzug dorthin komme kaum in Frage. Dagegen machten sie den Vorschlag, genau an der Stelle der alten Kolonnade eine zeitgemäße zu errichten, und teilten zugleich ihre Bereitschaft mit, »die alsdann geschaffenen neuen Verkaufsstände zu den Verhältnissen entsprechenden höheren Mieten weiter zu mieten«.

»Das Ganze wie ein orientalischer Bazar«

Kurdirektor Freiherr v. Starck bestätigte in seiner Stellungnahme die bezüglich der schlechten Geschäftslage geäußerten Bedenken: »Der Hauptzug des Verkehrs in Bad Nauheim wird sich noch auf lange Zeit hinaus von Ost nach West bewegen, da heißt's sich konzentrieren zwischen Bahnhof und Kurhaus.« Er trat dafür ein, die hässliche Kolonnade abzureißen und für die Läden Baulichkeiten an der Ostseite der Terrassenstraße zu schaffen. »Mir schweben vor niedrige, aus Eisen, Beton und Glas hergestellte Buden, wie sie in Baden-Baden im Kurgarten stehen. ... Das Ganze wie ein orientalischer Bazar farbenreich durch die Verschiedenartigkeit der einzelnen Auslagen ... Welche Mieten heute in der Parkstraße bezahlt werden, sollte man nicht für möglich halten. Die Preise für Läden bewegen sich dort zwischen 3000 und 4500 Mark, und ähnliche würde man mit der Zeit auch in der Terrassenstraße bekommen.«

Mitten im Verkehr ein behagliches Plätzchen

Die Regierung entschied sich dann für die großzügige Lösung, die am Standort der alten Kolonnaden in einem stattlichen, massiven Gebäudekomplex Läden, Ausstellungsräume, Café, Tennisumkleidekabinen, Büros etc. vereinte. Am 11. Mai 1910 berichtete die Bad Nauheimer Zeitung: »Tennis-Café ist der offizielle Name des am gestrigen Tage im Kolonnaden-Neubau eröffneten Cafés. Es sind behagliche, gemütliche Räume, die die Großherzogliche Kurverwaltung für ihre Gäste hier geschaffen hat. Die Ausführung des Baus sowie die innere Einrichtung zeichnen sich durch einfache, vornehme und vor allem praktische Anlage der Einzelheiten aus. Mit Freude wird es von unseren Tennis-Spielern begrüßt werden, dass sie von nun an einen Platz besitzen, der ihnen in den Ruhepausen einen überaus angenehmen Aufenthalt bietet. Schon am gestrigen Tag war der Besuch ein sehr erfreulicher. Jedenfalls wird unser Tennis-Café ein beliebter Aufenthaltsraum für diejenigen Gäste werden, die mitten im Verkehr sitzend doch ein behagliches Plätzchen finden. Den Wirtschaftsbetrieb leitet der Pächter des Kurhaus- und Terrassenrestaurants, Herr Hoflieferant Ferdinand Moder.«

In der Tat erlangte das Café als Treffpunkt eines eleganten Publikums rasch einen Bekanntheitsgrad weit über die Badestadt hinaus. Verschiedene Klubs, Zirkel und Vereine fanden hier ihr Domizil. Großer Beliebtheit erfreuten sich Unterhaltungskonzerte und regelmäßige Tanztees, in den Zwanzigerjahren beispielsweise mit der bekannten Kapelle Bernhard Etté. Auch die neuen geschmackvollen Geschäfte hielten überwiegend ein beachtlich hohes Niveau – erinnert sei nur an die Kunsthandlung Otto Banger.

Für den Abbruch vor 40 Jahren wurde seitens der staatlichen Behörden als Hauptgrund angeführt, eine Erhaltung und Instandsetzung von Café und Kolonnaden komme zu teuer und rechne sich selbst nicht bei langfristiger sehr hoher Kalkulation der Mieten. Vage stellte man den Neubau eines Cafés in Aussicht beziehungsweise verwies auf das Café in der gerade renovierten, umgestalteten Trinkkuranlage. Freilich gab es noch eine zusätzliche Begründung, die indes verhaltener zu vernehmen war. Sie hing mit der Neukonzeption für einen Teil des Parkes zusammen. Im Vollzug ihrer Realisation legte man unter anderem zunächst im Gelände zwischen Trinkkuranlage und unterer Parkstraße neue Rabatten an, pflanzte Gehölzgruppen, ersetzte im Herbst 1954 die asphaltierte, vor der Dankeskirche befindliche Verlängerung der Lindenstraße bis zur Kurstraße durch eine Grünanlage und sperrte die kleine Usabrücke für jeden Fahrverkehr.

In Übereinstimmung mit der Stadtverwaltung wurde danach die Fahrbahn der Parkstraße um zwei Meter verbreitert, außerdem ein durchgehender Streifen zum Parken von Autos von der Burgallee bis zum Kerckhoff-Institut eingerichtet. Dahinter zog sich in der Grünzone ein schmaler Fußweg die Straße entlang. Den Maßnahmen fielen alte (Allee-)Bäume zum Opfer, andererseits bemühte man sich auch um die Anpflanzung von Jungbäumen.

Einige staatliche Planer meinten nun, einer ästhetischen Grünverbindung zwischen dem großen Park und der neuen Anlage um die Dankeskirche stünden die Kolonnaden im Wege, sie bildeten gleichsam eine harte Trennungslinie, eine Art Barriere. Ihre Niederlegung – vorerst wenigstens des größten Teils – sei deshalb begrüßenswert. Eigentlich störten ebenfalls die Tennisplätze; folgerichtig war davon die Rede, sie hinter das Kurhaus, an das Inhalatorium (Zanderstraße – *heute Stadtbücherei, Anm. d. Red.*) oder in die Nachbarschaft der Bonifatiuskirche zu verlegen. Ein Großteil der Bevölkerung reagierte empört und mit Unverständnis. Vielleicht aus Einsicht, die Verärgerung in Bad Nauheim nicht noch mehr anwachsen zu lassen, vielleicht wegen der in Aussicht stehenden hohen Kosten verzichtete die Staatsbäderverwaltung auf die Verwirklichung dieses Vorhabens. Schließlich blieben so die Tennisplätze und auch der westliche Torso der Kolonnaden erhalten.

(Wetterauer Zeitung, 25. November 1994)

(Im Herbst 1999 wurde ein architektonisch harmonisch angepasster Neubau der Kolonnaden seiner Bestimmung übergeben, und der Name des in der westlichen Rundung untergebrachten Café-Restaurants erinnert an das oben zitierte historische »Café Metropole«, Anm. d. Red.)

Einst Darbietungen von überregionaler Bedeutung

Zur Geschichte der Bad Nauheimer Kurmusik

Als sich in den ersten Jahren nach der Eröffnung des Solbades Nauheim (1835) die Besucherzahlen zögerlich, jedoch relativ kontinuierlich erhöhten, stellte man Überlegungen an, was für die Unterhaltung der Gäste getan werden könnte. Es sah nämlich, wie Wilhelm Wagner in seiner Chronik schrieb, »mit dem offiziellen Vergnügungsprogramm damals recht traurig aus. Im Speisesaal des Kur- und Badehauses war jeden Dienstag und Freitag Abend Réunion (Tanz), das war alles. Da bildete sich im Jahre 1843 in Nauheim der Gesangverein ›Frohsinn‹, welcher jetzt noch besteht. Dieser Verein unter Leitung seines tüchtigen Dirigenten, Herrn Lehrer Auffahrt, stellte es sich zur ersten Aufgabe, die Kurgäste nach Kräften zu zerstreuen und denselben Vergnügungen zu bereiten.« Er organisierte Ausflüge in den städtischen Hochwald und lud Kurgäste dazu ein. »Von einem bestimmten Sammelplatz ging der Zug unter Gesang in den Wald. Daselbst angekommen, ruhte man aus, erfreute sich an dem herrlichen Walde und ließ sich das Essen und Trinken gut schmecken. Der Verein ›Frohsinn‹ sang unter den hundertjährigen Eichen schöne Lieder und überraschte gewöhnlich noch durch die gelungene Aufführung lebender Bilder, wobei sich die Kurgäste köstlich unterhielten.« Sie wurden dann meist nach Ende der Veranstaltung fürsorglich in die jeweiligen Quartiere geleitet. Lehrer Auffahrt übernahm gelegentlich auch die Unterhaltung im Speisesaal des Kurhauses, in dem ein Klavier stand, und an Réunionabenden »zogen zuweilen die Sänger mit ihren bunten Lampions in den Kurgarten, stellten sich vor dem Kurhause auf und sangen in schönen Sommernächten herrliche Lieder«.

Von »böhmischen Musikanten« zu Neumanns Ballmusik

Das Bade- und Kurhaus, von dem hier die Rede ist, stand bekanntlich an der Stelle der heutigen Dankeskirche und bildete einen Mittelpunkt der Kuranlagen. Nach der Errichtung eines eigentlichen Badehauses (1850) erfolgte die Umwandlung zum reinen Hotel- und Restaurationsbetrieb (»Hotel Kursaal«). Davor erbaute die Spielbankgesellschaft 1853/54 das Spielcasino, das unter anderem auch Lesekabinette und einen Konzertsaal enthielt. Der Kurgarten lag hinter dem Hotel-Kursaal und schloss nach Süden hin mit der von vier Pavillons flankierten Trinkhalle ab. In dieser alten Parkanlage gastierten auf Veranlassung des »Kurhauspächters« Hurst 1850 einzelne Militärkapellen. Für das folgende Jahr verpflichtete sich vertraglich der »Musikus Franz Moritz Bohne, dermalen zu Frankfurt, das Musiziren am hiesigen Badeorte für dieses Jahr zu übernehmen und für eine gute, aus mindestens 14 Mann bestehende Musiktruppe Sorge zu tragen«. Der Volksmund sprach von »böhmischen Musikanten«.

Gegen die Bohn'sche Kapelle richtete sich möglicherweise die bissige Kritik von »Freunden der Musik«, die Ende Juni 1851 im »Oberhessischen Intelligenzblatt« erschien. Dort spotteten sie über die «ans Aschgraue streifenden musikalischen Leistungen, welche einen unbeschreiblichen Eindruck auf alle Anwe-

senden« nicht verfehlt habe. »Dem Curorchester selbst aber wünschen wir gute
Besserung oder, was das Angenehmste wäre, eine ewigdauernde Ruhe.« Die gute
Besserung setzte ein mit der Verpflichtung von Clemens Edmund Neumann als
Leiter einer ersten ständigen Kurkapelle von etwa 20 Mann. Selbstverständlich
sollte sie nur in den Sommermonaten spielen. Der gebürtige Kölner, gut ausgebildet als Klavierspieler, Geiger und Compositeur, hatte seinen Wohnsitz in
Frankfurt und übernahm von 1853 bis 1873 die Leitung des Orchesters. Es konzertierte in der Regel dreimal täglich, morgens von 6.30 bis 8 Uhr, nachmittags
von 15 bis 16.30 Uhr, abends von 18.30 bis 20 Uhr meistens im Kurgarten – hier
stand ein hölzerner offener Musikpavillon –, bei schlechtem Wetter im Konzertsaal des Spielcasinos, später auch, nach dessen Fertigstellung 1866, im neu-
en Kurhaus. Die Besoldung der Kapelle oblag bis 1872 der Spielbankgesellschaft.
In den Programmen war offensichtlich die Unterhaltungsmusik vorherrschend.
Die Darbietungen fanden allgemein lobende Zustimmung. Zum Beispiel sprach
das Frankfurter Konversationsblatt vom Juni 1856 von wahrem Kunstgenuss
und fuhr fort: »Verschiedene Piècen, besonders die Ouvertüre ›Oberon‹ von Weber, wurden mit einer Präcission und Sicherheit ausgeführt, dass ihr hierfür die
lauteste Anerkennung zu Theil wurde.« In unregelmäßigen Abständen fanden
Konzerte mit Instrumental- oder Vokalsolisten statt, die unter anderem aus
Frankfurt, Kassel, ja sogar von der Opéra Comique aus Paris kamen, deren Namen uns heute jedoch nur noch wenig bedeuten. Lob erntete Neumann auch für
seine Ballmusiken, für die er gewöhnlich donnerstags zu sorgen hatte. Der Redakteur des »Figaro«, der Pariser Henri de Pène, bescheinigte ihm als Nauheimer Kurgast: »Wer würde nicht Walzer tanzen, wenn der hervorragende Kapellmeister Edmund Neumann mit seinem Zauberstab die Schar der gut unterwie-
senen Musiker führt?!« Oft genug mag der Meister eigene Kompositionen dirigiert haben, wie die Hanne-Liesel-Polka, den Tscherkessen-Galopp oder Galop-
pe de Champagne.

Neumann starb überraschend kurz nach seinem 54. Geburtstag. Er wurde auf
dem alten Friedhof an der Mittelstraße zu Grabe getragen.

Seine beiden Nachfolger, Friedrich Rosenkranz und Carl Dahl, blieben durchschnittlich nur für die Dauer zweier Saisons in Bad Nauheim. Kontinuität ergab
sich insofern, als die Kurkapelle weiterhin 20 Musiker umfasste und trotz jährlich neuer Zusammenstellung sich ein fester Kernbestand von Musikern her-
ausbildete, die längerfristig in der Badestadt ansässig wurden.

Erste Sinfoniekonzerte und Operettenaufführungen

Alle Mühe, seinen Kapellmeisterpflichten gerecht zu werden, gab sich seit
1879 Carl Machts. Der Weimarer (ursprünglich Violinist) war ziemlich weit
herumgekommen. Lübeck, Zürich, Riga gehörten zu den Orten seiner künstlerischen Tätigkeit. Er übernahm den Großteil des seitherigen Nauheimer Musi-
kerstamms und spielte zunächst jeden Sommer mit 21 Mann. Die Großherzoglich-Hessische Regierung in Darmstadt vergrößerte danach das Orchester auf
34, 1899 auf 50 Musiker. Schon mit der mittleren Besetzung führte Machts Konzerte mit einheitlicherem Programm ein: Abende, die ausschließlich einem oder
zwei Komponisten gewidmet waren, zum Beispiel Felix Mendelssohn Bartholdy
oder Carl Maria von Weber (im Mai 1895). 1886 hatte er das erste offizielle Sin-

foniekonzert dirigiert, in ungleichen Abständen ließ er weitere folgen. Wie schon Edmund Neumann gelang es ihm, älteren Berichten zufolge, im Laufe der Jahre einige seinerzeit angesehene Solisten zu verpflichten, etwa den Violinisten und Professor am Dresdner Konservatorium Eduard Rappoldi, die Pianistin Martha Remmert oder die Koloratursopranistin Erika Wedekind. Operetten, die sich damals ja allgemein großer Beliebtheit erfreuten, konnten in bescheidenem Umfang erst ab 1890 aufgeführt werden. Als Voraussetzung dafür ergab sich nämlich die Notwendigkeit, in den Konzert- und Tanzsaal des neuen Kurhauses eine kleine Bühne einzubauen. Auf effektvolle Inszenierungen mit eindrucksvollen, umfangreichen Kulissen musste man auch jetzt noch verzichten, aber immerhin war ein Anfang gemacht. Beispielsweise scheinen Karl Millöckers »Bettelstudent«, »Gasparone«, Franz von Suppés »Boccaccio« sowie der »Zigeunerbaron« von Johann Strauß mehrfach gespielt worden zu sein. Die benötigten Musiker stellte ein Teil des Nauheimer Orchesters, die sängerischen bzw. schauspielerischen Kräfte gehörten überwiegend zum »Mitteldeutschen Hoftheater Ensemble«, das um die Jahrhundertwende mehrere Sommer hintereinander engagiert war. Bei Opern beschränkten sich die recht seltenen Darbietungen aus den geschilderten räumlichen Bedingungen auf Ausschnitte in rein konzertanter Wiedergabe (Hoftheater Darmstadt).

Den Kurgästen bot man außerdem, wie am Anfang der Kurmusik, häufig Militärmusik. 1900 gastierten u. a. die Kapellen der italienischen Bersaglieri aus Montenero di Biscacia, des Königlich-Bayrischen 2. Jägerbataillons aus Aschaffenburg, des Magdeburgischen Dragoner-Regiments Nr. 6 und des Badischen Leib-Grenadier-Regiments aus Karlsruhe. In modifizierter Form wurde dies später fortgeführt, etwa durch die Reichswehrkapelle Gießen, das Musikkorps der Fliegerhorstkommandantur Gießen, das Blasorchester Marburger Jäger und die in den Fünfziger- und Sechzigerjahren häufig spielende Wiener Deutschmeister-Kapelle. Auch der »Frohsinn« übrigens pflegte jahrzehntelang die Tradition, für Nauheims Gäste Konzerte zu veranstalten. Dies geschah meistens auf der Kurhausterrasse. Andere auswärtige Chöre sind ebenfalls aufgetreten.

Als 1879 Carl Machts mit dem Kapellmeisterposten betraut worden war, haben ungefähr 3800 Kurgäste das noch junge Bad besucht. 1900 indes suchten über 22 000 Menschen Heilung und Erholung. Badeeinrichtungen, Versorgungsleistungen, Gastronomie und Hotellerie versuchten durch Vergrößerung und Modernisierung, mit der stürmischen Aufwärtsentwicklung Schritt zu halten. Das Kurpublikum, durchweg gut situiert, zeigte sich zum Teil anspruchsvoll und verwöhnt. Der Ausländeranteil steig auf 27,7 Prozent, das Herzheilbad erreichte internationale Reputation. Die Verantwortlichen in Finanzministerium und Badeverwaltung begannen, auch über eine Umgestaltung des Konzertwesens nachzudenken. »Der primäre Kunstfaktor einer Badestadt wie der unseren wird immer ein gutes Orchester sein. So wertvoll die Darbietungen eines Kurtheaters an sich sein können, sie werden in ihrem Aufgabenkreis wie in ihrer Wirkung niemals so entscheidend das ganze Kurleben zu beeinflussen vermögen, wie das Kurorchester«, schrieb einmal zutreffend die Bad Nauheimer Zeitung. Dementsprechend beabsichtigte man offenbar die Schaffung eines dauerhaften Orchesters, das jeweils während der fünfmonatigen Saison in Bad Nauheim präsent sein, im Winter »dem Konzertleben Oberhessens, insbesondere Gießens« zur Verfügung stehen sollte. Dann rückte man von solchen Plänen wieder ab und wollte für die Kurmusik ein geschlossenes, künstlerisch renommiertes Orchester gewinnen, dem es freigestellt blieb, welche Aufgaben es nach Saisonende wahrnahm. Der im September 1902 zu Ende gehende Vertrag mit Machts wurde nicht erneuert. Dieser fürchtete eine ungewisse, finanziell ungesicherte Zukunft und nahm sich die Sache so sehr zu Herzen, dass er freiwillig aus dem Leben schied.

Konzerte als gesellschaftliche Ereignisse

Mit dem Nürnberger Konzertorchester übernahm im Sommer 1903 erstmals ein geschlossenes auswärtiges Orchester die Kurmusik. Es umfasste 42 Mann. Dem Dirigenten, Wilhelm Bruch, ging ein ausgezeichneter Ruf voraus, hatte er doch sechs Jahre die Stelle des Theaterkapellmeisters in Straßburg innegehabt und zwei Jahre das schottische Sinfonieorchester Glasgow geleitet. Da vertragsgemäß der Kapellmeister gleichzeitig sozusagen Unternehmer war, der aufgrund von Pauschalbeträgen des Staates die Bezahlung der Musiker im einzelnen regeln musste, kam es wiederholt zu Auseinandersetzungen sowohl mit der Finanzbehörde als auch mit Orchestermitgliedern. Daher entschloss sich der sensible Bruch schon nach zwei Jahren zu einem Wechsel der Verhältnisse und empfahl zur Nachfolge Hans Winderstein und sein Leipziger Philharmonisches Orchester – ein großer Glücksfall für Bad Nauheim, denn es handelte sich um einen hervorragenden Dirigenten von hohem künstlerischem Niveau, der sich einen gutgeschulten, leistungsmotivierten Klangkörper aufgebaut hatte.

Hans Winderstein stammte aus Lüneburg (Jahrgang 1856), absolvierte das hochangesehene Leipziger Konservatorium und versah danach Stellen als Konzertmeister bzw. Kapellmeister in Nizza, Wien, Zürich, Winterthur und anderen Städten. 1896 gründete er in Leipzig ein eigenes Orchester, das sich neben den Gewandhauskonzerten – damals unter Arthur Nikisch – rasch einen festen Platz im Musikleben sichern konnte. In Bad Nauheim fand das 48-köpfige Windersteinorchester von Beginn seiner Tätigkeit an starke Anerkennung. Es führte die Kurmusik, oder besser: das Konzertleben insgesamt zu einem ersten Höhepunkt. Als recht vorteilhaft erwiesen sich die bedeutenden Um- und Neubauten der Jahre 1905 bis 1911. Der längst zu klein gewordene Saal des Kurhauses wurde ergänzt durch die Errichtung eines repräsentativen, geräumigen, etwa 1400 Personen Platz bietenden »Konzerthauses« mit Jugendstilausstattung, das gegebenenfalls auch als Ballsaal nutzbar war. Die festliche Einweihung erfolgte am 16. Mai 1909. Hans Winderstein dirigierte Beethovens Es-Dur-Sinfonie sowie »Les Préludes« von Franz Liszt, und Kammersänger Ludwig Heß trug Max von Schillings »Glockenlieder« vor. »Der Saal bot mit seinem zahlreichen Damen-Besuch, die fast alle in geschmackvollen Toiletten erschienen waren, einen wunderhübschen Anblick, der noch verstärkt wurde, als gegen Mitte des Konzertes die Beleuchtung aufflammte und ihren feenhaften Schein über das entzückende Bild ergoss. ... Einen prächtigen Konzertsaal und eine da hineingehörende Kapelle haben wir nun«, schwärmte die Bad Nauheimer Zeitung. – Ferner wurde die Kurhausterrasse verbreitert und ein größerer, polygonaler Musiktempel gebaut. Die Terrassenkonzerte in den Nachmittags- wie auch frühen Abendstunden erfreuten sich außerordentlicher Beliebtheit. Sie ermöglichten den Gästen nicht nur Entspannung und musische Genüsse, vielmehr stellten sie – ähnlich wie die Sinfoniekonzerte im Konzerthaus oder die Theateraufführungen im jetzt so genannten Kleinen Bühnenhaus – gesellschaftliche Ereignisse dar. Das Sehen und Gesehenwerden spielte eine Rolle, die neueste Kleidung à la mode, Chic und Charme ...

Schließlich fanden die allmorgendlichen Frühkonzerte in der neuen, großzügigen Trinkkuranlage sofort nach Ende der Bauarbeiten regen Zuspruch eines eleganten Publikums. Das in seiner Besetzung leicht verkleinerte Orchester (vor 1914 meist unter Stabführung von Konzertmeister Otto Drumm) begann das sonst eher beschwingte Konzert traditionsgemäß mit einem Choral; das hat sich in der Folgezeit lange erhalten. Manchen Zuhörer mögen die feierlichen Weisen so bewegt haben, »dass er, würde er nicht sehen, woher sie kommen, glauben könnte, der Thau brächte sie uns durch die Morgenröte aus dem Sternenhimmel, von wo das Heer der Engelschöre sie zu uns herabflöteten«. In derart poetischem Überschwang hatte es schon Jahre zuvor Johann Klingl, der Ockstädter Kaisersaalwirt, beschrieben.

Hohes Niveau in der Ära Winderstein

In der Saison 1912, die mit über 35 000 Gästen einen Rekordbesuch vor dem Ersten Weltkrieg brachte, hat das Kurorchester nach inoffizieller Statistik etwa 160 Terrassenkonzerte, 150 Frühkonzerte, zwölf Sinfonie-, acht Künstler- und drei Extrakonzerte bestritten. Dazu kam die partielle Beteiligung an 18 Operettenvorstellungen – überwiegend in der Inszenierung des Gießener Stadttheaters – sowie an elf Tanzunterhaltungen! Zahlen, die für sich sprechen. In den Sinfonie- und Künstlerkonzerten spielte Winderstein »von der Haydn'schen Sinfonie über Mozart, Beethoven, Mendelssohn, Schumann, Brahms, Bruckner bis zu Richard Strauss, Reger, Sinding und Sibelius ... so ziemlich alles, was irgendwelche Bedeutung hat«, notierte Prof. Dr. Karl Schmidt, ein profunder Kenner der badestädtischen Musikszene, und lieferte eine Liste angesehener Vokal- und Instrumentalsolisten. Drei glanzvolle Veranstaltungen der letzten Vorkriegsjahre seien hervorgehoben: Am 9. Juli 1912 ein Konzert mit dem berühmten Pianisten Wilhelm Backhaus (»Der Mann mit den Zauberhänden«), der unter anderem Beethovens Klavierkonzert G-Dur spielte; am 19. Juni 1913 anlässlich des 25-jährigen Regierungsjubiläums Wilhelms II. ein »Monstrekonzert«, nämlich das Kurorchester, verstärkt auf 200 Mann, unter Mitwirkung des erfolgreichen Geigers Gustav Havemann (auf dem Programm stand u. a. Tschaikowskys Pathetische Sinfonie); außerdem am 7. Juni 1914 eine Aufführung von Beethovens 9. Sinfonie mit dem erweiterten Chor des Musikvereins Darmstadt und Solisten des Großherzoglichen Hoftheaters (»Die Begeisterung des Publikums erreichte nach den letzten Klängen dieser einzigen Musik eine Form, wie wir sie bei uns noch nicht erlebt haben. Der Beifall, Blumen- und Kranzspenden wollten kein Ende nehmen, und es entwickelte sich ein Bild im Konzerthaus, wie man es sonst nur in Großstädten bei Gastspielen berühmter Künstler beobachten kann«). Im Ersten Weltkrieg wurden hauptsächlich für verwundete und genesende Soldaten Kur- wie Sinfoniekonzerte fortgesetzt, allerdings in verringertem Umfang und mit verkleinerter Kapelle (dem so genannten Stammorchester).

Als sich danach die allgemeine Lage und auch der Kurbetrieb wieder konsolidierten, war man intensiv bemüht, den hohen Standard der Vorkriegszeit erneut zu erreichen. Seit 1922 stand Hans Winderstein ein neuer stattlicher Klangkörper zur Verfügung, der aus seinem Stammorchester und Mitgliedern der Frankfurter Orchestervereinigung (insgesamt 55 bis 60 Musiker) bestand. Während der Wintermonate spielte ein ungefähr 20-köpfiges kleines Kurorchester, ab 1925 engagierte man Tanz- und Unterhaltungsensembles. In seiner Wochenplauderei in der Lokalpresse vom 7. Oktober 1922 äußerte der Glossist Felix (Carl Reinhardt) die Überzeugung: »Es wird wenig Badeorte geben, in denen im abgelaufenen Sommer so wertvolle Musik geboten wurde wie bei uns.« Er dachte dabei gewiss nicht nur an die sinfonischen Abende, die niveauvollen Terrassenkonzerte, sondern vor allem an die hochstehenden Operngastspiele, die nun in Bad Nauheim nach Vergrößerung des Podiums im Konzerthaus stattfanden, beispielsweise vom Staatstheater Wiesbaden »Lohengrin« und »Der fliegende Holländer« (R. Wagner), »Margarete« (Gounod), »Madame Butterfly« (Puccini) oder von der Frankfurter Oper »Don Pasquale« (Donizetti). Das Gießener Theater erhöhte die Zahl seiner Operettenvorstellungen (z. B. »Vetter aus Dingsda«, »Verliebte Leute«, »Zigeunerbaron«, »Der Vogelhändler« wurden in der Saison mehrmals gespielt).

An diesen Opern- und Operettenaufführungen war das Nauheimer Orchester meist beteiligt, so dass die Zahl der Sinfoniekonzerte leicht zurückging. Ein zusätzliches Angebot für anspruchsvolle Konzertfreunde machte Julius Schröder, seit 1921 2. Kapellmeister, mit den Solisten-Matineen. Im oberen Gesellschaftssaal des Kurhauses spielten unter seiner Leitung an Sonntagvormittagen Mitglieder des Kurorchesters auserlesene Kammermusik. Leider fand die Reihe nicht das vom Initiator erwartete Interesse. Dass trotz Inflation und den damit verbundenen Schwierigkeiten Mitte 1923 an das Konzerthaus eine moderne Bühne angebaut werden konnte, eröffnete dem Musiktheater die Möglichkeit für funktionsgerechte, technisch einwandfreie Darbietungen. 18 Opern und Operetten wurden bis Herbst 1923 aufgeführt, wobei die Rezensionen »Die Meistersinger« (Wagner), »Tosca« (Puccini), »Tiefland« (d'Albert), »Rigoletto« (Verdi), »Martha« (Flotow) und »Der Waffenschmied« (Lortzing) besonders hervorhoben. »Es ist eine Tatsache, dass unsere ausländischen Kurgäste des Lobes voll waren über das, was sie hier geboten bekommen haben. Aber nicht allein die Ausländer, sondern auch Gäste aus der Umgebung waren treue Anhänger und Besucher unserer Opernvorstellungen.« Und mancher ausgezeichneter Konzerte, muss man hinzufügen. Mit dem plötzlichen Tod von Hans Winderstein am 23. Juni 1925 ging ein charakteristischer Abschnitt in der Geschichte der Kurmusik zu Ende.

Ein Höhepunkt: Bongartz und »die Meininger«

Zunächst folgte eine Übergangsphase, in der zumeist Julius Schröder die Nachmittags- und Abendkonzerte leitete. Für Sinfonie- oder philharmonische Konzerte verpflichtete man jeweils auswärtige Dirigenten, darunter Arthur Rother (Wiesbaden), Paul Ottenheim (Darmstadt), Camillo Hildebrand (Berlin), Prof. Ernst Wendel (Bremen) und Prof. Hermann Abendroth (Köln, Leiter der Gürzenich-Konzerte, »einer der führenden Dirigenten neben Furtwängler und

Nikisch«). Zum eigentlichen Nachfolger Windersteins hatte man José Eibenschütz ausersehen, zuvor 1. Dirigent des philharmonischen Orchesters Oslo. Indes blieb er nur während der Saison 1926 und 1927 in Bad Nauheim, wechselte dann nach Hamburg, um Chefdirigent des Norddeutschen Rundfunks zu werden. Zum 1. Mai 1928 wurde Heinz Bongartz gewonnen. Der 34-jährige Krefelder galt als weit überdurchschnittlich begabte Künstlerpersönlichkeit, hatte hervorragende Lehrer am Krefelder und Kölner Konservatorium (u. a. Elly Ney; Bongartz war ein vorzüglicher Pianist und begleitete in Bad Nauheim Künstler bei Liederabenden selbst am Flügel) und leitete als 1. Kapellmeister die sehr angesehene Meininger Landeskapelle. Dynamisch, ideenreich und wagemutig, sollte er in den sechs Jahren seines Bad Nauheimer Wirkens alle Erwartungen übertreffen, die man anfangs in ihn setzte. Er führte das hiesige Musikleben zu einem neuen Höhepunkt. Im ersten Jahr arbeitete er noch mit dem seitherigen Orchester. Ulrich Eck, Kritiker der Bad Nauheimer Zeitung, bemerkte: »Bongartz hat in diesen Sommermonaten ein Musterbeispiel aufgestellt dafür, wie man aus einem Orchester, das manchmal zu einer gewissen, des impulsiven Antriebs ermangelnden Müdigkeit zu neigen schien, das Letzte herausholen kann zu künstlerischer, lebendiger Tat. . . . Er verstand es ferner ausgezeichnet, die rechte Programmauswahl für die Terrassenkonzerte zu treffen, wobei er mit glücklicher Hand gute Unterhaltungsmusik mit der edlen Linie der Klassik abwechseln ließ.« Stellvertretender Kapellmeister war übrigens Willy Naue, der schon von 1915 bis 1921 im Winderstein-Orchester als Konzertmeister und stellvertretender Dirigent gewirkt hatte und danach zwischenzeitlich in Stuttgart, Dresden und Finnland tätig gewesen ist. Julius Schröder hatte 1926 Bad Nauheim verlassen. 1929 und 1930 brachte Bongartz die vergrößerte Meininger Landeskapelle als Kurorchester nach Bad Nauheim. Das bedeutete eine Qualitätssteigerung. In den Sinfoniekonzerten dominierten offensichtlich Klassiker, Romantiker und Meister wie Richard Strauss, Reger oder Bruckner; daneben standen jedoch teilweise ebenso in den Terrassenkonzerten häufiger Zeitgenossen auf dem Programm, angeführt seien Igor Strawinsky, Sergej Prokofieff, Franz Joseph Moser, Walter Braunfels, Ernst Toch, Heinrich Kaminsky, Ottorino Respighi.

Bongartz ließ ferner die sonntäglichen Kammermusikkonzerte – in etwa vierzehntägigem Rhythmus – wiederaufleben und veranstaltete, wie bereits unter Winderstein üblich, Liederabende mit vorzüglichen Solisten, für die stellvertretend Claire Dux und Heinrich Schlusnus genannt werden. Das Besondere war jedoch, dass Bongartz Opern, seltener Operetten, in eigener Regie aufführte, das heißt hochkarätige Künstler großer Bühnen für die Hauptrollen engagierte. Im Sommer 1929 zum Beispiel waren dies zehn Opernaufführungen. Höhepunkte der Sommer 1928, 1929 und 1930 stellten die so genannten »Deutsche-Meister-Festspiele« dar, die jeweils zwei Opernaufführungen und ein großes Orchesterkonzert umfassten. Greifen wir als Beispiel das Jahr 1930 heraus: Am 19. Juni wurde Mozarts »Don Giovanni« aufgeführt mit dem berühmten Tenor der Staatsoper Berlin Helge Roswaenge in der Rolle des Don Octavio. Das festliche Orchesterkonzert am 22. Juni stand ganz im Zeichen von Richard Strauss. Die auf 80 Musiker verstärkten Meininger brachten seine »Sinfonia Domestica« und die Tondichtung »Ein Heldenleben« zu Gehör. Am 26. Juni folgte als Abschluss eine Aufführung der »Meistersinger«, wobei den Part des Hans Sachs der gefei-

erte Bayreuther Bariton Rudolf Bockelmann übernommen hatte und die Gesamtleitung in den Händen von GMD Prof. Dr. Karl Böhm lag. In diesem Jahr
machte sich bereits deutlich die schlechte Wirtschaftslage (»Weltwirtschaftskrise«) bemerkbar. Steigende Arbeitslosigkeit und die Notwendigkeit von
allgemeinen Sparmaßnahmen zeigten ihre Folgen. Viele Veranstaltungen litten
an Besucherschwund, sie mussten zum Teil erheblich reduziert werden, vor allem für 1931 und 1932. Die Kur war rückläufig. Außerdem bekam Bongartz
Schwierigkeiten mit dem thüringischen NS-Innenminister Frick, der ihm die
Leitung der Meininger Kapelle entzog. An deren Stelle trat 1931 bis 1934 in Bad
Nauheim das Städtische Orchester Mainz. Ende der Saison 1933 folgte Heinz
Bongartz einem Ruf an das Staatstheater Kassel (1. Kapellmeister).

Namhafte Solisten bis in die Kriegszeit

Der Nachfolger, Walter Stöver, zuvor Gastdirigent in Baden-Baden, Lübeck,
Krefeld, Dresden (Dresdner Philharmonie) und Leiter der Kurmusik in Bad
Pyrmont, musste weiter mit finanziell eingeschränkten Mitteln zurechtkom-
men. Im Mittelpunkt seiner Bad Nauheimer Tätigkeit – er kehrte Ende 1938
nach Bad Pyrmont zurück – stand das Jubiläumsjahr 1935. Stöver dirigierte
acht Fest- bzw. Sinfoniekonzerte, je ein Sinfoniekonzert leiteten Willy Naue,
Hermann Abendroth, Eugen Jochum und Hans Rosbaud. Drei Operngastspiele
brachten das Stadttheater Mainz und die Frankfurter Oper, zwei Operetten das
Landestheaters Darmstadt und das Mainzer Stadttheater. Zu verzeichnen sind
ferner sechs Kammermusikabende, ein Ballett- und ein Liederabend.

1935 wurde das Gießener Orchester verpflichtet. Die 50 Musiker spielten unter Willy Naue bis März 1941. Neben den eigentlichen Kurkonzerten – traditionsgemäß morgens (Trinkkuranlage, Leitung Konzertmeister Schonemann),
nachmittags und abends (Kurhausterrasse oder Saal) – fanden wieder häufiger
Sinfonie- bzw. Philharmonische Konzerte statt, noch 1940 beispielsweise zehn
in der Saison. Für sie konnten erstklassige Instrumental- und Vokalsolisten gewonnen werden, darunter Prof. Ludwig Hoelscher, Helge Roswaenge, Valentina
Aarloo, Erna Sack, Lea Pitti oder Marcel Wittrich und Karl Schmidt-Walter, die
das Publikum nach ihrem Konzert am 11. August 1939 mit »orkanartig ausbre-
chendem, jubelndem Beifall« feierte. Operngastspiele waren seltener geworden,
zahlreichere Operettenvorstellungen (1938 zum Beispiel fünf) gab das Stadttheater Gießen.

In jenen Jahren führte Naue sehr geschätzte, gut besuchte Serenadenabende
in der Trinkkuranlage ein. »Tausende von Lampions, die sich im Wasser des
Beckens vor dem Musikpavillon spiegeln, verleihen dem Abend eine besondere
Note. Man kann es als eine ganz besondere Art von Erholung betrachten, in dieser Stimmung den Klängen der Musik zu lauschen«, berichtete das Badeblatt
1939.

Ab Sommer 1941 versuchte man unter zunehmenden kriegsbedingten Problemen, mit dem Rhein-Mainischen Landesorchester die »Kurmusik« weiterzu-
führen. Wie im Ersten Weltkrieg waren es hauptsächlich Verwundete, die man
ablenken und erheitern wollte. Am 20. Juli 1944 fielen dann bekanntlich Brandbomben auf Bad Nauheim. Sie zerstörten den kleinen Theatersaal des Kurhauses, überhaupt dessen Mittelteil, das Bühnenhaus, beschädigten den Musik-

pavillon und vernichteten einen Teil des Notenarchivs. Kurz darauf wurden alle Konzerte eingestellt.

Schwieriger Wiederbeginn und erneuter Aufschwung

Der Wiederbeginn nach Kriegsende gestaltete sich schwierig. An Kurbetrieb war zunächst nicht zu denken. Einige Jahre lang hielten die Besatzer viele Hotels und Pensionen, die Verwaltungsgebäude des Staatsbades, den größten Teil der Badehäuser und der Trinkkuranlage beschlagnahmt. Der intakt gebliebene große Saal des Kurhauses durfte von Deutschen nur zeitweise benutzt werden. Dennoch bemühten sich Naue und andere Idealisten (Dr. Fred Schmitt, Wilhelm Rockenschuh) darum, möglichst bald wieder ein Kur- und Sinfonieorchester aufzubauen. 1948 konnte man für die rund 9000 Gäste, die nach Bad Nauheim kamen, und für Einheimische ein entsprechendes Konzertangebot machen. (Die musikalischen Veranstaltungen in den beiden Jahren zuvor fanden äußerst unregelmäßig statt und wurden fast ausnahmslos von auswärtigen Künstlern gestaltet.) Allerdings musste das etwa 50-köpfige Orchester meist an ungewohnten Plätzen musizieren: am Teichhaus, auf dem Johannisberg (zu dem Busse verkehrten), unter den Arkaden des Sprudelhofs, im Park am Café Dörig oder vor dem Medizinischen Institut. Für Klavier- und Liederabende stand der Saal des Kerckhoff-Instituts zur Verfügung. Allmählich gastierten auch wieder das Stadttheater Gießen und das Landestheater Darmstadt mit Opern und Operetten. Die Chorgemeinschaft des Oratorienvereins Bad Nauheim und des Friedberger Musikvereins begann eine bis in die Gegenwart reichende Reihe bedeutsamer Oratorienaufführungen. Radio Frankfurt übertrug Kurkonzerte – wie schon gelegentlich in der Vorkriegszeit – und sendete beispielsweise am 28. September 1950 aus dem Kurhaus sein musikalisches Quiz »Was wird hier gespielt?« Quizmaster war Hans-Joachim Kulenkampff, neben dem Kurorchester unter Naue spielten Hans Schepior und seine Solisten.

In den Fünfzigerjahren verstärkte sich der Aufwärtstrend des Kurbetriebs erheblich, zugleich wurden die zerstörten Teile des Kurhauses aufgebaut, eine neue Konzertmuschel auf der Südseite der Terrasse errichtet und am 16. Februar 1956 das neue Bühnenhaus mit Bizets »Carmen« (Staatstheater Wiesbaden) feierlich eröffnet. 1960 kam ein neuer kleiner Saal (Konzertsaal) hinzu. Zwar erwies es sich als unmöglich, weiterhin eine ständige Kapelle zu unterhalten, aber die Verpflichtung des Gießener städtischen Orchesters war eine gute Lösung. Dass es seiner Aufgabe jahrelang (1958 bis 1966) hervorragend gerecht geworden ist, hat ihm Jenny Häusler in der Kurzeitung einmal folgendermaßen bescheinigt: »Kurmusik hat ihre eigenen Gesetze; sie will nicht aufreizen, interessieren, nicht ablenken. Ihre Aufgabe ist, Harmonie in uns zu wecken, Schönheit zu geben, zu lösen, zu entspannen, zusammenklingen mit der großen Symphonie im Park, in der auch das Summen der Insekten nicht verloren geht. Das ist es, was uns dieses Orchester aus Gießen mit solcher Freude jedes Jahr begrüßen lässt, dass es dieses Fingerspitzengefühl für die Sonderheiten der Kurmusik aufgenommen hat und Naues Taktstock zu musikalischen Höchstleistungen zu folgen vermag, denn nicht nur die Therapie der Kurmusik, sondern auch die Symphonie- und Sonderkonzerte werden durch es zu Höhepunkten der musikalischen Saison.«

Ganz bewusst sah man also, und zwar seit Jahrzehnten, Musik als Teil einer Therapie für den Herzkranken. In Ergänzung der Bäder, medizinischer Umsorgung und der Wirkung landschaftlicher Schönheit sollte sie ein Heilfaktor sein, der dem Kranken helfe, sein inneres Gleichgewicht wiederzufinden. Es könne eine seelische Auflockerung erreicht werden, geistige Anregung, Nachdenklichkeit. Musik stärke die Kräfte, die dazu beitragen, gesundheitliche Krisen zu bewältigen; sie sei – wie Naue einmal formulierte – in der Lage, ein wahres Wunder zu vollbringen, nämlich das Vertrauen zum Leben zu erhalten und den Wert des Lebens zu erhöhen. In solchem Zusammenhang hat auch das Eingehen auf individuelle Erwartungen und Vorlieben der Kurgäste Bedeutung gehabt. Unter den verschiedensten Dirigenten gestaltete das Publikum selbst immer wieder die Programme zahlloser Wunschkonzerte.

In die Phase des Aufschwungs fallen Konzerte unter Mitwirkung von Elly Ney, Ludwig Hoelscher, Maria Kalamkarian, Tibor Varga, Branka Musulin, Rosel Stein, Willy Schmidt, Wolfgang Windgassen, Karl-Heinz Stracke, Fränzi Rothenburger-Wirth – um nur einige bekannte Namen zu nennen. Für 1965 beispielsweise sind zwei Opern- und sechs Operettenaufführungen statistisch erfasst, dazu drei Sinfoniekonzerte des Kurorchesters, zwei Sinfoniekonzerte mit Gastorchestern, die Aufführungen der 9. Sinfonie von Beethoven und der »Carmina Burana« von Carl Orff, sechs Sonderkonzerte des Kurorchesters als Opern- und Operettenabende mit Gesangssolisten, ferner sieben Kammermusikabende (u. a. Deutsche Bachsolisten; Westdeutsches Kammerorchester; das Willy-Jaeger-Trio), vier Klavierabende und zwei Chorveranstaltungen (Ural-Kosaken und Wiener Sängerknaben). – Daneben spielten ganzjährig Kurensembles Tanz- und Unterhaltungsmusik.

Das reduzierte Angebot

Leider ließ sich solch reichhaltiges, vielfältiges und niveauvolles Angebot nicht aufrechterhalten. »Die Kurverwaltung geriet in rote Zahlen, und diese Zahlen sind umso roter, je besser das kulturelle Angebot ist«, hieß es im März 1968 in einem Artikel der Frankfurter Neuen Presse. Die wachsenden Defizite hatten verschiedene Ursachen. Zunächst spielte das starke Ansteigen der Kosten eine Rolle. Zum Beispiel betrug in der Zeit nach dem Ersten Weltkrieg (noch unter Winderstein) das Gehalt eines Musikers etwa 1000 Mark pro Saison; die Kosten eines Musikers 1968 beliefen sich auf etwa 14 000 Mark. (Im Vergleich dazu stiegen die Bäderpreise von 1903 bis 1967 nur von 3 Goldmark auf 6 Mark; die Kurtaxe im gleichen Zeitraum verdreifachte sich.) Außerdem war, nicht zuletzt durch die soziale Umschichtung im Kurpublikum (fehlende Privatgäste, Klinifizierung) ein erhebliches Nachlassen des Interesses an bestimmten Veranstaltungen festzustellen. Eine Befragung zeigte, dass beispielsweise Sinfonie- oder Kammerkonzerte kaum erwünscht waren und die Kurmusik nur von fünf Prozent aller Kurgäste mehr als einmal täglich besucht wurde, bzw. lediglich höchstens zwanzig Prozent der Gäste überhaupt einmal am Tag ein Kurkonzert besuchten.

Die entsprechenden Veranstaltungen des Staatsbades – das mögen Kritiker manchmal vergessen haben – richteten sich stets in erster Linie an die Kurgäste; irgendeine Art Auftrag zu einem allgemeinen Kulturangebot, sozusagen für jedermann, bestand nicht. Am Verhalten und an den Wünschen der Gäste musste man sich hauptsächlich orientieren. Freilich existierte ein interessiertes Stammpublikum, das sich aus Bürgern Bad Nauheims und der Nachbargemeinden zusammensetzte. Aber auch in diesen Kreisen verringerte sich schließlich spürbar die Teilnahme an den Veranstaltungen, sei es als Auswirkung des Fernsehens, sei es infolge der Nähe Frankfurts, dessen Konzertangebote man für attraktiver hielt.

Eine Konsequenz aus der Gesamtentwicklung bestand in der Verkleinerung des Kurorchesters. Eine eigene Kapelle mit Stammmusikern aus Bad Nauheim spielte nur ganzjährig (auch für Tanzveranstaltungen); sie umfasste zuerst 24, dann 16 beziehungsweise 14 Mitglieder. Die Leitung hatten Hellmut Ruder (bis 1969), Hans Diehl (bis 1973), Karl Eduard Stillert (bis 1978), Georg Wrazidlo (bis 1984), Hans Hülf und Adolf Kohlrusch (1984/85). 1985 übernahm ein polnisches Orchester (»Invention« aus Bialistok) mit zehn Musikern von April bis Oktober die Kurmusik, seit 1987 konzertiert im Sommer ein ungarisches Orchester unter Prof. Tamás Benedek (etwa ein Dutzend Musiker mit Konservatoriumsausbildung), während im Winter ein kleines deutsches Ensemble engagiert ist.

Eingeschränkt wurde die Anzahl der eigentlichen Kurkonzerte; gegenwärtig spielt die Kapelle durchschnittlich ungefähr sieben Mal in der Woche. Dagegen hielt man seit Jahren an den regelmäßigen Sonderkonzerten fest, meist mit Gesangssolisten und mit thematischem Akzent (»Wiener Abend«, »Frühlingsmelodien«), häufig unter Beteiligung der Sopranistin Astrid Brack – einem »Multitalent«, das es versteht, seine Gesangsdarbietungen mit sachkundig-unterhaltsamer Conférence zu verbinden. Gleichfalls standen weiterhin Klavierabende auf dem Programm und Gastspiele verschiedener Operettenbühnen, seltene Opernaufführungen. Verstärkt hat sich der Trend zur Volksmusik (zum Beispiel Kretschecks Musikanten aus Oberkrain; Hessische Polizeikapelle; heimische Chöre) und zum Musical (mehrfach »Hallo Dolly« und »Anatevka«; »Carmen Jones«; »Praerie Saloon«). Gelegentlich traten Stars aus der Schlager- bzw. Showbranche auf (mehrfach Karel Gott, Roberto Blanco, Roy Black).

Es soll an dieser Stelle erwähnt werden, dass man dem Wandel des musikalischen Geschmacks der Gäste, der sich besonders nachhaltig seit den Sechzigerjahren vollzogen hatte, ebenfalls in der Programmgestaltung der Kurkonzerte Rechnung trug. Freilich hat jede Zeit abgesehen von der künstlerischen Individualität der jeweiligen Dirigenten ihre Präferenzen. Bevorzugten Winderstein und Bongartz in den Nachmittags- und Abendkonzerten eher Auszüge aus Wagner-Opern, kleinere Orchesterstücke von Brahms, Schumann, Tschaikowsky, so fanden unter Naue zwar ausgiebiger Operettenmelodien Berücksichtigung, aber eine gewisse Kontinuität blieb doch gewahrt durch die häufige Wiedergabe von Opern-Ouvertüren oder kürzerer Werke von Haydn, Mozart, Liszt oder Grieg. Danach indes ergab sich eine deutlichere »Akzentverschiebung« hin zu Komponisten von Unterhaltungsmusik wie Franz Grothe, Gerhard Winkler, Peter Kreuder, Fritz Schröder, Will Meisel …

Die Freunde sinfonischer Werke gingen auch in den Siebziger- und vor allem in der zweiten Hälfte der Achtzigerjahre nach Wiederherstellung des großen Kurhaussaales, der 1980 durch einen Brand zerstört worden war, nicht leer aus; angeführt seien Gastkonzerte der Budapester Sinfoniker, des Bodensee-Sinfonieorchesters, des Radio-Sinfonieorchesters Prag, der Nürnberger Symphoniker, des Philharmonischen Orchesters Danzig oder des Leipziger Bach-Collegiums mit Ludwig Güttler. Überdies starteten Volkshochschule, Stadt und Staatsbad gemeinsam eine Kammermusikreihe. Allerdings trug bei allen anspruchsvollen Darbietungen der (oder die) Veranstalter ein finanzielles Risiko, und in nicht wenigen Fällen hat das Publikum gegen das Angebot entschieden.

(Wetterauer Kreiskalender, 1994)

Anfänge und Weiterentwicklung
des Krankenhauswesens in Bad Nauheim

Alte, im Stadtarchiv befindliche Akten und Berichte zeigen, wie sehr Bad Nauheim sich seinerzeit damit schwer tat, ein gemeindeeigenes Allgemeinkrankenhaus zu errichten. Die ersten Pläne reichen bis in das Jahr 1864 zurück, in dem Bürgermeister Alexander Rieß den kurhessischen Behörden ein entsprechendes Bauprojekt vorlegte, jedoch keine Genehmigung dafür erhielt. Gewiss wirkte dieser Fehlschlag entmutigend, aber Hauptursache für das weitere zögerliche Hinausschieben auch in der Zeit, in der die Landesherrschaft gewechselt hatte, war die permanente Ebbe in der Gemeindekasse beziehungsweise die Befürchtung, sich zu überschulden. Es ist zweifellos ein Verdienst Dr. Wilhelm Bodes (Sohn des ersten Nauheimer Badearztes Dr. Friedrich Bode), durch persönliche Gespräche und Eingaben an die Gemeindevertretung über Jahrzehnte hinweg beharrlich immer wieder auf die Notwendigkeit zur Realisierung der Planungen hingewiesen zu haben. So formulierte er beispielsweise in einem Schreiben an den Gemeinderat vom 8. November 1882: »Ein städtisches Krankenhaus ist aber nicht etwa nur deshalb ein Bedürfnis, weil Bad Nauheim ein Kurort ist – schon die fortwährend im Steigen begriffene Einwohnerzahl Nauheims und die große Zahl auswärtiger Dienstboten, Gesellen usw. motivieren zur Genüge das Verlangen nach einem Krankenhaus.« Auch als Dr. Bode einen aktualisierten, bis in Einzelheiten ausgearbeiteten Bauplan einreichte, änderte sich die unentschlossene Haltung des Gemeinderates nicht. Ebenso erfolglos blieb 1891 ein Vorstoß der Vereinigung Bad Nauheimer Ärzte in der Krankenhausangelegenheit.

Ein Unglücksfall veranlasst zum Handeln

Erst ein tragischer Unglücksfall, der die Intervention des Großherzoglichen Ministeriums des Innern nach sich zog, nötigte dann die Gemeindeverwaltung zum Handeln.

Am 12. August 1893 wurde der Knecht Julius Klee von seinem Wagen, dessen Pferde scheuten, überfahren und schwer verletzt. Nach notdürftiger ärztlicher Versorgung brachte man den Verunglückten in die Universitätsklinik Gießen, weil es ja in Bad Nauheim keinerlei Möglichkeit zur chirurgischen Behandlung gab. Wohl noch auf dem Transport verstarb Julius Klee. Von diesem Vorfall erfuhr Großherzog Ernst Ludwig und schaltete das Innenministerium ein, es möge für die »Errichtung eines mit den erforderlichen Vorrichtungen ausgestatteten Hospitals zu Bad Nauheim« sorgen. In seinerzeit üblicher Vorgehensweise wandte sich die Darmstädter Behörde an das Friedberger Kreisamt mit einer Verfügung, in der es unter anderem heißt: »Nach weiterer Mitteilung soll nun zwar in Bad Nauheim eine Summe von 30 000 Mark zwecks Erbauung eines Hospitals angesammelt sein, es soll jedoch diese Angelegenheit keinen Fortgang nehmen, da niemand die Initiative ergreife. Mit Rücksicht hierauf und auf den Umstand, dass die Errichtung einer auch solchen Vorkommnissen genügender Anstalt im Interesse der Stadt Bad Nauheim als Badeort gelegen ist, beauftragen wir Sie, mit der Großherzoglichen Bürgermeisterei daselbst Verhandlungen in dieser Richtung einzuleiten und uns demnächst über den Erfolg zu berichten.«

Derartigem Drängen »von oben« vermochten die Verantwortlichen in Bad Nauheim nicht mehr auszuweichen. Man einigte sich darauf, den nördlichen Geländeteil des ehemaligen Zimmerhofes der Saline als Bauplatz vorzusehen. Er lag im Bereich der Karlstraße, der sich an den Ernst-Ludwig-Ring anschließt und damals noch nicht als Wohngebiet erschlossen war. Außerdem nutzte man folgende Gelegenheit, Kosten einzusparen: Seit 1869 stand das frühere Reinhardschulhaus leer und war für den Abbruch vorgesehen. Auf Beschluss des Gemeinderats erfolgte nun eine sehr sorgfältige Niederlegung, damit der größte Teil der Baumaterialien für den Krankenhausbau verwendet werden konnte.

Am 15. September 1896 fand die Einweihung des bescheidenen Gebäudes statt. »Einfach und solid in der Ausführung ist doch alles recht zweckmäßig und den Anforderungen der Wissenschaft entsprechend eingerichtet, so dass der Bau dem ausführenden Architekten, Herrn Schmidt, alle Ehre macht. Die Kranken und Verunglückten, welche häuslicher Pflege entbehren, brauchen nun nicht mehr vielleicht unter Verschlimmerung ihres Zustandes nach Friedberg, Nieder-Weisel oder Gießen verbracht zu werden«, berichtete der »Wetterauer Anzeiger«. Das Haus umfasste »vier Säle für Kranke aus dem Stande der Hausgehilfen und Mitglieder der Ortskrankenkasse (für männliche Patienten im unteren Stock, für weibliche im oberen Stock), vier Einzelzimmer für Bad Nauheimer pflegebedürftige Bürger und Kurgäste, ein Arztzimmer, zwei Schwesternzimmer, ein Wärterzimmer, zwei Badekabinen, eine Küche, vier Aborte, eine Anzahl Vorratsräume im Kellergeschoss und drei Kammern sowie einige Unterstellgelasse im Dachgeschoss.« Die Kosten betrugen 32 600 Mark. Etwas abseits im Hof stand ein kleines Isolierhaus, das 7000 Mark kostete.

Erstaunlicherweise fehlte zunächst ein Operationssaal. Er wurde 1908 im Rahmen eines Anbaus an der Nordseite des Hauses eingerichtet, zugleich entstanden noch einige Krankenzimmer. Der gesamte Krankenpflegedienst sowie die Hauswirtschaftsführung oblagen anfangs zwei Schwestern des Alicefrauenvereins des Roten Kreuzes. Später kamen eine dritte und vierte Pflegeschwester hinzu. Zum Personal gehörten außerdem eine Köchin und ein Hausmeister. Den ärztlichen Dienst versahen in den ersten Jahren Sanitätsrat Dr. Franz Baur und Sanitätsrat Dr. Hermann Hahn. Von 1906 bis 1935 leitete Dr. Carl Haeberlin das Krankenhaus. Der in der Badestadt sehr bekannte und angesehene gebürtige Frankfurter engagierte sich auch in der Kommunalpolitik (Stadtverordneter in den Zwanzigerjahren), im örtlichen Volksbildungsverein, beteiligte sich als Hobbymaler an Kunstausstellungen und veröffentlichte eine Reihe von Aufsätzen und Büchern.

Die Anfänge des Hospitals für »unbemittelte Kurgäste«

Als das städtische Krankenhaus in der Karlstraße eingeweiht wurde, existierte bereits sechsunddreißig Jahre lang ein»Hospital für unbemittelte Kurgäste«. Frühzeitig, kurz nach der offiziellen Eröffnung der »Soolbadeanstalt Nauheim«, hatten sich sozial eingestellte Honoratioren des Ortes zu einem Komitee zusammengeschlossen, das mittellosen oder finanziell schwachen Kranken eine Kur ermöglichen wollte. Nach Verhandlungen war erreicht worden, dass bei Nachweis der Bedürftigkeit die Salinenverwaltung Bäder unentgeltlich abgab. Jahrzehnte war es üblich gewesen, armen Kranken für Kost und Logis erhebliche Zuschüsse zu zahlen oder diese Ausgaben vollständig zu übernehmen. Das Komitee hatte die Mittel hierfür durch Geldsammlungen bei wohlhabenden Kurgästen beschafft. »Allein, so erfreulich auch diese Abhülfen dringender Noth waren, eine genaue Prüfung dessen, was auf diesem Wege zu erreichen sei, musste ergeben, dass der richtige Weg der Hülfe noch nicht gefunden war. Die armen Kranken, welche jetzt gegen ein bestimmtes Kostgeld bei verschiedenen Einwohnern der Stadt in Kost und Logis gegeben waren, waren der ärztlichen Controle dennoch mehr oder weniger entzogen; das Kostgeld genügte oft nicht, um eine angemessene diätetische Pflege zu ermöglichen, das Verständnis dieser letztern fehlte auf Seiten der Verpfleger.« So beschrieb Prof. Dr. Friedrich Wilhelm Beneke die Situation. Deshalb setzte er sich entschieden für die Gründung eines Hospitals ein, das gesundheitsgemäßes Wohnen während der Kur, Durchführung von Diätmaßnahmen, ärztliche Überwachung und »besondere körperliche Pflege in Bezug auf Verbände, Einreibungen, Waschungen etc.« gewährleistete.

Im Frühsommer 1860 mietete man ein leerstehendes, kleines Haus in der Johannisstraße (später Nummer 18). Sieben bedürftige Kurgäste konnten hier jeweils untergebracht werden. Prof. Beneke übernahm die »Direction der Anstalt«, vor allem eine kostenlose Behandlung der Kranken. Die Leitung des Haushaltes und die Pflege der Patienten waren einer ältern »Hausmeisterin« übertragen, der alle Gäste »unbedingten Gehorsam« schuldeten, wie es in der Hausordnung hieß. Deren Paragraph 11 forderte ferner: »Diejenigen Kranken, welche dazu im Stande sind, sind verpflichtet, der Hausmeisterin in häuslichen Arbeiten (Küchenarbeit, Nähen, Hausarbeit etc.) hülfreiche Hand zu leisten. Jedoch wird hierüber jedesmal vom dirigierenden Arzte die erforderliche Bestimmung getroffen werden.« Auf diese Weise versuchte man die Personalkosten niedrig zu halten. Auch weiterhin musste man die erforderlichen Aufwendungen überwiegend durch Spenden und Wohltätigkeitsveranstaltungen finanzieren. Der Staat zahlte nur einen geringen Zuschuss. Nach vier Jahren ging das Haus Johannisstraße in andere Hande über – es galt also eine neue Unterkunft für das Hospital zu suchen. Das jetzt in der Hauptstraße 27 angemietete größere Gebäude konnte gleichzeitig 18 bis 20 Kurgäste aufnehmen. Für die Führung des Hauswesens und pflegerische Aufgaben waren künftig Schwestern (Diakonissen) aus dem Elisabethenstift in Darmstadt zuständig. Auch die ärztliche Leitung änderte sich durch den Krieg von 1866. Bad Nauheim fiel bekanntlich an Hessen-Darmstadt, und Prof. Dr. Beneke, der von der Kasseler Regierung 1857 als amtlicher Brunnenarzt eingesetzt worden war, gab nicht nur diese Stelle auf, sondern zog sich ebenso von der Hospitalbetreuung zurück. Sein Nachfolger wurde Medizinalrat Dr. Friedrich Bode.

Eine hochherzige Stiftung

Es fehlte damals nicht an Überlegungen, ob nicht besser längerfristig ein Neubau anzustreben sei, vielleicht sogar in Verbindung mit der oben dargestellten städtischen Krankenhausfrage. Die Mietverhältnisse schienen unsicher zu sein, desweiteren nahm der Bedarf an Plätzen für unbemittelte Badegäste ständig zu. Als jedoch im Frühjahr 1869 die in der Nähe der Badehäuser gelegene Villa »Paradies« zum Verkauf stand, wurde sie in erstaunlicher Entschlossenheit letztlich von der Stadtverwaltung zwecks dauerhafter Unterbringung des Hospitals erworben. Im neuen Heim befanden sich 30 Betten, indes überstieg bald die Nachfrage erneut das Angebot. Zum Teil quartierte man bedürftige Gäste, die im Haus nicht unterzubringen waren, bei Privatvermietern aus, verpflegte und behandelte sie allerdings im Hospital. Zu Beginn der Neunzigerjahre wurde über Um- und Neubaupläne diskutiert. Sie hätten wohl für absehbare Zeit kaum eine Chance auf Verwirklichung gehabt, weil ja die Stadtväter in ohnehin angespannter Finanzlage zunächst endlich das städtische Krankenhaus zu erbauen beabsichtigten.

Eine außerordentlich großzügige Stiftung von insgesamt 200 000 Goldmark schuf überraschend die Voraussetzung, ein ansehnliches, modernes neues Heim für geringbemittelte Kurgäste zu errichten. Die Stifterin, Frances Theodore Konitzky, geborene de Voß, wohnhaft in Antwerpen, wollte auf diese Weise das Andenken ihres verstorbenen Gatten Friedrich Wilhelm Konitzky ehren, zugleich Dank zum Ausdruck bringen für die Linderung seiner Leiden, die er während mehrerer Kuraufenthalte in Bad Nauheim gefunden hatte.

»Durch die großmüthige Spende der Frau Konitzky können sämtliche Baukosten mit den Ausgaben für den Straßenkörper die Kanalanlagen, den Garten, die innere Ausstattung des Gebäudes und die häuslichen Einrichtungen etc. bestritten werden. Im vorigen Jahre wurden 279 unbemittelte oder bedürftige Kurgäste verpflegt und kann für das nächste Jahr voraussichtlich die doppelte Zahl aufgenommen werden. Die Staatskasse hat mit Rücksicht auf die erhöhten Ausgaben ihren Beitrag von 800 Mark auf 1200 Mark erhöht«, freute sich die Lokalzeitung 1897. Die Einweihung des Hauses fand im April des folgenden Jahres statt. Es trug jetzt offiziell die Bezeichnung »Konitzkystift der Stadt Bad Nauheim«. Kurz danach erhielt es sogar ein eigenes kleines Badehaus im Fachwerkstil mit direkter Zuleitung zu den Quellen. Indem man 1908/09 dem Stiftsgebäude ein Stockwerk hinzufügte und das Dachgeschoss voll ausbaute, vergrößerte sich die Aufnahmekapazität auf 140 Betten.

Nach dem Ersten Weltkrieg zeigten in zunehmendem Maße Sozialversicherungsanstalten Interesse an Betreuung ihrer herzkranken kurbedürftigen Mitglieder im Konitzkystift. Dabei mussten selbst bei zeitigen Anmeldungen zum Teil beträchtliche Wartezeiten in Kauf genommen und immer mehr Gäste in Privatzimmer (hauptsächlich in der Altstadt) einquartiert werden. 1929 beispielsweise betraf dies 2278 Personen. Verständlicherweise drängten die Versicherungen auf eine Erweiterung des Stifts und erklärten, andernfalls eigene Kurheime betreiben zu wollen. Da sie zugleich sehr günstige Darlehensgewährung anboten, stimmte man einem Erweiterungsbau zu. Er schloss – 1932 in Betrieb genommen – parallel zur Usa stehend, an den vorhandenen Baukörper an. Fassade und Eingangsbereich wurden neu gestaltet. Aus dem ursprünglich bescheidenen Hospital war eine weithin bekannte Institution geworden, die etwa 250 Kranke für jeweils vier Wochen versorgte. Frau Konitzky, die bis zu ihrem Tod (1940) mit Bad Nauheim verbunden blieb, hatte das Stadtparlament im Mai 1923 anlässlich des 25-jährigen Jubiläums des Stifts zur Ehrenbürgerin ernannt.

»Nur ein Badezimmer im Krankenhaus«

Die Unzulänglichkeit der räumlichen Situation im städtischen Krankenhaus zeigte sich recht bald. So wenig wie der Anbau 1908 konnte das Aufstellen einer Baracke im Hof 1912 befriedigende Abhilfe schaffen. Ein Schreiben Dr. Haeberlins an Bürgermeister Dr. Kayser aus dem Jahr 1919 vermittelt Eindrücke von gravierenden Mängeln. Das Isolierhaus war aus seiner Sicht nicht nur schlecht platziert (zu nahe am Stadtschulhof), sondern auch viel zu klein. »Aus diesem Grunde können häufig ansteckend Kranke nicht aufgenommen werden, und den Kinderheimen, welche aus ihrem Hause solche absondern und bei uns unterbringen wollen, musste oft ein ablehnender Bescheid gegeben werden.« Insgesamt standen nicht genug Zimmer zur Verfügung, um beispielsweise Schwerkranke, frisch Operierte oder Sterbende von anderen Patienten zu trennen. Der Chefarzt monierte: »Im Haupthaus befindet sich nur ein einziges Badezimmer, die in ihm vorhandene Wanne muss für Reinigungsbäder der Aufzunehmenden, für Heilbäder innerlich und äußerlich Kranker benutzt werden und bildet gleichzeitig für Schwestern und Personal die einzige Badegelegenheit im Hause.« Es gab nur einen Operationssaal für aseptische und septische Operationen. »Im Interesse der Sicherheit derjenigen Kranken, an denen aseptische Operationen vorgenommen werden, ist die Bereitstellung eines besonderen Raumes ... dringendes Bedürfnis.« Schließlich beurteilte Dr. Haeberlin die Wohngelegenheit für Schwestern und Personal als höchst mangelhaft. »Den sieben Schwestern steht nur ein kleines Zimmer als Ess- und Aufenthaltsraum zur Verfügung, dessen Raumverhältnisse nur die Aufstellung eines für sechs Personen ausreichenden Tisches zulassen. Eine Möglichkeit, bei etwa notwendig werdendem Bedarf noch weiteres Personal im Hause unterzubringen, ist nicht vorhanden.« Zur Lösung der Probleme dachte man an eine Verlegung des Krankenhauses in die Villa Heinemann, Auguste-Viktoria-Straße 3. Das stattliche Anwesen war nach Kriegsende in städtischen Besitz übergegangen. Kurverwaltung, Ärzteverein und Anwohner lehnten das Vorhaben jedoch entschieden ab. Die Stadtverwaltung entschloss sich dann, das Nachbargebäude des Krankenhauses, Karlstraße 31, zu erwerben und als Dependence einzurichten. Doch auch dieses Provisorium führte zu Klagen der Belegärzte und Beschwerden der Patienten. Zum Beispiel fehlte im angegliederten Haus (ebenso im Hauptgebäude) ein Aufzug, und das Treppenhaus war so eng, dass beim Transport von Kranken in die Obergeschosse die Bahre an den Zwischenpodesten der Treppe teilweise zum Fenster hinaus geschoben werden musste. Besonders während der Kursaison herrschte nach wie vor chronischer Mangel an Betten. Mehrfach wurde bei dringenden Fällen sogar das Sofa des Wartezimmers der Ambulanz für die Nacht mit einem Patienten belegt. Trotz alledem erlaubten die Jahre der Inflation keine Veränderungen. Allen Verantwortlichen war klar, dass ein Neubau eine unbedingte Notwendigkeit darstellte. Mit dem Beschluss, die ehemalige Ziegenweide am Hochwald als Baugelände am Hochwald vorzusehen, schien ein positiver Fortgang der Angelegenheit eingeleitet zu sein. Indes traten immer wieder Verzögerungen ein. Anfang Juli 1927 entschied das Stadtparlament, zunächst ein größeres Isolierhaus am Hochwald zu erstellen, dessen Dringlichkeit auch die Hessische Regierung anerkannte, sich allerdings an der Finanzierung nicht beteiligte. Erst im April 1930 war es (bei stolzen 336 221 Mark Baukosten) bezugsfertig.

Von einem direkt folgenden Bau des Hauptgebäudes konnte angesichts der großen Wirtschaftsdepression keine Rede mehr sein. Wohl auf Initiative des damaligen Bürgermeisters Dr. Ahl kam es zur Gründung eines Krankenhaus-Neubau-Vereins, der die Aufgabe übernahm, die Öffentlichkeit zu Spenden zu motivieren. Vorsitzender war Sanitätsrat Dr. Hahn. Infolge hoher Arbeitslosigkeit und allgemeinen Rückgangs der Einkommen hielt sich die Gebefreudigkeit der Bürger in Grenzen, obgleich sich badestädtische Vereine mit Wohltätigkeitsveranstaltungen in den Dienst der Sache stellten. Wie seinerzeit bei der Diskussion um die Errichtung des Krankenhauses in der Karlstraße bestanden bis in die Reihen der Stadtverordneten Bedenken, der Gemeindehaushalt werde die finanziellen Belastungen nicht verkraften. »Einsichtige Kreise raten deshalb nochmals ganz dringend, das Krankenhausprojekt ... für bessere Zeiten aufzuheben«, mahnte eine Leserzuschrift im »Oberhessischen Anzeiger« vom 24. Januar 1933.

Dennoch behielten die Mutigen die Oberhand. Zwar war der Gebäudekomplex, der nun realisiert wurde, etwas kleiner und einfacher ausgestattet, als dies die eigentliche Planung vorgesehen hatte, aber die Badestadt verfügte ab dem 2. September l935 über eine modernen medizinischen Anforderungen genügende Krankenanstalt, die 75 Patienten (mit Isolierhaus knapp 100) aufnehmen konnte. Mit berechtigtem Stolz besichtigten die Bad Nauheimer auf Sonntagsspaziergängen ihr imposantes Hochwaldkrankenhaus.

Nach 55 Jahren der Trennung wieder unter einem Dach

Als 1939 der Krieg ausbrach, ordneten die Behörden die Räumung sowohl des Konitzkystiftes als auch des Hochwaldkrankenhauses an. Beide Häuser dienten in den folgenden Jahren Tausenden von Verwundeten als Lazarette. Während sich die Kurabteilung Konitzkystift relativ leicht schließen ließ, war eine sofortige Eröffnung eines Notkrankenhauses anstelle der eigentlichen Krankenanstalt eine schwierige Sache. Die Stadt beschlagnahmte schließlich das frühere Hotel Aegir, Ludwigstraße 23, in dem die Landesversicherung Rheinprovinz vorher Kurgäste untergebracht hatte. Da unter anderem ein Operationssaal fehlte, wurden chirurgische Fälle nach Friedberg oder Nieder-Weisel überwiesen. Dieser Notbehelf dauerte bis 1947. Dann erfolgte eine Neustrukturierung, die jahrzehntelang Gültigkeit behielt. Im Hochwaldkrankenhaus wurden die Abteilungen Chirurgie, Gynäkologie mit Geburtshilfe und kleinere Stationen mit Belegbetten für Hals-, Nasen- und Ohrenkrankheiten sowie Augenerkrankungen geführt. Chefarzt war Dr. Theodor Cellarius. Im Konitzkystift befanden sich die ausgegliederte Innere Abteilung des städtischen Krankenhauses, geleitet von Prof. Dr. Werner Lueg – er hatte bereits 1935 nach der Erbauung des Hochwaldkrankenhauses die Chefarztstelle übernommen – und die Kurabteilung, die Prof. Dr. Alexander Pierach unterstand. Er wurde nach dem Tod von Prof. Lueg (1954) Chef beider Abteilungen.

Unter den Gesichtspunkten vermehrter Inanspruchnahme des Krankenhauses bei steigenden Einwohnerzahlen der Badestadt (auch wachsender Kreisbevölkerung, die ja zum Teil mitversorgt wurde) und des wieder aufblühenden Kurbetriebs ergab sich bald die Notwendigkeit, über die Veränderungen von Strukturen und Kapazitäten nachzudenken. Weil Ende der Fünfzigerjahre auch im Friedberger Bürgerhospital Raumprobleme bestanden, regte die Kreisverwaltung die Schaffung eines Krankenhaus-Zweckverbandes beider Städte an. Man meinte unter anderem, durch die gänzliche Verlagerung der Chirurgie nach Friedberg könnte im Hochwaldkrankenhaus genügend Platz für eine vergrößerte Innere Abteilung freigemacht werden. Die badestädtischen Entscheidungsgremien lehnten jedoch mehrheitlich solche Lösungsvorschläge ab, die übrigens in ähnlicher Form später noch einmal auftauchten. Hauptargument war, dass ein internationales Bad es seiner Reputation schuldig sei, am Ort selbst über Einrichtungen zur Behandlung aller Krankheitsfälle zu verfügen. Konsequent bemühte sich die Stadt Bad Nauheim in der Folgezeit – natürlich mit finanzieller Unterstützung von Kreis und Land – um Ausbau und Modernisierung: Bis 1963 wurde zunächst ein Schwestern- und Bedienstetenwohnheim am Hochwaldkrankenhaus fertiggestellt. Die dadurch freigewordenen Räume im Hauptgebäude verwandelte ein zweiter Bauabschnitt in Krankenzimmer, so dass ab September 1965 etwa 180 Betten belegt werden konnten. Gleichzeitig erfolgte ein Ausbau der chirurgischen und gynäkologischen Ambulanzen sowie Verbesserungen im OP-Bereich. Für das Konitzkystift brachte ein im September 1969 seiner Bestimmung übergebener Erweiterungsbau (Westflügel) Fortschritte: Zum Beispiel neue Laboratorien, eine vergrößerte Röntgenabteilung, ein Intensivpflegeraum, 24 neue Schwesternzimmer, Aufenthaltsräume der Kurpatienten. Mitte der Siebzigerjahre liefen indes die Verträge der Sozialversicherungsanstalten ab und wurden nicht verlängert. Die meisten besaßen inzwischen eigene, zeitgemäß ausgestattete Rehabilitationskliniken am Ort. An Raumnot litt die internistische Abteilung nun nicht mehr, aber verstärkt zu Tage tretende Schäden an der Bausubstanz, unzweckmäßige Raumaufteilung und veraltete technische Anlagen hätten bei einer Sanierung erhebliche Investitionen erfordert. Hinzu kam die relativ große Entfernung zur Chirurgie. Hierdurch gestaltete sich seit Jahren die Abstimmung interdisziplinärer Behandlung mancher Krankheitsfälle recht schwierig.

Die Zusammenführung der Abteilungen als vernünftige, längst überfällige Maßnahme sollte mittels eines Anbaus am Hochwaldkrankenhaus bewerkstelligt werden. Geduld war von Nöten. Zähe Verhandlungen mit dem zuständigen hessischen Sozialministerium über die Finanzierung erstreckten sich über einen Zeitraum von ungefähr einem Dutzend Jahren. 1986 gab es grünes Licht für das mit zirka 30 Millionen Mark »aufwendigste kommunale Einzelbauvorhaben, das in Bad Nauheim bisher realisiert worden ist« (Bürgermeister Bernd Rohde). Am 23. August 1991 konnte Architekt G. Bremmer symbolisch den Schlüssel für den bauästhetisch gelungenen Anbau übergeben. Er umfasst hauptsächlich zusätzliche Pflegestationen (103 Betten) mit Zugang zu den bisherigen Abteilungen, daneben Technik- und Versorgungsräume, die chirurgische Ambulanz und den neuen Haupteingang des Krankenhauses. Nach Umbauarbeiten im alten Hauptgebäude und der Fertigstellung einer hochmodernen Intensivstation wurde Anfang 1993 die Innere Abteilung im Konitzkystift endgültig geschlossen und in den Neubau am Hochwaldkrankenhaus übernommen. Freilich waren dort die Baukräne noch nicht verschwunden. Anstelle des alten

Küchenbaus entstand ein Trakt mit 54 Bettenplätzen, der dann schrittweise die Sanierung der Patientenzimmer im Altbau ermöglichen soll. Auch ist eine weitere Erneuerung der Operationssäle vorgesehen.

Von Sanatorien zu Fachkliniken

Ärztlich geleitete Sanatorien existierten in der Badestadt ungefähr seit der Jahrhundertwende. Erinnert sei beispielsweise an das Sanatorium Dr. Hugo Schmidt, in dem 1907 Richard Strauss während einer Kur wohnte; das Sanatorium Groedel (Terrassenstraße 2), 1912 Domizil von Kaiserin Auguste-Viktoria; Dr. Hans Stolls Sanatorium Alicenhof (Aliceplatz); Sanatorium Salubritas (Dr. Bernhard Schuster, Aliceplatz 3); die Privatklinik von Dr. Siegfried Lilienstein und Dr. Heinrich Schwalk (Ludwigstraße 1) und das Kurhaus Lindenhof (Dr. Wachenfeld, Lindenstraße 7). Später kamen so bekannte Häuser hinzu wie etwa das Hedwig-Sanatorium (Bahnhofsallee 7, betrieben vom Caritas-Verband) oder das Sanatorium Ketteler-Heim (Lindenstraße 5). Hier fanden nicht nur Kurgäste Aufnahme, die Erholung, Entspannung, Regeneration und Besserung oft lediglich leichterer Herz- und Kreislaufstörungen suchten. Solche Einrichtungen hatten sich zum großen Teil auch bereits auf die Behandlung bestimmter schwerer Leiden spezialisiert (Stoffwechsel-, Nieren-, Nervenerkrankungen etc.). Ihre Gäste waren überwiegend »ernsthafter Pflege und Wartung bedürftig«, um es im Jargon der Zeit auszudrücken. Etliche dieser Häuser gerieten durch Kriegs- und Nachkriegsverhältnisse in Schwierigkeiten und mussten schließen, andere passten sich mit Erfolg den geänderten Umständen an. In den Sechziger- und Siebzigerjahren begann der häufig beschriebene Vorgang der Klinifizierung beziehungsweise der Fortentwicklung der Spezialisierung, so dass einige hochqualifizierte Fachkrankenhäuser entstanden.

Der folgende Schlussteil möchte in gebotener Kürze und exemplarischem Verfahren einen ungefähren Eindruck von ihrer Unterschiedlichkeit und Bedeutung vermitteln.

Eine der kleineren Kliniken, die seit 1959 besteht, ist die Asthma-Klinik Bad Nauheim in der Rittershausstraße 2. Spezialisiert auf Patienten, die an chronischen oder akuten Atemwegserkrankungen – Asthma bronchiale, chronische Bronchitis, Lungenemphysem – leiden, finden hier etwa 30, meist schwerkranke Menschen stationäre Aufnahme. Zugehörige Krankheitsfolgezustände an Herz und Kreislauf werden therapeutisch mit erfasst. In einer medizinischen Intensivphase geht es darum, unmittelbare Beschwerdelinderung, wenn möglich Symptomfreiheit zu erreichen. In der nachfolgenden zweiten Behandlungsphase soll eine Stabilisierung des Gesundheitszustandes erreicht werden. Die Therapie wird lungenfachärztlich überwacht, versierte Krankenschwestern, die die Nöte der Patienten kennen, stehen ihnen hilfreich bei. Atemübungen, autogenes Training und ein intensives Schulungsprogramm zur eigenen Krankheitsbewältigung sind ein wesentlicher Inhalt des Klinikangebotes. Die Diagnostik allergischer und nichtallergischer Atemwegserkrankungen erfolgt nach dem neuesten medizinischen Wissensstand. *(Die Klinik musste Mitte der 90er Jahre schließen, Anm. d. Red.)*

An einen ganz anderen Patientenkreis wendet sich die Diabetes-Klinik in der Terrassenstraße 8. 1939 übernahm Dr. Werner Kampmann das oben erwähnte

Haus Dr. Hugo Schmidts und führte es als »Westsanatorium« weiter. Sein Sohn, Dr. Bernt Kampmann, begründete dann 1978 die heutige Klinik. Hier finden hauptsächlich Zuckerkranke Aufnahme (ungefähr 90 Betten), ebenso Menschen, die zum Beispiel an Bluthochdruck, Fettstoffwechselstörungen und Gefäßerkrankungen leiden. Unter den etwa 80 Mitarbeitern spielen – außer sieben Ärzten und Ärztinnen – vier Diabetesberaterinnen, drei Diätassistentinnen und drei Diätköche eine besondere Rolle. In der Klinik wird großer Wert auf die Schulung der Patienten gelegt, damit sie ihre Krankheit verstehen lernen und angemessen selbstverantwortlich mit ihr umgehen. Dazu gehören unter anderem das Erlernen der Harn- und Blutzucker-Selbstkontrolle, Ratschläge für das Ernährungsverhalten, Lehrküchen- und Kochkurse oder Unterweisung im Bewegungstraining. Die Klinik bietet auch ambulante Beratung für Diabetiker und ihre Angehörigen an.

Als in der Benekestraße nach Umbau des ehemaligen Eleonorenhospizes am 1. März 1956 die Kerckhoff-Klinik in Betrieb genommen wurde, war sie bereits – wie es ihr Leiter Prof. Dr. Rudolf Knebel ausdrückte, »in Verbindung mit dem kardiologischen Institut (Kerckhoff-lnstitut) eine der besteingerichteten Institutionen dieser Art in Europa«. Dass sich daraus innerhalb der nächsten Jahrzehnte ein hochmodernes, international anerkanntes Herzzentrum entwickelte, gehört zu den wichtigsten Fortschritten in der Badestadt. Fast wie in einem Baukastensystem fügte man mit finanzieller Hilfe des Staates die notwendigen Gebäudeeinheiten zusammen und komplettierte nach und nach die Synthese von Herz-Kreislauf-Forschung und klinisch-chirurgischer Behandlung. Beispielsweise ermöglichte die Fertigstellung eines neuen Funktionstraktes 1975 eine erhebliche Verbesserung der Diagnostik; jährlich konnten zwischen 700 und 800 Herzkatheteruntersuchungen vorgenommen werden. Ende der Siebzigerjahre erweiterten Baumaßnahmen auf dem früheren Schwimmbadterrain die Kapazität beträchtlich. 1983 begannen die Planungen für die Herzchirurgie. Der 51,8 Millionen Mark teure Neubau, mit vier Operationsräumen, drei Kathetermessplätzen und hochwertigen Apparaturen ausgestattet, war fünf Jahre später bezugsfertig und bot erstrangigen Spezialisten (Chirurgen, Kardiologen, Anästhesisten) sehr gute Arbeitsbedingungen. Am 9. 0ktober l988 erfolgte die erste Herztransplantation in Bad Nauheim. Gegenwärtig werden jährlich rund 1600 Operationen unter Einsatz der Herz-Lungen-Maschine durchgeführt (Bypass, Herzklappen, Transplantationen u.a.). Die kardiologische Abteilung ist mit 1000 elektrophysiologischen Behandlungen bundesweit als Spezialklinik für Herzrhythmuskrankheiten ausgewiesen. Die Klinik hat 183 Betten. Die Personalstärke liegt, einschließlich der Ärzte, bei 450 Mitarbeitern. *(In den letzten Jahren wurde die Klinik mehrfach erweitert, Anm. d. Red.)*

Die enge Verbindung von wissenschaftlicher Forschung und klinischer Praxis bildet die Grundlage auch der Klinik für Rheumato1ogie, physikalische Medizin und Balneologie, Ludwigstraße 37–39. Sie ist der Justus-Liebig-Universität Gießen angeschlossen. Als 1959 mit den Arbeiten für das sechsstöckige Bauwerk begonnen wurde, mussten beachtliche Schwierigkeiten überwunden werden. Beispielsweise brachte man an Stelle des vorhandenen Bodens im Austauschverfahren 2000 Kubikmeter Kies ein und setzte ein halbes Jahr lang zwölf Pumpen an, um den Grundwasserspiegel zu senken. Wie schon aus der Namensbezeichnung erkennbar, dient das Haus klinischer Diagnostik und Therapie, Forschung und Lehre. In der Forschung sucht man unter anderem, die Wirkungsweise physikalischer Behandlungsmethoden und speziell der Bädertherapie in Einzelheiten zu ergründen. Das Ausbildungsangebot wendet sich an Mediziner (Studium und Fortbildung) oder angehende Krankengymnasten/innen. Für stationäre (52 Betten) wie für ambulante Patienten mit vorwiegend rheumatischen Krankheiten reichen die Therapieformen von den »natürlichen Kurmitteln« (Thermalsole-Kohlensäurebäder) über Massagen, Bewegungstraining, Packungen bis zur fast reinen medikamentösen Behandlung. Eine Abteilung Wasserchemie und chemische Balneologie hat außerdem die Aufgabe der Untersuchung und Kontrolle der Heilquellen. *(Bestandsbedroht, gehört die Klinik als Teil des neu gegründeten William G. Kerckhoff Herz- und Rheumazentrums seit 1998 einer vom Land Hessen, der Max-Planck-Gesellschaft und der Stadt Bad Nauheim getragenen Stiftung, Anm. d. Red.)*

Auf dem Kaiserberg entstand 1974/75 die Klinik, die den Namen des berühmten englischen Arztes und Entdeckers des Blutkreislaufes William Harvey trägt. Sie widmet sich der Erkennung und Behandlung von Erkrankungen des Gefäßsystems. Hervorragende Diagnosemethoden (u. a. digitales Röntgen, Ultraschall plus farbcodierte Dopplersonographie, Plethysmographie) erleichtern die Entscheidung über den jeweilig angezeigten therapeutischen Weg. Dabei stellt außerdem das klinikeigene Hämostaseologische Labor eine Besonderheit dar. Es wurde nach intensiver Forschungsarbeit 1992 eingerichtet zur Diagnostik spezieller Blutgerinnungsstörungen. Durch die Errichtung eines Operationstraktes mit zusätzlicher Intensivüberwachung, Untersuchungsräumen und weiteren Krankenstationen in einem zweiten Bauabschnitt 1976 waren die Voraussetzungen auch für eine chirurgische Therapie gegeben. Zur Zeit werden pro Jahr circa 6600 sehr vielfältige gefäßchirurgische Eingriffe vorgenommen, so etwa Operationen an Halsschlagadern, Bauchaorten, Beinvenen und -arterien. Bei schweren Durchblutungsstörungen wird ferner versucht, mit kontinuierlichen intraarteriellen Infusionen eine Besserung beziehungsweise Heilung herbeizuführen. In Krankheitsfällen, die im Rahmen einer Anschlussheilbehandlung im Rehabilitationsbereich der Klinik untergebracht sind, kommen neben Massagen unter anderem auch die klassischen Bad Nauheimer Solebäder zur Anwendung. Insgesamt können 256 Patienten stationär aufgenommen werden, darunter in 86 sogenannte Akut-Betten. Eine große Zahl Kranker wird ambulant behandelt. An der Klinik besteht eine staatlich anerkannte Krankenpflegegehilfenschule mit 20 Ausbildungsplätzen. Zusammenfassend ist also festzustellen, dass ein Patient mit einer Gefäßkrankheit in der William-Harvey-Klinik von der ambulanten Behandlung über einen gegebenenfalls stationären Akut-Aufenthalt bis hin zur Durchführung einer Rehabilitationsmaßnahme versorgt werden kann. *(Die Klinik wurde 1999 von der Klinikbetreibergesellschaft Helios übernommen, Anm. d. Red.)*

Seit dem Jahr 1991 besteht in der Franz-Groedel-Straße 6 die Parkinson-Klinik Bad Nauheim. Sie ist eines der wenigen Spezialkrankenhäuser, die es in Deutschland für Patienten mit dieser Erkrankung des Nervensystems gibt. Zur Zeit stehen 160 Betten zur Verfügung. Da der Früherkennung der Krankheit große Bedeutung zukommt, liegt ein Schwerpunkt der Klinik in der Diagnose mit Hilfe aktuellster wissenschaftlicher Verfahren. Danach wird ein individuelles Therapiekonzept sowohl für den stationären Aufenthalt als auch die Zeit nach der Entlassung erstellt. Allgemeines Ziel ist, die Besserung der Symptome und eine Verlangsamung des Fortschreitens des Leidens zu erreichen. Ferner widmet sich die Klinik der Frührehabilitation von Schlaganfall-Patienten. Medikamentöse Therapie spielt in gleicher Weise eine Rolle wie Gymnastik, Massagen oder medizinische Bäder. Nicht zuletzt bemüht man sich um eine gezielte psychische Betreuung der Kranken und ihrer Angehörigen.

Schließlich hat sich ebenfalls 1991 in der Talaue (zwischen Badestadt und Kreisstadt) die Sportklinik Bad Nauheim etabliert. In ihrer stationären Abteilung (ungefähr 20 Betten) werden Unfall-, Sportunfall- und Berufsunfallverletzungen behandelt, desgleichen Patienten mit degenerativen Veränderungen des Bewegungsapparates (Arthrosen, Erkrankungen von Wirbelsäule und Bandscheiben). Sofern nötig, können chirurgische Eingriffe, vor allem auf dem Gebiet der Orthopädie, erfolgen. Durch Anwenden der arthroskopischen Operationstechnik zum Beispiel ist häufig auch die Möglichkeit einer nur ambulanten chirurgischen Behandlung gegeben. Den jeweiligen Krankheitsbildern entsprechen die Therapieformen wie Massagen, Krankengymnastik oder vor allem spezielle Bewegungsübungen, wobei modernste Trainingsgeräte unterstützend eingesetzt werden. Ergänzend sind das Institut für Sporternährung und der Sportpark angegliedert. Dort befinden sich zusätzliche Anlagen und Geräte, die ebenfalls dem allgemeinen Rehabilitationstraining dienen, außerdem die Veranstaltung von Konditions- und Regenerationskursen von Leistungssportlern erlauben.

Überblickt man also den Zeitraum von etwa hundert Jahren, so stellt man fest, dass sich das Krankenhauswesen in der Badestadt grundlegend (man möchte fast sagen revolutionär) geändert hat. Die Ursachen sind vielfältig und zweifellos zum großen Teil in der rasanten Fortentwicklung der Medizin sowie in Prozessen allgemeinen gesellschaftlichen und politischen Wandels zu suchen. Maßgebend waren und sind jedoch auch Initiativen, Risikobereitschaft und planende Vorausschau einzelner Bürger, die es ermöglichen, dass Bad Nauheim seinem vor etlichen Jahrzehnten formulierten Anspruch gerecht werden kann, »eine Stadt im Dienste der Kranken zu sein«.

(Wetterauer Kreiskalender, 1995)

Erinnern Sie sich noch an die Sonder-Lehrgänge?

Bei manchem Ehemaligen bestehen gewiss mehr oder weniger deutliche Erinnerungen an die speziellen Kurse direkt nach Kriegsende – einige sind vielleicht selbst Teilnehmer gewesen –, anderen Kontaktelesern soll diese »Besonderheit« doch einmal vorgestellt werden. Allerdings sei voraus bemerkt, dass die entsprechenden Unterlagen im Schularchiv leider lückenhaft sind. Auskünfte damals Beteiligter haben zur Beseitigung von Widersprüchen und Unklarheiten beigetragen, doch bleiben Fragen offen.

Am 13. Oktober 1945 erschien in den »Amtlichen Bekanntmachungen der Stadt Bad Nauheim« (eine Lokalzeitung war noch nicht zugelassen) folgende Anzeige:

»Den ehemaligen Schülern der beiden oberen Klassen unserer Schule, die aus der Gefangenschaft, aus Lazaretten, der Wehrmacht und dem Arbeitsdienst entlassen worden sind, auch solchen, die von der Schule Zeugnisse mit Vorsemester- oder Reifevermerk erhalten haben, ist durch Teilnahme an einem Sonderkurs Gelegenheit gegeben, ein vollgültiges Reifezeugnis zu erwerben. Nähere Mitteilungen sind auf dem Amtszimmer des Direktors am 15. Oktober vormittags von 8–12 Uhr zu erhalten. Ernst-Ludwig-Schule, i.A. Storck, StR«

Der Kreis der Betroffenen und Interessierten war groß. Allzu viele junge Menschen hatte der Krieg aus normalen Bahnen geworfen und ordnungsgemäße Abschlüsse der Schullaufbahn verhindert. Es meldeten sich nicht nur ehemalige Schüler(innen) der ELS, Primaner, die als Luftwaffenhelfer eingesetzt oder in Wehrertüchtigungslager abkommandiert worden waren; Primanerinnen und Obersekundanerinnen, die ihre Dienstverpflichtung beispielsweise als Telefonistin oder Straßenbahnschaffnerin in Frankfurt abgeleistet hatten. Hinzu kamen Frontsoldaten, außerdem geflüchtete und evakuierte Jugendliche, ebenfalls mit dem Wunsch, die gebotene Chance eines nachträglichen Abiturs wahrzunehmen.

Keine herkömmlichen Pennäler saßen also vor den Lehrern, die sich bemühten, verlorene Zeit wieder einzuholen, wie Direktor Dr. Molz bei der Eröffnung der Sonderlehrgänge am 19. November 1945 feststellte. »Viele von Ihnen haben Schweres und Bitteres erlebt und in manchen Dingen mehr als wir Älteren. Der Entschluss, die Schule noch einmal zu besuchen, wird manchem nicht leicht gefallen sein.« Und er machte Mut: »Vor allem bitte ich Sie, lassen Sie sich nicht durch die widrigen Zeitumstände entmutigen.«

Die meisten Teilnehmer waren mit Energie, Ausdauer und Zielstrebigkeit bei der Sache, trotz Mangel an Lehrbüchern und Schreibmaterialien aller Art – ganz zu schweigen vom oft knurrenden Magen. Dennoch gab es Abbrecher und Leute, deren Wissensstand eine Zulassung zur Abitursprüfung nicht erlaubte. Der Stundenplan konzentrierte sich auf so genannte »wichtige« Fächer, das heißt Musik, Sport, Handarbeit (Werken) wurden nicht unterrichtet. Daraus ergab sich folgende Verteilung:

Fächer	Wochenstunden
Deutsch	4
Englisch	4
Latein	4
Französisch	2 (fakultativ)
Mathematik	5
Physik	2
Chemie	2
Biologie	2
Staatsbürgerkunde	2
Geschichte	2
Erdkunde	2
insgesamt	31 Std.

Auch bei der Stoffauswahl in den einzelnen Fächern galt prinzipielle Beschränkung auf Wesentliches, Exemplarisches. Als Beispiel diene der Lehrstoffplan Geschichte:

1. Das Zeitalter der Französischen Revolution (1789–1815)
2. Der Wiener Kongreß und die Neuordnung Europas
3. Die deutschen Verfassungskämpfe des 19. Jahrhunderts
4. Bismarck und das zweite Reich
5. Der Erste Weltkrieg und seine Folgen
6. Die deutsche Republik und ihre Verfassung
7. Die Schreckensherrschaft des Nazisystems und der politische und wirtschaftliche Zusammenbruchs Deutschlands

Man wollte vorwiegend Lernimpulse vermitteln, das eigene geistige Arbeiten der Schüler anregen. Wiederholungsphasen waren offenbar wegen Zeitnot selten. Der Leiter der Lehrgänge, StR. Dr. Wilhelm Stein (späterer Direktor der Schillerschule), appellierte an die Teilnehmer: »Stellen Sie Lücken in Ihrem Wissen fest, so haben Sie diese in Ihrem eigenen Interesse sofort selbst auszufüllen, und zwar möglichst außerhalb der eigentlichen Unterrichtszeit.«

Am 19. November 1945 begannen zwei Lehrgänge: Lehrgang I, der von Absolventen der früheren Klasse 8 (Prima) besucht wurde; Lehrgang II, den Schüler der früheren Klasse 7 besuchten und der in zwei parallele Gruppen (a und b) aufgeteilt war. Eine Statistik vom 14. Januar 1946 verzeichnet zusammen 104 Teilnehmer.

Als Lehrer waren eingesetzt:

Lehrgang I:
Niederhoff (D, G, Ek)	Dr. Usinger (F)
Christ (E)	Fischer (Ph)
Reineck (L)	Dr. Planck (Ch, Bio)
Dr. Kester (M)	Dr. Stein (Staatsbkd)

Lehrgang II:
Dr. Usinger (D, F)   Dr. Kester (Ph)
Christ (E)   Dr. Planck (Ch, Bio, Ek)
Dr. Kester (M)   Dr. Stein (Staatsbkd)
Reineck (L)   Kuhn (G)
Dr. Huth (M)   Dr. Stein (Staatsbkd)

Die Abitursprüfungen für Lehrgang I fanden im April 1946 satt (Entlassung 8. Mai 1946), für Lehrgang II im September 1946 (Entlassung?). Ein dritter Lehrgang lief vom 13. Mai 1946 bis zum Dezember (Entlassung 20. Dezember 1946) des gleichen Jahres. In ihm waren nochmals Absolventen früherer 8. Klassen zusammengefasst; sie stammten wahrscheinlich überwiegend von auswärts und hatten zuvor nicht die ELS besucht. Die Liste der Lehrer, die hier unterrichteten, ist sehr unvollständig. Ermittelt werden konnte nur Niederhoff (D), Christ (E, F) und Dr. Kester (M).

Im Jahre 1946 wurde übrigens Dr. Fritz Usinger mit der Verleihung des Georg-Büchner-Preis geehrt. Seine Abituraufsatzthemen für Lehrgang II seien zum Schluss wiedergegeben.

Für 7 a):
1. Wie kann Deutschland sich wieder eine angesehene Stellung in der Welt verschaffen?
2. Welche Hoffnungen setzen wir auf die künftige deutsche Literatur?
3. Die Bedeutung der »klassischen Walpurgisnacht« in Goethes Faust II
4. Was verstehen wir heute unter dem Begriff ›Gemeinschaft‹?

Für 7 b):
1. Die Stellung der Jugend zu den Problemen der Zeit
2. Die Fehler der nationalsozialistischen Politik
3. Wieso besteht Faust vor der göttlichen Gerechtigkeit?
4. Das Verhältnis des Staatsbürgers zum neuen Staat

(Kontakte Nr. 13, 1995)

Vom Stummfilm
zum Color-Breitwandstreifen

Reminiszenz an das 1914 eröffnete Victoria-Lichtspieltheater

Bekanntlich leben wir im Jubiläumsjahr des Films. Vor 100 Jahren führten die Brüder Auguste und Louis Lumière zunächst im März, dann am 28. Dezember 1895 im Keller des Brand Cafés am Boulevard des Capucines in Paris dem staunenden Publikum ihre neuartigen Filme vor. Ihnen war es gelungen, Bewegungsabläufe auf Zelluloidstreifen zu bannen und auch in der Projektion wiederzugeben. Die Bilder lernten laufen, wie man zu sagen pflegt. Fast zwanzig Jahre später etablierte sich in Bad Nauheim das Lichtspieltheater, mit dem sich unser Bericht beschäftigt und das mehr als fünf Jahrzehnte hindurch mit dem Leben der Bürger dieser Stadt verbunden blieb.

Eröffnung vor dem Ersten Weltkrieg

Es war freilich nicht das erste am Ort existierende Kino. Das allererste Kinematographentheater mit dem wohlklingenden Namen Apollotheater hatte seit April 1909 im Hotel-Restaurant Rheinischer Hof, Reinhardstraße 7, »jedermann seine interessanten, allgemein gefälligen Schaustellungen« angeboten. Von dort zog es nach zwei Jahren in das nahe gelegene Hotel Nebenzahl, Fürstenstraße (heute Stresemannstraße) 30, um. Doch offenbar empfand man auch dieses Unterkommen nur als Provisorium, vielleicht weil der gastronomische Betrieb störte, der nebenbei lief. Deshalb wohl richtete man im Gebäudekomplex des Europäischen Hofes (Kurstraße/Fürstenstraße) ein kleines eigenständiges, ausschließlich auf seine eigentliche Funktion hin konzipiertes Kino ein. Das Unionstheater eröffnete im März 1912. Überraschend schnell sollte es ernsthafte Konkurrenz bekommen – überdies in nächster Nachbarschaft. Durch Umbau der Räume des ehemaligen Restaurants Saalburg Ecke Park- und Kurstraße entstand ein »Grand Cinéma moderne«, das sich vom 28. Februar 1914 an um die Gunst des badestädtischen Publikums bemühte und versprach, »dem Rufe Bad Nauheims als Weltkurort weitgehendst Rechnung zu tragen«.

Einem zeitgenössischen Zeitungsbericht zufolge muss die Gesamtanlage der neuen Victoria-Lichtspiele recht großzügig gestaltet gewesen sein. »Der große, 21 Meter lange Saal wird von der Kurstraße aus durch eine Passage erreicht, die auf den Besucher gleich den besten Eindruck macht. Dann empfängt uns eine reiche Flora im eigentlichen Vestibül, das als Wintergarten angelegt mit seinen heimischen und exotischen Pflanzen ein wahres Eden ist und jeden Besucher und Naturfreund entzückt. Wir gehen an dem zur Linken liegenden Erfrischungsraum vorbei zum Saal. Derselbe macht durch seine Größe und Ausstattung einen imposanten Eindruck, hier ist Platz und Luft. Von allen Plätzen aus ist die circa 12 Quadratmeter große Bildfläche gut sichtbar, letztere ist bühnenartig aufgebaut. Innerhalb der Bildbühne liegt auch der verdeckte Raum für das Orchester. . . .«

Noch immer hatten es die Kinos schwer, sich gegen Vorurteile, Skeptiker und strikte Ablehnung durchzusetzen. Das zeigen Titel damals verbreiteter Kampfschriften, wie »Kintopp – eine öffentliche Gefahr« oder »Ein Feind unserer Kinder, ein Feind unseres Volkes«. Beispielsweise hieß es in einer solchen Schrift: »So ein passionierter Kintoppschleicher gleicht, nachdem der obligate Schlager seines Stammkinos ihn in das übliche Stadium der Gehirntaubheit versenkt hat, dem Destillenbruder, dessen Hirn die gewohnte Ätherdusche empfangen hat. Der materielle und der intellektuelle Fusel sind einander wert. ...«

Die Filmenthusiasten benötigten Geduld und Zuversicht. Den Bad Nauheimer Kinos mag es geholfen haben, dass sich dort während des Ersten Weltkrieges nicht wenige der zahlreich in der Badestadt einquartierten Lazarettinsassen für 40 oder 60 Pfennige die Zeit vertrieben.

Ein erfolgreiches Familienunternehmen

Gegen Kriegsende musste das Unionstheater aufgeben. Nach dem gescheiterten Versuch, statt dessen eine Kleinkunstbühne zu eröffnen, wechselten schließlich 1920 die Victoria-Lichtspiele in die umgestalteten Räumlichkeiten über. Die neue Adresse lautete nun also Kurstraße 7 und blieb es fast dreißig Jahre lang. Das Unternehmen war seit Gründung zum großen Teil ein Familienbetrieb. Anfänglich hatte es einen Geschäftsführer gegeben, dann oblag die Leitung – ungewöhnlich für die Zeitverhältnisse – einer Frau. Die couragierte Principalin Elise Fuchs plante die längerfristigen Programme und tätigte Abschlüsse mit Firmen des Filmverleihs. In allen Fragen wurde sie von Sohn Heinrich beraten, der als gelernter Elektrotechniker die notwendige Sachkenntnis besaß, in frühester Jugend bereits bei der Ausstattung des Apollotheaters mitgeholfen hatte und sich intensiv ständig über alle Entwicklungen in der Filmbranche informierte. 1934 übernahm er die Gesamtgeschäftsleitung. Sein Bruder Willi fungierte als Vorführer, Vater Heinrich Emil Fuchs saß gelegentlich an der Kasse – eine Aufgabe, die auch öfter die Schwiegertochter erledigte. Sogar Plakatentwürfe stammten von Familienmitgliedern.

Zur Untermalung der Stummfilme engagierte man Musiker. Ältere Nauheimer können sich vielleicht noch an Ignaz Stein und Heinrich Greb erinnern. Aushilfsweise versah diesen Job Anfang der Zwanzigerjahre Bernhard Etté, später Chef einer der besten und beliebtesten Tanzkapellen Deutschlands.

Dann kam der Tonfilm. Mit seiner steten Qualitätsverbesserung begann Ende der Dreißiger-, Anfang der Vierzigerjahre eine Zeit der Hochkonjunktur für das Kino. Die täglichen Vorstellungen um 16 und 20 Uhr waren gut besucht, abends gab es manchmal keine Karten mehr – auch in der Kriegszeit trotz häufiger Fliegeralarme. Dank guter Beziehungen vor allem zu den Produktionsfirmen Terra und Tobis gelang es Heinrich Fuchs, eine Reihe von Erstaufführungen (oft direkt parallel zur jeweiligen Uraufführung) zu organisieren. Dazu gehörten zum Beispiel die Streifen »Versprich mir nichts« (mit Luise Ulrich, Heinrich George und Viktor de Kowa), »Der Unwiderstehliche« (mit Anny Ondra und Hans Söhnker) oder die »Revolutionshochzeit« (mit Brigitte Horney und Paul Hartmann). Ausgesprochene Publikumsrenner des Victoriatheaters scheinen unter anderem gewesen zu sein: die Komödie »Der Mustergatte«, in dem Heinz Rühmann und Hedi Finkenzeller brillierten, »Trenck der Pandur«, den Hans Albers darstellte; Willy Forsts großer Erfolg »Maskerade« mit der Starbesetzung Paula Wessely, Adolf Wohlbrück, Olga Tschechowa und Hans Moser,

»Rembrandt« mit Ewald Balser in der Titelrolle sowie Gisela Uhlen, Hertha Feiler und Elisabeth Flickenschildt, auch Wolfgang Liebeneiners »Ich klage an«, ein Problemfilm zum Thema Sterbehilfe.

Filmuraufführung im Kurhaus

An dieser Stelle sei auf ein herausragendes Ereignis jener Jahre hingewiesen. Die Ufa hatte Bad Nauheim zum Ort der Uraufführung einer Neuproduktion auserkoren. Am 30. Juli 1936 stellte sie im Kurhaus der Öffentlichkeit die Filmoperette »Boccaccio« vor. In ihr mischten sich Anekdotisches aus dem Leben des italienischen Renaissancedichters und Motive seiner berühmten Novellensammlung Decamerone. »Mit Temperament, mit überlegenem Humor, mit technischer Leichtigkeit und Grazie ist ein Film gedreht, der seine Wirkung nie verfehlen wird. Das Ganze ist auch szenisch ein Meisterwerk. Optische Effekte werden abgelöst von klingenden Massenszenen, die in den Rahmen von außerordentlich geschmackvollen Bauten (Otto Hunde) eingeführt sind«, las man in einer Rezension der Bad Nauheimer Zeitung. Die Musik hatte Franz Doelle komponiert. Zu den Darstellern gehörten der populäre Willy Fritsch, Hedi Finkenzeller, Fita Benkhoff und Paul Kemp. Selbstverständlich reisten zur Premiere viele Journalisten an, außerdem prominente Gäste, unter ihnen ein rumänischer Minister, der chinesische Gesandte in London und Liberias Gesandter in Brüssel.

Tagesgespräch in der Badestadt war auch ein Filmball, der in diesem Zusammenhang am folgenden Tag ebenfalls im Kurhaus stattfand. Dass daran Ufa-Stars – im Mittelpunkt stand Johannes Heesters – und das englische Weltmeisterschaftspaar in Gesellschaftstänzen (Elsa Wells und James Barrel) teilnahmen, verlieh der Veranstaltung besonderen Glanz.

Neuanfang und Ende in der Karlstraße

Heinrich Fuchs musste 1949 das Kino in der Kurstraße räumen, das danach von der Hauseigentümerin als Park-Lichtspiele betrieben wurde. Doch der Filmfan gab nicht auf. In der Karlstraße 14, auf einem zum Sprudelhof gehörigen Grundstück, erbaute er das neue Victoria-Lichtspieltheater. Es verfügte über eine hochmoderne technische Ausstattung, umfasste 540 Sitzplätze und war damit das größte der seinerzeit insgesamt drei Bad Nauheimer Kinos. Bei der Eröffnung Anfang Oktober 1952 stand »Rommel der Wüstenfuchs« (James Mason) auf dem Programm. An die Stelle der Ufa-Stars traten Gary Cooper, Clark Gable, Billy Wilder, Bette Davis, Grace Kelly etc. Aber auch Romy Schneider (Sissi), O.W. Fischer zum Beispiel als »Peter Voss, der Millionendieb«, »Der veruntreute Himmel« (nach Werfel) oder »Die Trapp-Familie« kamen gut beim Publikum an und erforderten verlängerte Laufzeiten. Farbigkeit und Breitwandformat waren längst selbstverständliche Attribute neuer Filme.

Das Jahr 1971 brachte das endgültige Aus für das Victoriatheater. Nicht nur der Verkauf des Sprudelhof-Areals, auch die übermächtige Konkurrenz des Fernsehens bedingten die Schließung. Heinrich Fuchs übrigens hat das Ende seines Kinos nur ein Jahr überlebt.

(Wetterauer Zeitung, 23. September 1995)

Sehnsucht nach Kulturgütern

Geistig-moralische Umorientierung: Kulturelle Veranstaltungen vor 50 Jahren

Bei zahlreichen Rückblicken auf die unmittelbare Nachkriegszeit vor 50 Jahren fehlt ein Aspekt, der als zeittypisch gelten kann. Die vielfach beschriebenen schlechten materiellen Lebensbedingungen, wie etwa Lebensmittelknappheit, Wohnungsmangel, Unterbeschäftigung und unsichere Einkommenslage, lenkten erstaunlicherweise in weitaus geringerem Maße, als man vermuten möchte, von geistigen Bedürfnissen ab. Es bestand damals »eine Sehnsucht nach Kulturgütern« (Hermann Glaser). Vielleicht war dies gewissermaßen in einem Kompensationseffekt begründet, vielleicht hatte der Überlebenswille alle Sinne geschärft, sensibilisiert für intellektuelle Impulse. Jedenfalls überwand geistige Neugier größtenteils Apathie und Beschränkung auf rein Materielles. Nach zwölf Jahren Unterdrückung des freien Geistes gab es Nachholbedarf: den Wunsch beispielsweise, sich mit Literatur auseinander zu setzen, die von der faschistischen Ideologie verbrannt worden war, oder mit Kunstrichtungen, denen das gescheiterte Regime mit dem Verdikt »entartet« die Existenzberechtigung abgesprochen hatte.

Es ging um geistig-moralische Umorientierung, den Versuch des Aufbaus eines neuen Wertebewusstseins. Allerdings war es schwer, Zugang zu entsprechenden Kunstwerken und Informationen zu finden, da Zeitschriften und Zeitungen ja zunächst gar nicht oder in nur sehr vermindertem Umfang erschienen und Buchverlage sowohl auf Lizenzerteilung als auch auf Papierzuteilungen warten mussten. Deshalb kam Vortragsveranstaltungen, Ausstellungen etc. große Bedeutung zu. An einige besondere Aktivitäten solcher Art in der Badestadt soll im Folgenden erinnert werden.

Die akademischen Vortragswochen

Weit über den lokalen Bereich hinaus wirksam waren die so genannten akademischen Vortragswochen. Als ihr eigentlicher Initiator hat wohl Dr. H. A. Seelbach zu gelten. Er war 1933 von den Nazis wegen seiner demokratischen Überzeugung aus dem Schuldienst entlassen worden und anfangs des Krieges von Berlin nach Bad Nauheim gezogen. Auf privater Ebene hatte er 1944 einen philosophischen Gesprächskreis ins Leben gerufen, der freilich nach kurzer Zeit offiziell verboten wurde. Nun, nach Kriegsende, versuchte er mit Gleichgesinnten ein Forum zu schaffen, das im oben beschriebenen Sinn einen Beitrag zur kulturellen Erneuerung und wissenschaftlichen Fortbildung leisten sollte. In einem von ihm unterzeichneten Aufruf heißt es unter anderem: »Wissenschaftler, Studenten und andere Kriegsentlassene oder evakuierte Geistesarbeiter leben seit längerer Zeit in Bad Nauheim ohne jede engere Verbindung mit ihren Arbeitsgebieten. Die Universitäten Frankfurt und Gießen fallen bis auf weiteres aus, so dass keine Möglichkeit zu wissenschaftlicher Wiedereinarbeitung besteht. ... Die akademischen Vortragswochen unternehmen es, die abgerissenen Verbindungen zwischen Lernenden und Lehrenden neu zu knüpfen in Form eines Provisoriums, wie es sich aus den Einschränkungen der Zeit ergibt.«

Darüber hinaus wollte man sich an jeden Interessierten wenden, offen sein »für alle, die an einen geistigen Wiederaufbau glauben«.

In Professor Dr. Hans Schaefer, seinerzeit stellvertretender Direktor des William G. Kerckhoff-Instituts, wurde ein wichtiger Verbündeter gewonnen. Sein Renommee als Wissenschaftler half mit, Verbindungen zu Dozenten zu knüpfen, außerdem stellte er den Hörsaal des Instituts zur Verfügung. Insgesamt konnten zwischen 15. Oktober 1945 und 23. März 1946 vier Vorlesungswochen organisiert werden.

Inhaltlich war der Rahmen für anspruchsvolle Vorträge und Diskussionen weitgespannt: Themen zur Rückbesinnung auf Werte der deutschen Klassik behandelten unter anderem Professor Dr. Ernst Beutler (Direktor des Freien Deutschen Hochstifts und Goethemuseums Frankfurt), Oberstudiendirektor Dr. Arthur Buchenau (Herausgeber des Kant-Nachlasses) und Dr. Fritz Usinger (Büchner-Preisträger 1946). Staatsbürgerlich-politologische Referate hielten Professor Dr. Ludwig Bergsträsser (damals Darmstädter Regierungspräsident), Professor Dr. Franz Böhm (kurzfristig Hessischer Kultusminister) und Dr. Konrad Gumbel. Religionswissenschaftliche und weltanschauliche Fragen erörterten Professor Dr. Friedrich Heiler (Universität Marburg) sowie die Theologen Professor Gerstenmaier und Professor Stroth (Seminar Friedberg). Der Bereich Kunstgeschichte wurde durch Vorlesungen der Dozenten Professor Dr. Richard Hamann und Dr. Rupp (Universität Marburg) abgedeckt. Über Gesichtspunkte naturwissenschaftlicher Forschung referierten zum Beispiel Professor Dr. Arthur Weber (Kardiologie), Dr. Pia-Maria Geppert (Expertin für Biostatistik) und Professor Dr. Otto Schäfer (Universität Frankfurt, Atomphysiker).

Alle Vorträge waren gut besucht, auch von Jugendlichen, die in den Diskussionen offenbar intensives Engagement zeigten. Obgleich man nur geringe Eintrittsgelder erhob, ergaben sich nach Begleichung der Unkosten Überschüsse. Sie gingen an das Fürsorgeamt der Stadt, das Hessische Hilfswerk für politisch Verfolgte und eine Organisation, die Ostflüchtige unterstützte.

Die William G. Kerckhoff-Stiftung setzte übrigens in den folgenden Jahren die Vortragsveranstaltungen fort.

Radio Frankfurts Musikwoche

Der Frankfurter Rundfunksender hatte im letzten Jahr von Kriegsende in Bad Nauheim ein vorläufiges Domizil gefunden und startete von hier aus neu als »Radio Frankfurt«. Auch nach seiner Rückkehr an den Main im Februar 1946 blieb zunächst eine engere Verbindung mit der Badestadt bestehen. Öfter zu Gast waren Künstler, die beim Sender verpflichtet waren, so etwa Franz Fehringer, Kurt Wolinsky, Heinz Schröter, Wolfgang Rudolf, die Madrigalvereinigung und das Sinfonieorchester des Rundfunks. Für diese Veranstaltungen gestatteten die Amerikaner in den ersten Jahren noch häufiger die Mitbenutzung des Kurhauses, das sie beschlagnahmt hatten.

Eine Besonderheit stellte die »zeitgenössische Musikwoche« des Senders dar. Intendant Eberhard Beckmann eröffnete sie am 7. Juli 1946. Ihr Leiter, Heinz Schröter (langjähriger Chef der kammermusikalischen Abteilung des Hessischen Rundfunks) beabsichtigte, einen »Querschnitt durch das Musikschaffen der Gegenwart« zu geben. Komponisten, die aus rassischen und politischen Gründen im Hitler-Deutschland boykottiert und verfemt worden waren, deren

Werke viele Deutsche gar nicht kannten, sollten vorgestellt werden. Dazu gehörten Strawinsky, Bartók, Roussel, Malipiero, Křenek, Prokofieff, Ravel, Sutermeister und vor allem Hindemith. Den Zugang zur ungewohnten, bisweilen schwierigen Musik wollte man durch Einführungsgespräche erleichtern und Vorurteile abbauen. Zum Beispiel gab Dr. Heinrich Strobel (Musikforscher, Leiter der Musikabteilung des Südwestfunks Baden-Baden) Erläuterungen zu Igor Strawinskys Concerto in D für Violine und Orchester; Dr. Karl Holl (ehemals Musikschriftleiter der »Frankfurter Zeitung«) hielt ein Referat über »Die moderne Musik und wir«, in dessen Mittelpunkt Arnold Schönberg und Paul Hindemith standen. Die Konzerte wurden gestaltet vom Sinfonieorchester von Radio Frankfurt unter Leitung Hans Blümers, dem Lenzewsky-Quartett, dem Schröter-Trio und einer großen Anzahl von Vokal- und Instrumentalsolisten. Sie fanden im Kurhaus statt und liefen zum Teil als Direktübertragungen über den Sender. Den Höhepunkt bildete am 14. Juli die Aufführung der Sinfonie »Mathis der Maler« von Hindemith.

Mit dieser Veranstaltungsreihe wurde eine feste Einrichtung des Hessischen Rundfunks begründet (Wochen für neue Musik), die allerdings dann nicht mehr in Bad Nauheim beheimatet war.

Eine frühe Max Beckmann-Ausstellung

Schließlich sei auf eine Ausstellung hingewiesen, die sich dem Maler Max Beckmann widmete. Er gehörte ja ebenfalls zu den von den Nazis angefeindeten, verbotenen Künstlern, hatte seine Professur an der Frankfurter Städelschule aufgeben müssen und Deutschland 1933 verlassen.

Das Besondere lag darin, dass die Ausstellung in Bad Nauheim eine der ersten – vielleicht die erste deutsche Beckmann-Ausstellung nach dem Krieg überhaupt – gewesen ist. Sie wurde am 3. April 1946 im Kerckhoff-Institut mit einem Vortrag von Dr. Walter Menne eröffnet. Die Exponate konnten in den (später beschlagnahmten) Kolonnadenräumen des bekannten Kunsthändlers Otto Banger besichtigt werden. Es handelte sich um insgesamt 114 (!) grafische Blätter (Lithografien, Radierungen, Holzschnitte und Zeichnungen) des Künstlers, die zwischen 1911 und 1924 entstanden waren. Überwiegend stammten sie wohl aus dem Besitz des Ehepaares Ugi und Fridel Battenberg. Zwischen ihnen, Max Beckmann und seiner Gattin Mathilde (»Quappi«) bestand seit vielen Jahren eine enge Freundschaft, freilich zuletzt durch die politischen Verhältnisse beeinträchtigt. Im Krieg ausgebombt, waren die Battenbergs aus Frankfurt nach Bad Nauheim evakuiert worden. Glücklicherweise hatten sie einen Teil ihrer Kunstschätze vor der Zerstörung bewahrt.

Wie viele Besucher die Gelegenheit nutzten, sich mit Beckmanns Schaffen auseinander zu setzen, ist nicht feststellbar. Da jedoch die von den Amerikanern vom 15. Oktober bis 15. November 1945 in der Trinkkuranlage veranstaltete Ausstellung des Oberhessischen Künstlerbundes bereits in der ersten Woche von mehr als 200 Personen besucht wurde, stieß vermutlich auch die Beckmann-Ausstellung auf lebhaftes Interesse.

(Wetterauer Zeitung, 18. Dezember 1995)

Gradierwerk »in tieftraurigem Zustande«

Wie sich die Sätze ähneln: Bericht von einer Landtagsdebatte vor fast genau 100 Jahren

»... Ich habe mich in dem Bade umgesehen und habe gefunden, dass beispielsweise die Gradierwerke in einer Weise vernachlässigt sind, dass ich es geradezu für erstaunlich halte, dass nicht schon irgendwelche Unglücksfälle passiert sind. Ich bin wirklich der Meinung, dass hier seitens der Regierung unter allen Umständen einmal nachgesehen werden müsste.«

Diese Sätze stammen nicht etwa aus unseren Tagen, sondern sie wurden vom Abgeordneten Carl Ulrich in der Sitzung des Hessischen Landtags am 5. Februar 1896 formuliert. Er war der Auffassung, für Bad Nauheim werde vom Staat aus »viel zu wenig getan«, es sei nötig, »sich mit dem Bade einmal etwas näher zu beschäftigen«. Carl Ulrich wusste in der Tat, worüber er redete. Obgleich in Offenbach beheimatet, kannte er aus eigener Anschauung die hiesigen Verhältnisse, denn er hatte direkt zuvor zwei Badekuren absolviert (als Gast bei Zenkert in der Schnurstraße 7). Obendrein konnte er sich auf das Zeugnis eines Kollegen berufen. Bei einem gemeinsamen Spaziergang mit dem Abgeordneten Richard Westernacher, Gutspächter in Lindheim, war ihm der »tieftraurige Zustand« der Gradierwerke aufgefallen. Westernacher bestätigte im Verlauf der Debatte bereitwillig den geschilderten Missstand: »Wenn es sich um einen Privatbau handelte, so würde der Besitzer unter Umständen in Strafe fallen.« Solche Aussage wog schwer. Da Ulrich zu den kritischen Sozialdemokraten im Landtag gehörte, hätte die Großherzogliche Regierung vielleicht versuchen können, die Sache als böswillige oppositionelle Attacke abzutun. Westernacher indes zählte zur Regierungsmehrheit, war Mitglied der Nationalliberalen.

Vom Nutzen der Gradierluft

Von der Regierungsbank antwortete zunächst Geheimer Oberbergrat Braun, der Schäden im Bereich der Gradierwerke zugab, »wenn auch nicht in der Ausdehnung, wie der geehrte Herr Vorredner es schilderte«. Reparaturen seien bereits eingeplant, obwohl Salinenbetrieb und Badeverwaltung getrennt betrachtet werden müssten. Der Nutzung der Gradierbauten komme im Rahmen der kurmäßigen Therapiemaßnahmen eigentlich keine Bedeutung zu. Doch Ulrich konterte, man müsse sich gerade als Mitglied des Landtags über einen Großteil der Gradierwerke schämen, »wenn man sich sagt: Das gehört dem Lande Hessen. Ich bin der Meinung, dass da gründlich renoviert werden muss, und glaube, dass wir jetzt bedeutend mehr an Reparaturkosten zu zahlen haben, als wenn regelmäßig alles gemacht worden wäre, was erforderlich gewesen«.

Für ihn stand der Wert der Freiluftinhalation außer Frage. »Ich kann Ihnen sagen, dass ich durch aufmerksame Beobachtung zu der Überzeugung gekommen bin, dass die Gradierwerke mehr und mehr gewinnen. Wer selbst an Herzkrankheiten leidet und an den Gradierwerken Linderung sucht, der wird auch den Unterschied herausfinden zwischen dem Inhalationsapparat und dem Einatmen der Luft bei den Gradierwerken, der begreift auch ganz gut, dass man mit dem Inhalationsapparat nicht soviel erreichen kann als mit der Gradierluft.«

Ulrichs subjektive Erfahrung stimmte weitgehend mit Informationen des zeitgenössischen offiziellen Bad Nauheimer Führers für Kurgäste und Ärzte (herausgegeben von Bergrat Otto Weiss und Prof. Dr. Isidor Groedel) überein. Später wurde der »Heilfaktor« Gradierluft wieder stark relativiert – vor allem anlässlich des Abbruchs von Gradierwänden. Dennoch bestätigte beispielsweise Kurdirektor Dr. Alt im Februar 1981, dass hier durch die Verdunstung der Sole ein Kleinklima entstehe, das mit der Luft am Strand der Nordsee vergleichbar sei.

Das Staatsbad erzielte Überschüsse

Die meisten Schäden, von denen in der Debatte die Rede war, scheinen an der so genannten langen Wand aufgetreten zu sein. Diese südlichste Anlage der Gradierwerke bildete seinerzeit parallel zur heutigen Schwalheimer Straße zwischen hinterer Kurstraße und Frankfurter Landstraße eine nahezu geschlossene Reihe von 1060 Meter Länge. Anfang des 19. Jahrhunderts hatte man sie sogar jenseits der Frankfurter Straße in Richtung Schwalheim um einen Gradierbau verlängert, der jedoch 1896 wohl schon nicht mehr existierte.

Da die lange Wand die Usa überspannte sowie auch die verlängerte Zanderstraße überbaut und mit einer Durchfahrt versehen war, ergab sich gerade in unmittelbarer Nähe des Ludwigbrunnens eine malerische, oft fotografierte Partie.

Hauptsächlich in den Sechzigerjahren wurden große Teile des imposanten Bauwerks (nachdem man es hatte baufällig werden lassen) abgerissen, sodass mit insgesamt knapp 500 Metern nur die Gradierwerke III, IV und V übrig blieben.

Größere Reparaturausgaben schmerzten den Staat auch vor 100 Jahren, und verblüffend aktuell war die Reaktion des Finanzministers August Weber. Er wies den Vorwurf zurück, die Regierung habe zu wenig für das Bad getan, um dann zu versuchen, die Kommune stärker in die Pflicht zu nehmen. »Es wäre sehr wünschenswert, wenn auch die Stadt Bad Nauheim ihrerseits für die Interessen des Bades etwas wärmere Sympathien zeigte, als sie bisher bewiesen hat, und auch ihrerseits etwas mehr ausgäbe.« Seine Warnung, die Stadt könne sich durch allzu große Zurückhaltung die Sympathie des Landtags verscherzen, klang fast wie eine Drohung. Damit provozierte er Widerspruch. Die Abgeordneten Friedrich Karl Weith (Nieder-Wöllstadt) und Carl Ulrich hielten ihm entgegen, dass seit Jahren durch die Kurortfunktion der Stadt erhebliche Mehrkosten (unter anderem für Straßen- und Wegebau, Kanalisation, Klärwerk) entstünden, außerdem das Bad sich recht gut selbst finanziere. Tatsächlich stiegen sowohl die Kurgastzahlen als auch vor allem die Einnahmeüberschüsse beträchtlich an. Es bedurfte keinerlei Zuschüsse aus Steuermitteln.

Glückliche Zeiten! Carl Ulrich übrigens, nach 1918 ja erster Hessischer Staatspräsident, blieb, solange er lebte, ein Nauheim-Fan. Etwa vierzig Mal unterzog er sich hier einer Kur und setzte sich immer wieder entschieden für die Belange von Badestadt und Kurbetrieb ein. Was er wohl zur gegenwärtig miserablen Situation sagen würde?

(Wetterauer Zeitung, 18. Januar 1996)

(1999 wurde – auf Initiative des Fördervereins der Kurstadt – mit der Sanierung der Gradierwerke begonnen, Anm. d. Red.)

Vor 150 Jahren entsprang der »gelbe Fluss«

Der Bau des Solgrabens

Vielfach wird angenommen, dass der Solgraben – früher scherzhaft »Nauheims gelber Fluss« genannt – erst nach dem Erscheinen des Sprudels im Dezember 1846 (Quelle VII) angelegt worden sei. Dem widerspricht zweifelsfrei ein Schreiben nebst Skizze des Nauheimer Salzamtes, das am 20. Juli 1846 an das kurfürstliche Kreisamt zu Hanau gerichtet war. Es lautete:

»Der Staat hat auf der hiesigen Saline eine circa 2500 Fuß lange Soolleitung gebaut, welche die in der Nähe dem Gradierungsgelände liegenden Ackerfelder durchschneidet. Diese Anlage besteht aus dem mit Cement ausgestrichenen Pflaster a, neben welchem sich zwei kleine Erdaufwürfe b und an diesen Erdgräben c befinden, welche letzteren an einigen Stellen an ihren Seiten noch einen kleinen Damm d haben. Damit diese Anlage ihrem Zwecke entspricht und zu ihrer Erhaltung ist es erforderlich, dass alles Gehen, Reiten, Fahren und Treiben von Vieh auf dem Pflaster a, in den Erdgräben c und an deren Seitenabdeckungen m sowie auf d streng verboten werde. Die ebenen Seiten f der Erdaufwürfe b können zum Gehen, aber auch nur hierzu benutzt werden. Da Ihnen die Befugniß zusteht, lokale Strafbestimmungen zu treffen, so ersuchen wir Sie, die oben unerwünschte Art der Benutzung des Soolgrabens unter Festsetzung einer bestimmten Geldstrafe und unter der weiteren Bedingung zu untersagen, daß der Zuwiderhandelnde, außer daß er die Strafe zahlt, die Saline vollständig für die von ihm etwa veranlaßte Beschädigung der Anlage und die dadurch veranlaßten Nachteile zu entschädigen hat. Wir würden dann in diesem Sinne an angemessenen Punkten Warnungstafeln errichten lassen.

Hochachtungsvoll gezeichnet Nauheim, den 20. Juli 1846 Kurfürstliches Salzamt Schäffer/Schminke/Dunker«

Vorrang hatte die Saline

Schon am 6. August beantwortete das Kreisamt die Eingabe und erließ ein entsprechendes Polizeiverbot zum Schutz des Solgrabens. In diesem offenen Leitungsgraben wurde also ursprünglich die Sole der Quellen I, II und V, später auch VII, XII und XIV einem großen Sammelbecken zugeführt und von dort auf die Gradierwerke gepumpt.

In erster Linie setzte sich Eduard Dunker, der 1840 als Salineninspektor nach Nauheim gekommen war, erfolgreich für das Projekt ein. Er hatte Bedenken, durch den zunehmenden Badebetrieb könnte für die Salzgewinnung zu wenig Quellwasser zur Verfügung stehen. Immerhin verdoppelte sich seit der Eröffnung der Solbadeanstalt innerhalb eines Jahrzehnts die Zahl der abgegebenen Bäder. Nach behördlicher Ansicht sollte seinerzeit die Saline Vorrang vor dem Bad haben. Erst das Zutagetreten des großen Sprudels verringerte die Sorge um mögliche Engpässe. Im Sommer 1844 begannen die Bauarbeiten für den etwa 800 Meter langen Graben und das Reservoir von 44 Metern Durchmesser und circa 4 Metern Tiefe. Zwei Jahre danach war die Anlage betriebsbereit.

Mit Arsen belastet

Beim Durchfließen des offenen Grabens fand eine Art Vorgradierung der Rohsole statt. Dabei setzten sich gröbere mineralische Bestandteile am Boden ab, darunter Eisenbicarbonat, das die charakteristische gelblich-rötliche Färbung bewirkte. Ungefähr alle zehn bis zwölf Wochen erfolgte eine Reinigung der Anlage. Die entfernten Ablagerungen wurden viele Jahrzehnte lang in Nauheimer Gärten als Wegebelag verwendet. Freilich ahnte man damals nicht, was wir seit einigen Jahren wissen: dass das Sprudelwasser durch gesundheitsgefährdendes Arsen belastet ist und somit auch die Ausfallungen. Der Solgraben wird deshalb nun nicht mehr mit Sole beschickt, indes muss er wie zuvor gelegentlich gereinigt werden, da unverständige Zeitgenossen immer wieder hier ihren Unrat abladen. Und ein tristes Bild bietet das ehemalige Sammelreservoir, in dem neben diversen Abfällen noch gehörige Mengen belasteter Schlamm lagern.

Dennoch wäre es sehr bedauerlich, wenn eines nicht zu fernen Tages durch Verfüllung des Grabens sowie Abbruch des Beckens diese Zeugnisse aus Nauheims Salinenvergangenheit verschwinden sollten.

(Wetterauer Zeitung, 30. Mai 1996)

Sprudel-Gavotte, Valse caprice und Romantische Fantasie

Komponisten, die mit Bad Nauheim eng verbunden waren

Im Folgenden soll nicht von Richard Strauss, Hans Pfitzner oder Arthur Honegger die Rede sein, die sich vor Jahrzehnten jeweils einige Wochen lang während einer Kur in der Badestadt aufhielten. Vielmehr geht es um hier geborene oder längere Zeit ansässige Komponisten. In ihrer Bedeutung stehen sie freilich mit den vorher Genannten in keinerlei Konkurrenz. Dennoch lohnt es sich zumeist, ihre vielfach bescheideneren Leistungen vor dem völligen Vergessenwerden zu bewahren. Es sei auch vorausgeschickt, dass weder eine vollständige Erfassung aller in Frage kommenden Künstler noch das lückenlose Registrieren ihrer Kompositionen angestrebt wird. Ebenso müssen manche Details in Hinblick auf Biografisches offen bleiben.

Der alten, von Wilhelm Wagner verfassten Nauheimer Chronik kann man entnehmen, dass in der Anfangsphase des Solebades das offizielle Unterhaltungsangebot für Gäste sehr bescheiden war. »Damals hatte Nauheim noch keine Kurmusik wie jetzt; die Kurgäste mussten sich ihre Musik auf dem Klavier, das im Speisesaal des Kurhauses stand, selbst machen. Der Dirigent des Vereins ›Frohsinn‹, Lehrer Auffahrt, übernahm aber vielfach die Unterhaltungen. Am meisten freuten sich die Kurgäste über seine Gesangsvorträge, da derselbe eine schöne, klangvolle und ausgebildete Tenorstimme besaß.« Johannes Auffahrt wurde 1819 als Sohn des Lehrers Johannes Philipp Auffahrt in Nauheim geboren. Nach einer Ausbildung und Hilfslehrertätigkeit in Berkersheim (Frankfurt) übernahm er 1843 eine Lehrerstelle in seinem Geburtsort. Von ehemaligen Schülern ist er als recht streng beschrieben worden: »Oft benutzte er den Violinbogen zu einem anderen Zwecke als zum Streichen.« Oder: »Bei Lehrer Auffahrt wurde viel auswendig gelernt. Wer sein Pensum nicht konnte, wurde über das Knie gelegt und mit dem Vierkantlineal bearbeitet.« Ob er schon in der Zeit seiner oben geschilderten Soloauftritte (um 1850) gelegentlich selbst Komponiertes zum Besten gab, lässt sich nicht feststellen. Die veröffentlichten, gedruckten Klavierstücke sind jedenfalls offensichtlich zwischen seiner Pensionierung 1887 und seinem Tod im Jahre 1900 entstanden. Es sind dies meist die damals beliebten Tänze Polka, mit lebhaftem $^2/_4$-Takt, und Polka-Mazurka im $^3/_4$-Takt mit Titeln wie zum Beispiel »Vergiss mein nicht«, »Lebenslust«, »Nauheimer Teichhaus-Polka«, »Nauheimer Terrassen-Polka-Mazurka«, eine Polka »Weinklänge«, die seinem Schwiegersohn Ernst Hupfeld gewidmet war, oder die »Bad Nauheimer Sprudel-Jubiläums-Polkas, 1846–1896, meinen verehrten Mitbürgern zu Bad Nauheim freundlichst gewidmet«.

»Liebliche Melodien, voll Anmuth und Frische«

Zum gleichen Anlass des 50-jährigen Sprudeljubiläums komponierte Lorenz Müller (1854–1909) eine »Sprudel-Gavotte«. Sie sei »melodiös, packend und künstlerisch wertvoll«, urteilte der Bad Nauheimer Anzeiger. »Sind die Compositionen von Müller dramatisch und effectvoll, so besitzen die Stücke Auffahrts lieblichen Melodien, voll Anmuth und Frische.«

Lorenz Müller, Mitglied unter anderem des Turnvereins 1860, des Gastwirtevereins und der Schützengilde, betrieb um die Jahrhundertwende im Haus Bismarckstraße 10 (heute Lessingstraße) außer einem Hotel ein »Piano-Geschäft«. Neben Klavieren scheint er auch allerlei Notenmaterial verkauft zu haben. Sein »Nauheimer Sprudelmarsch« wurde im Juli 1892 während eines Konzertes des Großherzoglich-Hessischen Feldartillerie-Regiments Nr. 25 auf der Kurhausterrasse erstmals gespielt. Von weiteren Titeln seien angeführt: »Hoch in den Lüften, Marsch Seiner Excellenz dem Grafen F. Zeppelin ehrfurchtsvoll gewidmet«, »Klänge vom Nauheimer Johannisberg, Polka élégante«, »Deutscher Radfahrermarsch« und der dem Gesangverein »Frohsinn« zugeeignete »Frohsinn-Marsch«.

Ab dem Sommer 1853 konzertierte in Nauheim das erste offizielle Kurorchester. Dessen ständiger Leiter war zwanzig Jahre lang der gebürtige Kölner Clemens Edmund Neumann (1819–1873). Gut ausgebildet als Geiger und Pianist, hatte er sich zuvor schon in Frankfurt und Trier bewährt. Ihm machte das Komponieren große Freude, denn es sind etwa 130 Stücke von ihm bekannt, ausnahmslos Unterhaltungs- und vor allem Ballmusiken. Er musste in der Regel jeden Donnerstag einen Tanzabend bestreiten und wollte durch Eigenprodukte wohl für zusätzliche Abwechslung sorgen. Als Beleg der Qualität seiner Stücke mag die Tatsache gelten, dass sie zum Teil in den angesehenen Musikverlagen Schotts Söhne, Mainz, und Breitkopf und Härtel, Leipzig, erschienen. So tanzten also die Kurgäste zu den Klängen seines »Tscherkessen-Galopps«, des »Galopp de Champagne«, der »Windsor-Quadrille« oder der Polka-Mazurka »Souvenir de Nauheim«. Einen »Hexenmeister« nannte Gottfried Flohr in seinen »Nauheimer Eindrücken« von 1855 den Dirigenten, der die Ballgesellschaft zu begeistern wusste. »Eine Polka-Mazurka comme il faut. Sie ist von Neumann selbst ... Die Töne brausen, perlen und schäumen, es durchrieselt uns nur so. Ist es nicht, als ob der Meister nachts im Schein des Mondes dem Sprudel gelauscht hätte, nachts, wo alles Harmonie, wo alles Melodie wird ...«

Überregionale Bedeutung erlangt

Von den Nachfolgern Neumanns sind ebenfalls einige kompositorisch hervorgetreten. Dazu gehören vor allem Hofrat Prof. Hans Winderstein (1856–1925) und Generalmusikdirektor Heinz Bongartz (1894–1978). Beide haben das Musikleben Bad Nauheims auf außerordentlich hohes Niveau gebracht.

Der aus Lüneburg stammende Winderstein vervollkommnete seine Ausbildung nach dem Besuch des Leipziger Konservatoriums als Konzertmeister unter anderem in Nizza, Wien, Zürich und Winterthur. 1896 gründete er in Leipzig ein eigenes Orchester, mit dem er durchaus erfolgreich neben dem berühmten Gewandhaus-Orchester bestehen konnte. Dieses etwa 50 Musiker umfassende Winderstein-Orchester übernahm ab 1906 die saisonale Kurmusik in der Badestadt. In zahlreichen Sinfoniekonzerten gastierten angesehene Vokal- und Instrumentalsolisten. Insgesamt waren Programme und Leistungen so beachtlich, dass Bad Nauheim für Musikfreunde überregionale Bedeutung gewann. Windersteins plötzlicher Tod 1926 löste große Betroffenheit aus. Zum

Nachlass zählten Lieder und Violinstücke sowie größere und kleinere Orchesterstücke. Häufig gespielt wurden in den Zwanziger- und Dreißigerjahren – später nur noch gelegentlich – sein »Ständchen«, der »Valse caprice« und das »Ständchen an Isolde«, das er speziell für ein Nauheimer Terrassenkonzert komponiert haben soll.

Glänzende Opernaufführungen

Der Rheinländer Heinz Bongartz, ein Schüler von Elly Ney auf dem Kölner Konservatorium, leitete das Kurorchester erstmals im Sommer 1928. Daneben dirigierte er weiterhin (seit 1926) die bedeutende Meininger Landeskapelle. Sie wurde dann sogar für die Saison 1929 und 1930 nach Bad Nauheim verpflichtet. Bongartz setzte die anspruchsvolle Linie Windersteins fort, ja steigerte sie noch. Eine Besonderheit stellten seine »Deutsche-Meister-Festspiele« dar, die »auch in der großen deutschen Presse (Berlin, München) starken Widerhall fanden«. In Eigenregie inszenierte er glänzende Opernaufführungen mit Spitzenkräften als Sänger, so beispielsweise »Salomé« von Richard Strauss, Wagners »Tristan«, Beethovens »Fidelio« oder »Figaros Hochzeit« von Mozart. Die allgemein schlechte Wirtschaftslage und notwendige Sparmaßnahmen zwangen in der Folgezeit zu strikten Einschränkungen. 1933 wurde Bongartz zum 1. Kapellmeister am Kasseler Staatstheater berufen, setzte 1937 seine Karriere in Saarbrücken fort. Nach dem Zweiten Weltkrieg war er Professor an der Leipziger Musikhochschule und bis 1964 international renommierter Chefdirigent der Dresdner Philharmonie.

Von seinen vielfältigen Tonschöpfungen gelangten in Bad Nauheim im Juni 1931 eine »Musik für großes Orchester« Opus 14 sowie sechs Lieder für Sopran zur Uraufführung. Unter den später komponierten Werken sind hauptsächlich mehrere Orchestersuiten, eine Sinfonie und Lieder für Bariton und Orchester nach Texten von Hölderlin zu nennen.

Verlust bedeutender Noten

Stellvertreter Windersteins (2. Kapellmeister) war von 1921 bis 1926 Julius Schröder, 1876 als Sohn des Kaufmanns Heinrich Schröder in Bad Nauheim geboren. Er studierte zunächst am Raff-, dann am Hochschen Konservatorium in Frankfurt und machte bald danach in England eine erstaunliche Karriere. Vierzehn Jahre lang bis zum Ausbruch des Ersten Weltkrieges dirigierte er große Sinfoniekonzerte in der Queens Hall London (Queens Hall Orchester), außerdem lehrte er Klavier, Gesang und Harmonie an der Königlichen Hochschule für Musik. Ein Großteil der Noten seiner bis dahin fertig gestellten Kompositionen, darunter zwei Sinfonien, Klavierstücke, Chorwerke und Lieder, gingen in London verloren beziehungsweise wurden vernichtet. Infolge der spektakulären Versenkung des britischen Passagierschiffes »Lusitania« im Mai 1915 durch ein deutsches U-Boot kam es nämlich seitens aufgebrachter Nationalisten zu Übergriffen gegen Deutsche und deren Eigentum. Auch Schröders Wohnung war Plünderung und teilweiser Zerstörung ausgesetzt. Darüber, ob es ihm gelang, das Verlorene zu rekonstruieren, oder inwieweit er neue Werke schuf, sind keine Informationen zu gewinnen. Dass er die Badestadt 1926 verließ, hing unter Umständen mit der enttäuschten Erwartung zusammen, zum Nachfolger

Windersteins berufen zu werden. Nach einer Reise durch die USA wurde Schröder die Leitung der Volkssinfoniekonzerte in München übertragen. In den Dreißigerjahren fungierte er schließlich als 1. Kapellmeister des Kurorchesters in Bad Brückenau. Er starb hochbetagt 1958 in seiner Heimatstadt.

Bei Engelbert Humperdinck studiert

Wenden wir uns wieder der leichten Muse zu, so ist zuerst an den waschechten Nauheimer Wilhelm Aletter (1867–1934) zu erinnern. Sein Elternhaus – der Vater Gottlieb Aletter war Bäckermeister – stand in der unteren Hauptstraße, an der Stelle des heutigen »Hansa-Hauses« (Nr. 7). Vielleicht erteilte ihm in Kindheit und früher Jugend Johannes Auffahrt Klavierunterricht, da er in direkter Nachbarschaft wohnte. Indes wissen wir darüber nichts Genaueres. Fest steht, dass er bei Engelbert Humperdinck (»Hänsel und Gretel«) und Moritz Morkowsky studierte und etwa ein Jahrzehnt lang in Berlin-Steglitz eine Musikalienhandlung besaß. Einer Notiz der Bad Nauheimer Badezeitung vom 16. Mai 1894 zufolge lagen zu diesem Zeitpunkt bereits mehrere Kompositionen Aletters vor. Seine »Rokoko-Gavotte« wurde am Pfingstmontag 1894 während des Kurkonzertes gespielt und »fand viel Beifall«. Ein richtiger Ohrwurm muss sein Schlager »Ach könnt' ich noch einmal so lieben« gewesen sein. Er wird in zeitgenössischen Berichten sehr häufig erwähnt und gehörte um 1905 zum Repertoire des Polyphon-Orchestrions, einem Vorläufer der modernen Musikautomaten.

Die Anzahl seiner populären Salonstücke, Tänze und Lieder, nach dem damaligen Geschmack »melodienreich und gemütstief«, ist kaum noch zu ermitteln. Der Musikverlag Bosworth (London, Paris, Leipzig, Wien) hat beispielsweise um 1900 insgesamt 34 Klavierkompositionen Aletters angeboten, darunter Titel wie »Am Wasserfall«, »Weiße Nelken«, »Auf Capri« und »Im Frühling«. Nach einem mehrjährigen Aufenthalt in New York ließ sich Wilhelm Aletter erneut in Berlin als »freischaffender Tonkünstler« nieder, geriet allerdings gegen Ende seines Lebens in materielle und gesundheitliche Schwierigkeiten. Seine Freunde baten deshalb anlässlich seines 60. Geburtstages in der Bad Nauheimer Zeitung um eine finanzielle Ehrengabe für den Komponisten. Im Hessischen Rundfunk konnte man im Rahmen der nostalgischen Sendereihe »Aus Großmutters Salonalbum« am 6. April 1968 neben dem »Geburtstagsständchen« von Paul Lincke und »Heinzelmännchen Wachparade« auch Aletters »Rendezvous« wieder einmal hören.

Komponistin mit acht Jahren

Ebenfalls im Radio gesendet wurden in den Fünfziger- und Sechzigerjahren Schlager einer in Bad Nauheim ansässigen Künstlerin. Eva Gardy-Scholz schrieb sie zum Teil ursprünglich für den damaligen Karnevalsverein »Die Sprudelgeister«. Ihre mitreißenden Rhythmen und Melodien fanden in weiten Kreisen Anklang. Manche Leserinnen und Leser kennen wahrscheinlich noch »Ananas« (von Vera de Luca gesungen), »Bamba« oder »Das ist Amore«. Die 1912 in Berlin geborene Eva Gardy machte bereits als Achtjährige mit einer Komposition auf sich aufmerksam, die im Kinderkonzert des Leipziger Konservatoriums zur Aufführung kam. Dort studierte Eva Gardy bei Robert Teichmüller, aus dessen Schule eine Reihe hervorragender Pianisten hervorging. Früh schon war sie beim Rundfunk dabei, wirkte mit bei Filmmusiken und trat als Konzertpianistin auf.

Der Zweite Weltkrieg brachte ihre Lebensplanung durcheinander. Seit 1946 lebte sie zunächst zurückgezogen in der Badestadt. Dann textete und komponierte sie Chansons, machte Schallplattenaufnahmen, spielte Bühnenmusiken am Frankfurter Rémond-Theater und unterhielt »in ihrer vielseitigen Musikalität« die Gäste von Hilberts Parkhotel mit Chopin, Liszt, Mozart, Gershwin, aber auch eigenen Stücken. Kurz vor ihrem unerwarteten Tod 1970 konnte sie mit ihrem Kasatschok »So war Ivan« und dem Chanson »La petit rose« (Interpretin Petra Pascal) noch einmal große Erfolge verbuchen. Die Ausarbeitung etlicher vorliegender Liedentwürfe blieb ihr versagt.

Kirchenmusikalisches Wirken

Am Schluss dieses kleinen Überblicks soll auf zwei Künstler hingewiesen werden, deren kompositorisches Schaffen auch kirchenmusikalische Werke umfasste. Die Erinnerung an den älteren – Hans Rosenmeyer (1860–1946) – ist allgemein stark verblasst, während das Bild der Persönlichkeit von Prof. Willy Jaeger (1895–1986) vielen Mitbürgern noch deutlich vor Augen steht. Rosenmeyer war um die Jahrhundertwende als Direktor der Akademie der Tonkunst in Erfurt überregional bekannt geworden. Vor allem seine Einstudierungen der Oratorien Georg Friedrich Händels ernteten hohes Lob der kritischen Fachwelt. Anfang der Zwanzigerjahre übersiedelte er nach Bad Nauheim eigentlich mit dem Gedanken an Ruhestand. Jedoch binnen kurzem reizten ihn neue Aufgaben. So gründete er 1925 die »Singakademie«, eine gemischtstimmige Chorvereinigung, die mit mehreren Veranstaltungen an die Öffentlichkeit trat. Sie fusionierte nach wenigen Jahren mit dem evangelischen Kirchenchor, sodass sich nun Rosenmeyers verdienstvolle Arbeit über ein Jahrzehnt schwerpunktmäßig der Pflege der Kirchenmusik widmete. Chorlieder sind es hauptsächlich gewesen, die er selbst komponierte. Das Bad Nauheimer Publikum lernte Ende Mai 1926 im Rahmen eines Konzerts der »Singakademie« im Kurhaus seinen Chorsatz »Sonnenuntergang« kennen. Im April 1927 führte er in der Dankeskirche sein größeres achtstimmiges Chorwerk mit Solosopran und Orgel auf: »Der Berg der Tränen (Gethsemane, nach Versen von Karl Gerock)«. Für Männerchöre hat Rosenmeyer beispielsweise Lönslieder vertont. Als sie 1929 in Frankfurt zu Gehör gebracht wurden, rühmte eine Rezension, dass sie »mit spezifischen Farben hingetupft, duftig, klangschön, durchsichtig in der Stimmführung« seien.

Begleiter von Leo Slezak und Maria Cebotari

Für den Berliner Willy Jaeger war Bad Nauheim seit 1955 Wahlheimat. Hinter ihm lag eine Zeit großer Erfolge. Nach anerkannter kirchenmusikalischer Tätigkeit hatte er sich einen Namen gemacht als idealer, sensibler Begleiter hervorragender Sängerinnen und Sänger, so etwa des Tenors Leo Slezak, der Sopranistinnen Maria Cebotari und Lotte Lehmann oder der Altistin Christa Ludwig. Er war solistisch (Pianist) mit dem Berliner Philharmonischen Orchester unter weltberühmten Dirigenten wie Carl Schuricht und Hans Knappertsbusch aufgetreten. Das Salzburger Mozarteum hatte ihn als Solo-Korrepetitor verpflichtet, die Staatliche Musikhochschule Weimar als Dozenten. Von Bad Nauheim aus unternahm Willy Jaeger – soweit es sein Gesundheitszustand erlaubte – wieder Konzerttourneen, gründete hier mit dem Geiger Hans Diehl und dem Cellisten Karl Russ das Willy Jaeger-Trio und bereicherte durch viele Konzertveranstaltungen sowie mit seinem eifrigen Engagement in der Volkshochschule das örtliche Kulturleben.

Von Jaegers zahlreichen Kompositionen, insgesamt sind über 100 Lieder, 30 Chor- und 62 Instrumentalwerke verzeichnet, entstanden einige in Bad Nauheim. So beispielsweise 1960 die »Romantische Fantasie für Violine und Klavier« und das »Capriccio« für Violoncello und Klavier, das die WZ-Rezensentin Jenny Häusler zu den »liebenswürdigen kleinen Bijouterien der Unterhaltungsmusik« rechnete. »Er (Jaeger) schöpft wirklich aus einem Quell fließender Melodien, die eine flüchtige Stimmung festhalten, musikalisch umspielen und sie wohl geformt schmetterlingsgleich fliegen lassen.« Im August 1963 erlebten die »Stimmungsbilder« für Cello, Violine und Klavier in der Badestadt ihre Uraufführung. Die Schweizer Sopranistin Ruth Häflinger stellte im November 1968 erstmals drei neue Lieder Jaegers in einem Liederabend im Kurhaus vor, der Bassist Peter Liebhart sang im Oktober 1977 in der Trinkkuranlage Neuvertonungen von Hesse-Gedichten. Schließlich komponierte Jaeger 1976 vier kirchenmusikalische Werke (»Ave Maria« für Sopran, Violine und Orgel, »Da die Tage so voll Not« für Sopran und Orgel, »Adagio religioso« für Violine, Violoncello und Orgel, »Kleines Präludium und Fughette« für Orgel), deren Erstaufführung am Buß- und Bettag des gleichen Jahres in der St. Bonifatiuskirche einen tiefen Eindruck hinterließ.

(Wetterauer Zeitung, 6. August 1996)

»Rodeln unser Leben – Rodeln unser Ideal«

Vom Wintervergnügen vergangener Tage

Wenn wir heute Winterfreuden erleben und Wintersport betreiben wollen, bleibt uns zumeist nichts anderes übrig, als in die weiße Pracht der Alpen oder des Bayrischen Waldes zu reisen oder wenigstens bei günstiger Gelegenheit einen Wochenendausflug in die Rhön zu unternehmen. In hiesigen Gefilden scheinen die Winter milder geworden zu sein, denn vor etwa 90 Jahren, zu Beginn unseres Jahrhunderts, wird häufiger von klarer, kalter Luft, rotgefrorenen Nasen und vor allem von dichtem Schnee berichtet. Und man brauchte offenbar nicht so schnell seinen Schlitten stehen zu lassen, weil sich binnen kürzester Zeit Neuschnee in Matsch verwandelte. Knackiger Frost sorgte dafür, dass der große Teich im Park, die Waldteiche und Teile der Usa als natürliche Eislaufflächen dienen konnten.

Ganz oben an stand damals in Bad Nauheim jedoch der Rodelsport. Besonders im Jahr 1907 wurden die Badestädter geradezu vom Rodelfieber gepackt. »Kein Mensch ohne Rodel«, heißt es ironisch in einer Glosse der Bad Nauheimer Zeitung. »Das Kind in der Wiege, der Greis am Stabe, der Vater, die Mutter und sogar die Schwiegermutter, alle mussten sie einen Rodelschlitten haben. Im Haus, auf der Straße, in der politischen Versammlung, in der Schule, im Wirtshaus, überall singt und sagt man vom Rodeln.« Die einheimische Geschäftswelt hatte sich flugs auf die Bedürfnisse eingestellt und annoncierte, es sei eine »neue Sendung in Davoser Sportschlitten« eingetroffen, gewährte »Extra-Rabatt« von zehn Prozent auf Rodelschlitten stabiler Konstruktion« und freute sich der Hochkonjunktur.

Den Enthusiasmus jener Winter verdeutlichen folgende Verse:

> *Rodeln unser Leben,*
> *   rodeln unser Ideal.*
> *Kann es denn was Schön'res geben*
> *   als vom Berg herab ins Tal*
> *sausen in gewalt'ger Eile*
> *   die Minuten eine Meile?*
> *Schießt man auch Kobolz einmal,*
> *   lacht das Volk,*
> *   uns ist's egal.*
> *Knochen heil – dann frisch und munter*
> *   rodeln wir den Berg hinunter.*

Die Nauheimer waren stolz, sie besaßen eine offizielle Rodelbahn – halt, eigentlich ja zwei. Die große Bahn erstreckte sich vom seinerzeit noch bescheidenen Johannisberg-Restaurant den nördlichen Fahrweg hinunter zur Auguste-Viktoria-Straße und weiter abwärts an Englischer Kirche und Kurhaus vorbei noch ein Stück weit in den Park bis kurz vor die Tennisplätze. Fast eine Viertelstunde soll die Fahrt gedauert haben. Eine kleine Rodelbahn bildete das Mittelstück der oberen Parkstraße, von Burgallee bis ungefähr in Höhe Aliceplatz, wo sich der Schwung verlor. Sie stand den jüngeren Kindern zur Benutzung frei, da die Johannisbergstrecke doch nicht so einfach zu meistern war. Immerhin gab es einige rasante Kurven, Bäume umsäumten das Anfangsstück.

»Gefahrenvermeidung« lautete daher auch eine Aufgabe, die sich der im Januar 1908 gegründete, rasch über 250 Mitglieder zählende »Rodel-Club Johannisberg« gestellt hatte. Mit alten Säcken beispielsweise wurden bestimmte »anstößige« Bäume umwickelt und andere kritische Bereiche mit Strohballen abgesichert. Ein Aufsichtsdienst besserte abgefahrene Stellen der Fahrbahn aus, versuchte außerdem Ordnung zu halten und notfalls Verunglückte zu versorgen. Das Großherzogliche Polizeiamt der Badestadt machte zur Auflage, dass keinesfalls mehr als zwei bis drei Personen auf einem Schlitten fahren dürften und das Aneinanderhängen von Schlitten verhindert werden müsse. Mit Eintritt der Dunkelheit sei die Benutzung der Rodelbahn verboten. Der Club veranstaltete »Preisrodeln für Kinder« (wobei die älteren gemeint waren), »Wettfahrten von Erwachsenen«, feierte in der Fastnachtszeit eigene Maskenbälle und träumte von Superprojekten: großes Winterfest mit Musik auf dem Johannisberg, abends Eislauf auf dem Teich, ebenfalls mit Musik; Schlittenkorso durch Park und Stadt, anschließend Prämiierung der drei schönsten Schlitten ...

Dazu kam es freilich nicht, aber man durfte durchaus auch mit der Realität zufrieden sein. Die Rodelbahnen lockten viele Besucher bis aus dem Gießener und Frankfurter Raum an. Uns dies zu veranschaulichen, hilft ein Bericht aus dem Jahr 1909: »In den Abendstunden herrschte auf unserem Bahnhof bei einzelnen Zügen ein Andrang wie mitten im Sommer und hatte die Bahn ihre schwere Last, alle Fahrgäste in zufriedenstellender Weise zu befördern. Wagenabteile mit zwölf und 16 Insassen konnte man gestern öfter beobachten, doch trugen die meisten diese Überfüllung mit Humor. Lange dauerte es ja nicht, dann gab es Platz, und schließlich tröstete man sich mit dem Gedanken an die herrlichen Stunden, die man im Kreis froher Rodelbrüder verlebt hatte.«
Voraussetzung für solchen Winterspaß war übrigens – außer den entsprechenden Witterungsverhältnissen – der Umstand, dass praktisch kein Autoverkehr existierte. Eine amtliche Statistik verzeichnete zum Beispiel für 1908 im gesamten Kreis Friedberg nur 39 Kraftfahrzeuge.

(Bad Nauheimer Neue Kurzeitung, 29. November 1996)

Menschenrechte haben kein Geschlecht

In der Badestadt engagierten sich vor allem zwei Pädagogen für die frühe Frauenbewegung

Wenn am heutigen Weltfrauentag nicht nur gegenwärtige Probleme der Frauenemanzipation dargestellt werden, sondern auch die geschichtliche Dimension eine Rolle spielt, dann besteht durchaus Anlass darauf hinzuweisen, dass es in der Badestadt relativ früh einen entsprechenden Verein mit emanzipatorischer Zielsetzung gab. Dies hing zweifellos mit dem Erstarken des Linksliberalismus auf örtlicher Ebene zusammen. Ab 1906 gelang es den »Freisinnigen«, sowohl ihre Organisationsstruktur in Bad Nauheim zu verbessern als auch die Zahl ihrer Wähler zu vergrößern. Die meisten Linksliberalen sympathisierten mit der bürgerlichen Frauenbewegung. Dass daraus direkte Unterstützung vor Ort erwuchs, ist im Wesentlichen dem Engagement zweier Persönlichkeiten zuzuschreiben: Dr. Reinhard Strecker und Mathilde Lorenz.

Der dreißigjährige Lehramtsassessor Strecker war 1905 an die neu entstandene Höhere Bürgerschule (später Ernst-Ludwig-Schule) versetzt worden. Er entfaltete neben seiner gewissenhaften beruflichen Tätigkeit zahlreiche Aktivitäten. So gründete er beispielsweise Volksbildungsverein und Volksbücherei (Grundstock der Stadtbibliothek) sowie eine Ortsgruppe des »Wandervogels«, organisierte Theaterabende in Verbindung mit dem Rhein-Mainischen-Verbandstheater, arbeitete intensiv in der »Freisinnigen Vereinigung« mit, förderte Heimatverein und Esperanto-Klub und veröffentlichte literaturgeschichtlich-philosophische Zeitungsartikel und Bücher. Mathilde Lorenz hatte 1901 von Zoé Bromeis das private »Mädcheninstitut« (eine Internatsschule) übernommen, aus dem bekanntlich die zuvor genannte Höhere Bürgerschule hervorging. Hier unterrichtete sie dann einige Jahre bis zur Versetzung an die Stadtschule.

Die beiden Pädagogen entschlossen sich, mit Gesinnungsfreunden den Versuch zu wagen, eine Ortsgruppe des Vereins für Frauenstimmrecht zu etablieren. Am 6. März 1908 fand im Sprudel-Hotel (Kurstraße) eine erste werbende Veranstaltung statt, die laut Zeitungsbericht »leidlich« besucht war. Die eigentliche Vereinsgründung erfolgte drei Wochen danach. Als Vorsitzende wurde Elsa Jordan gewählt, Mathilde Lorenz verwaltete die Kasse (ab 1909 war sie 1. Vorsitzende), Thilda Strecker – Ehefrau Dr. Streckers – fungierte als Schriftführerin.

Das Monopol der Männer brechen

Schon der Vereinsname liefert einen Hinweis auf den Kernbereich der Absichten. Man wollte den Frauen das Wahlrecht in allen politischen Bereichen erkämpfen, das sie ja erst 1918 per Dekret des Rates der Volksbeauftragten erhielten. Es ging dabei zum einen um Gleichstellung mit den Männern, also die prinzipielle Verwirklichung eines Grundrechtes, denn »Menschenrechte haben kein Geschlecht«, wie Hedwig Dohm, eine führende Vertreterin der Frauenbewegung, formulierte. Zum anderen glaubten die Frauen, nur nach Aufhebung des Monopols der Männer bei der Gesetzgebung überhaupt eine Chance zur Durchsetzung ihrer Interessen zu haben. Sie sahen im Stimmrecht das »Zentrum aller sozialen Rechte«. Und die Benachteiligungen waren vielfältig, besaß doch beispielsweise auch nach Inkrafttreten des Bürgerlichen Gesetzbuches die Mutter in der Ehe keine »elterliche Gewalt« über ihre Kinder. Uneheliche Kinder und ledige Mütter unterlagen weiterhin schwerer Diskriminierung.

Die rechtliche und materielle Absicherung vieler weiblicher Erwerbstätiger, besonders auch der Dienstboten, war völlig unzureichend. Von freier Berufswahl konnte keine Rede sein. Abiturientinnen stellten eine große Ausnahme dar, Studentinnen wurden an Universitäten zum Beispiel in Preußen und Hessen erst 1908 zugelassen.

Für die Anhängerinnen und Anhänger der Stimmrechtsbewegung galt aber gerade die Gleichstellung weiblicher und männlicher Jugendlicher im Bildungswesen als wichtige Voraussetzung sachkundiger Wahlentscheidungen und gestaltender Teilnahme am politischen und gesellschaftlichen Leben. Sie befürworteten in diesem Zusammenhang die schulische Koedukation, die zu einem frühzeitigen Aneinandergewöhnen der Geschlechter führte. Daraus resultierte unter anderem mit einiger Wahrscheinlichkeit – meinte Reinhard Strecker – eine intakte Ehe als Verhältnis gleichberechtigter, auf der Höhe ihrer Zeit stehender, gemeinsam für die Zukunft sorgender Menschen.

Oft Spott und Ablehnung ausgesetzt

Der Verein veranstaltete Vortragsabende, gelegentlich mit damals sehr bekannten Repräsentantinnen der Frauenemanzipation, etwa Linda Gustafa Heymann (Oktober 1906), Käthe Schirmacher (Februar 1911) oder Anita Augsprug (Februar 1913). Aufklärung der Öffentlichkeit über die Frauenfrage bildete den Mittelpunkt der Bemühungen, für baldige Aufhebung konkreter Ungerechtigkeiten wurden offenbar Unterschriften gesammelt. Mitglieder und Freunde trafen sich außerdem regelmäßig zu monatlichen Versammlungen, anfangs im Restaurant Burk (Reinhardstraße), dann im Café Müller (Aliceplatz). Der Kreis der ernsthaft Interessierten scheint nicht allzu groß gewesen zu sein, und immer wieder musste man sich vorurteilsbeladener, aggressiver Ablehnung erwehren. Es sei daran erinnert, dass noch zwei Jahre vor Ausbruch des Ersten Weltkrieges überregional ein »Deutscher Bund zur Bekämpfung der Frauenemanzipation« entstand, der vehement die Forderung erhob, Staatsverwaltung, geistliche und richterliche Ämter ausschließlich Männern zu überlassen. Eine Unterordnung männlicher Beamter unter weibliche Vorgesetzte müsse gesetzlich ausgeschlossen werden. Solche »Antifeministen« überhäuften Sympathisanten der »emanzipierten Weiber« mit Spott und diffamierten die Anführerinnen der Bewegung als »alte Mädchen, sterile Frauen, Witwen und Jüdinnen«. Reinhard Strecker versuchte demgegenüber Mut zu machen: »Kümmere dich um den Unverschämten möglichst wenig, und die Welt wird dir umso mehr recht geben. Arbeite an der Sache der Vernunft und Gerechtigkeit, sie wird wachsen und du mit ihr.«

(Wetterauer Zeitung, 8. März 1997)

Ein Lieblingsplatz der kurmachenden Aristokratie

Zur Bedeutung russischer Gäste für Bad Nauheim

Im Solbad Nauheim stellten während der ersten Jahrzehnte seines Bestehens ausländische Gäste verständlicherweise eine Ausnahme dar; seine Existenz blieb nach der Gründung 1835 zunächst weithin unbekannt. Die frühen Badeeinrichtungen waren außerdem sehr bescheiden wie auch die Wohnmöglichkeiten für Kurfremde, und das allgemein zum Badeleben gehörende Angebot an Amüsement fehlte fast vollständig. Seitdem dann die Spielbank (1854) ihre Konzession erhalten hatte, neue Badehäuser gebaut waren, die ersten moderneren »Logierhäuser« mehr Komfort versprachen, Heinrich Siesmayers großartiger Landschaftspark zu erholsamen Spaziergängen einlud und Kurmusik zur Abwechslung beitrug, änderte sich die Situation.

1869 beispielsweise, in dem Jahr, in dem Großherzog Ludwig III. Nauheim die Zusatzbezeichnung »Bad« verlieh, zählte die Badedirektion unter den insgesamt 4046 Gästen 730 Ausländer. An der Spitze standen Franzosen, dicht gefolgt von Holländern. Russen nahmen den dritten Platz ein. Im letzten Jahrzehnt des 19. Jahrhunderts waren sie in die Führungsposition aufgerückt, die sie bis zum Ausbruch des Ersten Weltkriegs behaupteten. Kamen 1895 aus Russland 1207 Kurgäste, so stieg ihre Zahl 1905 auf 2927 und betrug 1913 dann 4214. Zu Recht konnte Kasimir Edschmid formulieren: »Nauheim war lange Zeit ein Lieblingsplatz der kurmachenden russischen Aristokratie.«

Hochherrschaftlichen Namen und Titeln begegnet man beim Durchblättern alter Kurlisten, so etwa: Graf v. Schuwaloff, kaiserlich-russischer Gesandtschaftssekretär in Berlin; Se. Durchlaucht Fürst Gargarin, Adjutant Sr. Kaiserlichen Hoheit Großfürst Michael; Prinz Kudascheff, Hofstallmeister Sr. Majestät des Kaisers von Russland; Ihre Durchlaucht Fürstin Lieven; Ihre Durchlaucht Fürstin Krussow; Victor de Kassadorf, Wirklicher Staatsrat und Kammerherr; Fürst Obolensky etc. Barone und Baronessen gesellen sich hinzu, adlige Hofräte und Offiziere. Sie reisten oft mit Familienangehörigen, und in der Regel ließen sie sich von einem Teil ihrer Dienerschaft begleiten.

Zuspruch auch aus dem Bürgertum

Dennoch stammte die Mehrzahl der russischen Gäste aus wohlhabenden bürgerlichen Kreisen (höhere Staatsbeamte, Techniker, vor allem Kaufleute – darunter übrigens auch viele jüdische Bürger. Einige verstarben hier, ihre Grabsteine sind zum Teil noch erhalten). Ihre Ansprüche waren indes kaum bescheidener als diejenigen ihrer aristokratischen Landsleute. Darauf hatten sich allerdings Badepersonal, Hotellerie und Geschäftswelt zumindest in den letzten Vorkriegsjahren gut eingestellt. Schon die Namensgebung einiger Häuser signalisierte das spezielle Interesse der Vermieter an Gästen aus dem Zarenreich. Dazu gehörten zum Beispiel Pfaffs Privat-Hotel St. Petersburg (Rittershausstraße 2), Villa Romanow (M. P. Sauter, Frankfurter Straße 27), Maison de Russie (C. F. Schäfer, Parkstraße 8) oder Villa Alexandra (E. Lehmann, Frankfurter Straße

17). Frau Hauptmann Mitteldorf, Inhaberin der Pension Concordia, Luisenstraße 15, betonte in einer Anzeige, dass außer französisch und englisch auch
russisch gesprochen werde. Villa Wanda (Karlstraße 17), eigentlich eine »polni-
sche Pension«, warb mit »vortrefflichem russischen Karawanentee«. In den auch
für die Gäste bestimmten Kurlisten inserierten sogar Frankfurter Geschäfte in
russischer Sprache. Angenehme Zugverbindungen förderten die Einkaufsmög-
lichkeiten in der Mainmetropole.

Dass der russische Anteil an den ausländischen Besuchern Bad Nauheims
schließlich bei annähernd 50 Prozent lag, muss man sicherlich unter anderem
den Bemühungen des rührigen Kur- und Verschönerungsvereins zuschreiben.
Frühzeitig und regelmäßig versandte er Werbematerial nach Russland.
Während der Neunzigerjahre wurden im »Russischen Reichsanzeiger«, in der
»Medizinischen Wochenschrift« und der Zeitschrift »Wratsch« (Der Arzt), die in
St. Petersburg erschienen, aufklärende Annoncen abgesetzt. Der Tagespresse
übermittelte der Verein in Abständen Meldungen über die Besucherfrequenz
des Bades. Und wenn beispielsweise im Juli/August 1900 im Feuilleton der Moskauer Deutschen Zeitung eine ausführliche Schilderung des Badelebens unter
der Überschrift »Bad Nauheimer Rosenmond« zum Abdruck kam, wird man
den Anreger oder gar Verfasser ebenfalls in den Reihen des Kurvereins vermuten dürfen. Um das Zurechtfinden am Kurort selbst zu erleichtern, gab es vom
offiziellen Fremdenführer sowie dem so genannten Verkehrsbuch neben Exem-
plaren in Englisch und Französisch auch Ausgaben in Russisch.

Eine eigene Kirche

Bereits um die Jahrhundertwende legte das Anwachsen des russischen Gäs-
testroms Überlegungen nahe, nach den Vorbildern von Ems, Baden-Baden oder
Homburg eine russisch-orthodoxe Kapelle zu erbauen. Wohltätigkeitskonzerte
und private Spendensammlungen versuchten den notwendigen finanziellen
Grundstock zu schaffen. Schließlich schien ein Neubau doch zu teuer zu werden. Als realistischere Lösung bot sich der Erwerb der ehemaligen, aus dem ersten Drittel des 18. Jahrhunderts stammenden lutherischen Kirche (genannt
Reinhardskirche) an. Sie hatte unter anderem der katholischen Gemeinde bis
1905 als Gotteshaus gedient, stand danach leer. 1907 ging sie in den Besitz der
Wladimir-Bruderschaft (Bratstwo) in Berlin über. Etliche Bauarbeiten waren
nötig. Am 21. August 1908 weihte Bischof Wladimir von Kronstadt unter Assis-
tenz von zehn Geistlichen die Kirche dem heiligen Serafim von Sarow und dem
heiligen Innokentij von Irkutsk. Die etwa elf Meter breite Ikonostase im russischen Empire-Stil wurde im Kloster Sarowo (Zentralrussland) angefertigt,
zunächst auf der Pariser Weltausstellung gezeigt und danach der Nauheimer
Kirche als Geschenk überlassen.

Der letzte Zar, Nikolaus II., stiftete einen großen vergoldeten Kronleuchter.
Er wohnte bekanntlich mit seiner gesamten Familie und Gefolge vom 30. August bis 24. Oktober 1910 im Renaissanceschloss der Friedberger Burg. Die Zarin Alexandra Feodorowna (Schwester des Großherzogs Ernst Ludwig) unterzog sich einer Badekur in Bad Nauheim. Man kann annehmen, dass dies für den
Ort eine gewisse Steigerung des Bekanntheitsgrades gerade auch in Russland
zur Folge hatte.

Vergessene Prominenz

Vergleichsweise zum Aufenthalt der Zarin ist der Besuch anderer nicht ganz unbedeutender russischer Gäste kaum beachtet beziehungsweise rasch vergessen worden. So gehörte der Schriftsteller Paul Wassiljewitsch Amenkow (1813–1887) zu den relativ frühen Besuchern. Im Juli 1886 fand er Quartier in der oberen Parkstraße (späteres Haus Hüffel). Als Herausgeber von Puschkins Werken hatte er sich Anerkennung erworben. Er veröffentlichte eigene Reisebriefe aus Westeuropa sowie drei Bände »Erinnerungen und kritische Skizzen«. Eine Zeit lang stand Amenkow im Briefwechsel mit Karl Marx, dessen Werke er zum Teil ins Russische übersetzte. Ein Dutzend Jahre später suchte Isaak Iljitsch Lewithan (1860–1900), einer der hervorragendsten eigenständigen russischen Landschaftsmaler, Linderung seines schweren Herzleidens durch Nauheims Quellen. Er war im ruhig gelegenen, vornehmen Hotel du Nord (Burgallee, heute Burghofklinik) abgestiegen. Schon damals machte es ihm immer mehr Mühe, längere Zeit an seinen zum Teil ziemlich großformatigen Bildern zu arbeiten, »die von einer elegischen Stimmung erfüllt sind«. Nur knapp zwei Jahre waren ihm noch vergönnt, einen Lehrauftrag an der Moskauer Schule für Malerei, Bildhauerei und Bauwesen wahrzunehmen. – Die UdSSR ehrte ihn sowohl zum 50. Todestag (1950) als auch zum 100. Geburtstag (1960) mit der Ausgabe von Gedenkmarken.

Offensichtlich dreimal hielt sich der Dichter Alexandr Alexandrowitsch Blok (1880–1921) in der Badestadt auf. 1897 und 1903 begleitete er seine Mutter, die eine Badekur machte (sie wohnten in Villa Langsdorf, Bahnhofsallee 1, beziehungsweise Villa Gertrud, Frankfurter Straße 49). 1909 hatte er eine Reise nach Italien unternommen und unterbrach die Heimfahrt nach St. Petersburg hier für nur wenige Tage. Der junge Alexandr scheint sich in der typischen Kurstadtatmosphäre nicht wohl gefühlt zu haben. In einem Brief an L. D. Mendelejuwa – seine spätere Ehefrau – schreibt er 1903 von einem tierhaften Leben, »das vollkommen träge macht und langweilt«. Zwar gefiel ihm »die Üppigkeit der Bäume und Pflanzen«, aber deprimierend wirkten die Kranken, »bei denen die Beine kaum gehen können, die Gesichter bleich und aufgedunsen sind. Alles Greise und Greisinnen, Junge weniger«. Blok zählte zu den Dichtern des russischen Symbolismus, der dazu neigte, pessimistisch den Verfall der Kultur mit dem Verfall des eigenen Ichs zu verknüpfen. Düstere Mystik, hintergründige Metaphern kennzeichnen größtenteils seine schwer zugängliche Lyrik und epischen Poeme. »Auffallendes Stilmerkmal ist die sprachliche Musikalität« (H. Pongs); sie hat eine sorgsame Wortwahl zur Voraussetzung. Der Dichter sympathisierte mit der Revolution, weil er glaubte, Russland könne sich durch sie im Gegensatz zum erstarrten Westeuropa erneuern und eine neue Menschlichkeit entwickeln. Sein früher Tod ersparte ihm in dieser Hinsicht manche Enttäuschung.

Zum Schluss sei noch an einen russischen Gelehrten erinnert, der 1918 im Sanatorium Groedel verstarb und auf dem Bad Nauheimer Friedhof beerdigt wurde. Ernst Georg Leyst (geboren 1852) war zuerst am St. Petersburger Physikalischen Zentralobservatorium angestellt, übernahm dann die Leitung des Observatoriums in Kasan und erhielt eine Professur für Meteorologie an der Moskauer Universität. Er beschäftigte sich intensiv mit Erdmagnetismus. Seine Forschungen führten unter anderem zur Entdeckung von Bodenschätzen in seiner Heimat. Die Witwe des Wissenschaftlers und auch Studenten sorgten einige Jahre für sein Grab. Danach ist es verfallen.

Nach dem Ersten Weltkrieg ging der Ausländeranteil bei den Kurgästen insgesamt deutlich zurück. Aus Russland kamen infolge der politischen und gesellschaftlichen Umbrüche kaum noch Gäste. Ihre bemerkenswerte Präsenz war mit der Glanzzeit des Bades verbunden gewesen.

(Hessische Heimat Nr. 14, 5. Juli 1997)

Zur Frühstückspause gab's Erbsensuppe

Vor 50 Jahren wurde mit der Schulspeisung begonnen

Gewiss werden manche Menschen nur mit eingeschränktem Vergnügen an ihre Schulzeit zurückdenken, die Erinnerung verbindet sich oft mit zwiespältigen Gefühlen. Gerade den Vertretern der Generation, die in den chaotischen Nachkriegsnotjahren als Schüler diesen wichtigen Lebensabschnitt zu bewältigen hatten, mögen vielfache Unannehmlichkeiten im Gedächtnis geblieben sein: überfüllte, zugig-kalte oder schlecht geheizte Schulsäle, höchst reparaturbedürftige Schulmöbel, fehlende Lehrbücher, kaum Schreibmaterialien, nur sehr bescheidene Möglichkeiten für den Sportunterricht, häufig überalterte wie auch überforderte Lehrer – um nur einige Beispiele zu nennen. Die Liste ließe sich fortsetzen und passt zu den allgemeinen Mängeln jener Zeit. Dennoch gab es für viele Schüler im täglichen, gelegentlich tristen Ablauf des Schulvormittags einen besonderen Höhepunkt, die Schulkinderspeisung oder Schulspeisung, wie die verkürzte Bezeichnung lautete. Durch sie wurde der Versuch unternommen, die Ernährungsstörungen bei Kindern und Jugendlichen wenigstens etwas einzugrenzen.

Zwei Jahre nach Kriegsende war die Versorgungslage der deutschen Bevölkerung äußerst kritisch. In einem Bericht des Ernährungsrates Deutscher Ärzte hieß es beispielsweise: »Die Normalverbraucherrationen seit dem Frühjahr 1947 sind so niedrig, dass sie nur ein Drittel des Bedarfs decken.« Das Fehlen notwendiger Lebensmittel, der Mangel an Fett, Eiweiß und Vitaminen traf speziell die Heranwachsenden. Untergewicht, rasche geistige und körperliche Ermüdung, Rachitis, Anfälligkeit für alle Infektionskrankheiten sowie das Ausbreiten der Tuberkulose waren die Folgen. Schlimm, wenn man nur auf die offizielle Zuteilung auf Grund der Lebensmittelkarten angewiesen war.

100 Gramm Fleisch, 100 Gramm Fett

In der Kurstadt Bad Nauheim kamen zum Beispiel in der vierten Juniwoche 1947 für Kinder und Jugendliche im Alter von 10 bis 20 Jahren zur Ausgabe: 300 Gramm Fleisch, 250 Gramm Nährmittel (Nudeln, Grieß, Mais), 112 Gramm Fett. Um diese theoretische Berechtigung auch real einlösen zu können, mussten die Mütter sehr frühzeitig Schlange stehen, denn sonst trafen sie unter Umständen auf bereits vollständig leer geräumte Regale. Im September wurden für den gleichen Empfängerkreis wöchentlich nur noch 100 Gramm Fleisch und 100 Gramm Fett ausgegeben (die Nährmittelmengen lagen allerdings etwas höher). Frischobst und meist ebenso Gemüse stellten Raritäten dar.

Ab und zu versuchten Familienväter, Nahrungsmittel auf dem behördlich verbotenen Schwarzmarkt zu ergattern, mussten dann freilich horrende Preise zahlen. Ein Kilo Butter kostete im September 1947 auf dem Frankfurter Schwarzmarkt 473 Reichsmark, ein Kilo Weizenmehl 49 Reichsmark, ein Kilo Zucker 165 Reichsmark. Außerdem hoffte man, durch Tauschhandel nach dem Prinzip »Damasttischtücher gegen Huhn« die bestehende Kalorienknappheit zu vermindern. Daran konnten sich indes Flüchtlinge und Ausgebombte, die ohne

Habe in den Westen gekommen waren, nicht beteiligen, da sie keine Tauschgegenstände besaßen.

Britische und vor allem amerikanische Militärs und Politiker setzten sich zunehmend für Unterstützungsmaßnahmen ein. Humanitäre Gesichtspunkte spielten dabei ebenso eine Rolle wie die Furcht vor der Expansion des Kommunismus. So wurde schließlich in Anlehnung an ähnliche Hilfsaktionen nach dem Ersten Weltkrieg die Schulspeisung eingeführt.

Täglich über tausend Portionen

In Bad Nauheim begann sie Mitte Mai 1947. Die von der Besatzungsmacht zur Verfügung gestellten Lebensmittel (Eipulver, Milchpulver, Mehl, Fett, Haferflocken, Kakao, Rosinen und vieles mehr) lagerte die Stadtverwaltung in den Kellerräumen des Rathauses in der Friedrichstraße 3 ein. Von dort erfolgte ihre Verteilung an die so genannten Zubereitungsstellen. Hier hatte man Küchen eingerichtet.

Die größere in der Ernst-Ludwig-Schule mit drei Kesseln bereitete auch das Essen für die benachbarten Stadtschüler und Berufsschüler zu (die Berufsschule war damals in der Karlstraße 35 untergebracht). In der St.-Lioba-Schule kochte man außer für die eigenen Pennäler zusätzlich für Schüler in Rödgen und Wisselsheim. Den Vorschriften entsprechend durften Kinder und Jugendliche zwischen sechs und 18 Jahren an der Aktion teilnehmen, vorausgesetzt, ihre Eltern waren nicht Selbstversorger oder Teilselbstversorger, was in erster Linie auf Kinder von Landwirten zutraf. Wöchentlich wurde pro Teilnehmer an der Schulspeisung ein Minimalbeitrag von einer Mark erhoben.

Schulbücher und Kochgeschirr

Die Mehrzahl der Schüler brachte also morgens neben den üblichen Schulutensilien noch Kochgeschirre beziehungsweise Teller und Löffel von zu Hause mit zum Unterricht. Kaum einer hat das wohl als lästige Pflicht empfunden, denn das, was in Aussicht stand, war für die Kinder und Jugendlichen mehr als verlockend. Vergilbte Unterlagen im Stadtarchiv reaktivieren die Erinnerung an damals so begehrte Köstlichkeiten: Erbsen- oder Bohnensuppe mit Schweinefleisch; Spaghetti mit Obst; Haferflockensuppe mit Gemüse und Fleisch; Brötchen mit Kakao; Erdnüsse und Kekse. Nicht zu vergessen die Extra-Weihnachtszuteilung, die aus Schokolade, Drops oder Fruchtstangen und einer Packung amerikanischer Kekse bestand.

Der Küchenbetrieb musste reibungslos funktionieren – für die sechs von der Stadt verpflichteten Angestellten zumeist eine durchaus stressige Angelegenheit. Am 18. Juli 1947 waren zum Beispiel insgesamt 1500 Portionen zu kochen und auszugeben (858 für Stadtschule, 316 für Ernst-Ludwig-Schule, 140 für Berufsschule und 186 an St. Lioba). Diese Zahl lässt auch erahnen, welche Mengen an Lebensmitteln zur Verarbeitung bereitzustehen hatten.

Ältere Schülerinnen und Schüler wurden in der Regel damit beauftragt, bei der Essensausgabe zu helfen. Sie sorgten mit dafür, dass die Verteilung der Mahlzeiten in einer der großen Pausen zügig vonstatten ging und jeder Berechtigte tatsächlich nur eine Portion bekam. Wie gern hätte man oftmals einen Nachschlag geholt.

Nach der Währungsreform und der Gründung der Bundesrepublik Deutschland besserten sich allmählich die Ernährungsverhältnisse. Die Zahl der Teilnehmer an der Schulspeisung sank zunehmend, 1952 wurde diese eingestellt.

(Wetterauer Zeitung, 18. Juni 1997)

Wirtshaus »Zur Krone« als Schmugglertreff

Rückblick auf ein Stück Nauheimer Salinen-Vergangenheit

Uns ist es heutzutage geläufig, dass mit Rauschgift, Zigaretten, gestohlenen Autos oder sogar Menschen Schmuggel betrieben wird. Kaffee als Schmuggelware in früherer Zeit scheint uns noch gut vorstellbar, Salzschmuggel dagegen liegt weitab. Wir können kaum nachvollziehen, welch kostbarer Artikel des täglichen Gebrauchs das Salz in vergangenen Jahrhunderten gewesen ist. »Es mag wohl Menschen geben, die nicht nach Gold streben. Aber nicht einen gibt es, der kein Salz braucht«, behauptete im 6. Jahrhundert der römische Senator und Gelehrte Cassiodorus, der am Hof des Ostgotenkönigs Theoderich wichtige Positionen innehatte. Man denke dabei nicht nur an die Bedeutung des Salzes als lebensnotwendigem Grundstoff und als Gewürz, sondern ebenso an seine Funktion beim Haltbarmachen von Fleisch, Fisch und anderen Nahrungsmitteln, als Desinfektionsstoff und Hilfe in der Lederherstellung. Um den Besitz von Salzbergwerken und Salinen wurden einst Kriege geführt.

Eine erfolgreiche Durchsuchung

Diebstahl von Salz und illegaler Salzhandel waren von alters her mit Strafen bedroht – auch in Nauheim. Schon die Söderordnung von 1592 hielt den Salzfaktor (eine Art Oberaufseher) der Saline dazu an zu verhindern, dass Salzreste »ausgenommen und veruntreuet« werden. Ferner durfte bei Strafe kein Fremder (»so nit uf dem Gesöd arbeitet«) ohne ausdrückliche Erlaubnis »umb oder hinder die Pfannen« gehen. Der Verkauf von Salz hatte ausschließlich durch die Salinenverwaltung zu erfolgen.

Dennoch kam es offenbar immer wieder zu verbotswidrigem Verhalten. Ein konkreter Fall von Salzschmuggel ist aus dem Jahr 1714 bekannt. Das landgräfliche Rentamt in Hanau hatte von den Unregelmäßigkeiten Wind bekommen. Es beauftragte das Nauheimer Salzamt mit der Untersuchung, das sich seinerseits mit dem örtlichen Unterschultheiß Johannes Blum in Verbindung setzte. Man vereinbarte Hausdurchsuchungen bei bestimmten Einwohnern, gegen die offenkundig bereits Verdachtsmomente vorlagen. Dies war nicht allzu schwierig, denn der Ort zählte damals nur etwa 650 Bewohner. Die Visitatoren wurden bei fünf Bürgern fündig und konfiszierten ansehnliche Vorräte, die illegal verkauft werden sollten. Die größte Menge, nämlich zwei Fässer und »in der Küchenkammer eine Quantität auf Erden«, fand man im Wirtshaus »Zur Krone«. Von hier aus, so wurde der Untersuchungskommission zugetragen, seien außerdem wenige Tage zuvor von sauerländischen Fuhrleuten drei Karren voll Salz abtransportiert worden. Das älteste Gasthaus Nauheims in der Burgstraße schien also ein Zentrum des Salzschmuggels zu sein.

Es stellt sich die Frage, wie das Schmuggelgut trotz Aufsicht von der Saline in der heutigen Kurstraße ins Dorf gelangen konnte, das ja immerhin eine stattliche Mauer umschloss. Dabei musste eines der drei bewachten Tore passiert werden. Dass solche Erschwernisse gleichwohl umgangen wurden, lag sicherlich vor allem an der Rolle der so genannten Holzbauern. Weil der Bedarf an Holz – hauptsächlich als Brennstoff beim Sieden, aber auch als Baumaterial – außerordentlich groß war, bezog es die Saline nicht nur vertragsgemäß aus herrschaftlichen oder gemeindlichen Waldungen, sondern ebenfalls von einzelnen Bauern. Sie brachten ihre jeweilige Holzlieferung auf die Saline und tauschten sie direkt gegen Salz ein. Bevor sie sich auf den Nachhauseweg machten, kehrten sie vielfach in der »Krone« ein. Hier kamen sie mit Leuten in Kontakt, die ihnen einen Teil des Salzes billig abhandelten, um es dann selbst verbotenerweise unter dem amtlich festgesetzten Preis zu verkaufen. Freilich übernachteten manchmal in dem Wirtshaus auch Fuhrleute, die ganz offiziell auf der Saline Salz für weiter entfernt gelegene Märkte geladen hatten. Davon wurde wohl gelegentlich etwas »abgezweigt«.

Militär auf dem Salinengelände

Wegen der zunehmenden Diebstähle stationierte die Obrigkeit zeitweilig ein Militärkommando auf dem Salinengelände. In anderen Jahren sollte ein Sodenschütz das Gelände beobachten »und alle Entwendungen an Salz, Holz, Spähnen, Heu, Hafer, Stroh und Salzwerks-Materialien, es mag Namen haben wie es wolle, zu verhüten suchen«. Der Erfolg muss bescheiden gewesen sein, denn im April 1826 gab das Salzamt bekannt, »dass auf die Entdeckung und Angabe von Diebstählen unter Verschweigung des Namens des Entdeckers nach der Größe des Gegenstandes Belohnung von fünfzehn bis zwanzig Gulden ausgesetzt sind«.

(Wetterauer Zeitung, 7. Februar 1998)

Ein Pfarrerssohn machte Karriere

Erinnerung an den 400. Geburtstag des Mediziners und Autors Johann Peter Lotichius

Dass ein im hanauischen Söderdörfchen Nauheim Geborener vor Hunderten von Jahren einen steilen beruflichen Aufstieg schaffte und in gelehrten Kreisen seiner Zeit größere Bekanntheit erlangen konnte, ist schon etwas Besonderes. Gewiss waren manche Voraussetzungen dafür recht günstig: Die weitläufige Familie Lotichius (in humanistischer Manier latinisierte Form des Namens Lotz) zählte seit Generationen zu ihren Mitgliedern einige tüchtige, angesehene Pfarrer und Lehrer, unter anderem den neulateinischen Dichter Petrus Lotichius Secundus. Bildung hatte also Familientradition, Johann Peters Begabung und Zielstrebigkeit aber erleichterten entscheidend seinen Erfolg.

Der Vater, Nikolaus Lotichius, übernahm 1582 die zunächst lutherische Pfarrei in Nauheim und verwaltete sie noch bis zu seinem Tod 1617, obgleich die Nauheimer unter Vorgabe der Hanauer Landesherrschaft zum reformatorischen Bekenntnis wechseln mussten. Johann Peter wurde am 8. März 1598 geboren. Er hatte offenbar keine Geschwister. Bis zum elften Lebensjahr unterrichtete ihn der Vater selbst, nicht zuletzt deshalb, weil der Schulmeister der »gemeinde Schuell« in dieser Zeit das Amt zum Teil nachlässig versah. Danach besuchte Johann Peter die Lateinschule in Schlüchtern, dem Geburtsort des Vaters. Mit einem Stipendium ausgezeichnet, begann er bereits als Sechzehnjähriger in Marburg das Medizinstudium, das er in Basel fortsetzte, wo er mit 21 Jahren promoviert wurde.

Unruhige Jahre

Ebenso wechselvoll und unsicher wie die politischen und wirtschaftlichen Verhältnisse während des katastrophalen Dreißigjährigen Krieges zeigten sich auch die entsprechenden persönlichen Lebensumstände des Johann Peter Lotichius. Nach dem Universitätsabschluss fand er 1620 Anstellung als Hofmedicus am gräflich-hanauischen Hof, im folgenden Jahr berief man ihn als Professor der Medizin an die dort neu gegründete Hochschule. Infolge der Kriegswirren war deren Existenz jedoch nur von kurzer Dauer. Ihre Schließung veranlasste Lotichius 1623, nach Frankfurt zu ziehen. Die Freie Reichsstadt blieb vorerst durch geschicktes Lavieren zwischen Liga und Union vom Kriegsgeschehen relativ unbehelligt. Wirtschaft und Verkehr florierten, die berühmten Messen wurden noch regelmäßig abgehalten.

Johann Lotichius eröffnete eine Arztpraxis und gründete einen eigenen Hausstand. Er heiratete die 18-jährige Elisabeth van Hamel, Tochter eines Zuckerbäckers aus Tournais, der wohl als protestantischer Glaubensflüchtling aus den spanischen Niederlanden emigriert war. Bald lockte erneut eine Professur. An der hessisch-schaumburgischen Universität Rinteln lehrte er Medizin. Freilich sollte auch dies nur eine kurze Episode sein. Nach hochschulinternen Intrigen verlor er die Lust am Dozieren und ging nach Frankfurt zurück, das im November 1631 von den Schweden besetzt wurde. Lotichius versah nun ärztliche Dienste in Gustav Adolfs Armee, er ist dem Schwedenkönig wahrscheinlich mehrmals persönlich begegnet. Doch schon nach einem Jahr wechselte er zur Gegenseite über. Kaiser Ferdinand II. ernannte ihn zum Feldmedicus, Leibarzt und später zum Kaiserlichen Rat. Ungefähr vier Jahre hielt es ihn in der Umgebung des Kaisers, danach lebte er teils als Arzt, teils als Hochschullehrer in Hanau, Marburg, Herborn und Butzbach. Von hier zog er nach dem frühen Tod seiner Frau 1645 wieder nach Frankfurt.

Vielseitige schriftstellerische Tätigkeit

Jetzt endete die Phase des unsteten Umherziehens. Nachdem er ein Haus erworben hatte, widmete sich Lotichius neben der ärztlichen Praxis der Schriftstellerei. Vor allem arbeitete er am »Theatrum Europaeum« mit, einem beliebten, sehr aufwändigen Sammelwerk zur Zeitgeschichte. Es behandelte die Jahre 1618 bis 1738 in einundzwanzig Bänden. Außer politisch-historischen Ereignissen stellten die Autoren auch »Duelle und greuliche Mords-, Diebs- und andere dergleichen Schand- und Lasterthaten, schädliche Feuers-Brünste«, Überschwemmungen und Erdbeben dar. Zur Veranschaulichung und Unterhaltung waren Hunderte von Kupferstichen und Illustrationen (Porträts, Städte- und Schlachtenbilder) beigefügt. Sie stammten zum Großteil von Künstlern, die zur Familie Merian gehörten. Matthias Merian der Ältere hat selbst fünf Bände des Theatrums verlegt.

Lotichius verfasste Band V des Werks, der den Zeitraum 1643 bis 1647 beschrieb. Seine Schilderungen des Kriegsgeschehens enthielten sich im Allgemeinen der Parteinahme. Allerdings kritisiert er deutlich, dass fremde Söldner für ihre Interessen auf deutschem Boden brutale Kämpfe austrugen zu Lasten der Bevölkerung. Er hoffte auf dauerhaften Frieden als »ein heylsames und gemeiner Christenheit nothwendiges Werck«.

Vorausgegangen war die Veröffentlichung einer Deutschen Geschichte (1617–1643). Zur Historiografie kamen etliche philologische und medizinische Schriften. Auch hatte es in jüngeren Jahren (freilich ohne größere Resonanz) nicht an eigenen poetischen Versuchen gefehlt. Mehr Erfolg war offenbar seiner »Bibliotheca poetica« beschieden, einer Zusammenstellung italienischer, spanischer und französischer Gedichte.

Johann Peter Lotichius starb am 21. März 1669 in Frankfurt. Von seinen neun Kindern (acht Töchter, ein Sohn) haben ihn möglicherweise zwei Töchter überlebt – jedoch sind hierüber keine exakten Informationen zu gewinnen.

(Wetterauer Zeitung, 7. März 1998)

Er modernisierte die Saline Nauheim

Zum 300. Geburtstag des Staatsmannes und Gelehrten Jakob Sigismund Waitz von Eschen

Der berufliche Lebensweg des am 16. Mai 1698 in Gotha geborenen Jakob Sigismund Waitz sollte einen völlig anderen Verlauf nehmen als ursprünglich geplant war. In Jena studierte Waitz zunächst evangelische Theologie in der Absicht, eine Pfarrstelle zu übernehmen. Als er jedoch bemerkte, dass Stimme und Lunge den Anstrengungen des Predigens kaum gewachsen waren, wechselte er zum Jurastudium. Nach Abschluss der Ausbildung ließ er sich in Hannoversch-Münden als Advokat nieder. Allerdings befriedigte ihn diese Art der Berufstätigkeit nicht. Sehr viel mehr fühlte er sich zu den Naturwissenschaften hingezogen – möglicherweise ein Erbteil seines Vaters Johann Sigismund Waitz, der in Gotha Arzt (und eine Zeit lang auch Bürgermeister) gewesen war.

Hatte die Beschäftigung mit Mathematik und Physik schon in der Jenaer Studienzeit eine Rolle gespielt, so standen die beiden Wissenschaften jetzt vollständig im Zentrum seines Interesses. Er bemühte sich beispielsweise um die Anwendung von Gesetzen der Mechanik in der Konstruktion einfacher Maschinen, experimentierte mit dem damals noch wenig erforschten Phänomen der Elektrizität, wurde sogar einige Jahre später dafür von der Königlich Preußischen Akademie der Wissenschaften ausgezeichnet und erweiterte seine Kenntnisse über Bergbautechnik an der entsprechenden Hochschule in Clausthal (Harz). In den 50-er Jahren nahm ihn die Schwedische Akademie der Wissenschaften in Stockholm als Mitglied auf.

In kurhessischen Diensten

Dass ein Mann mit derartigen Neigungen den Kontakt zum Kasseler Hof suchte, war nahe liegend, denn Landgraf Carl (1677–1730) galt als persönlich äußerst engagierter Förderer der Naturwissenschaften. Er sammelte neben allerlei Kuriositäten Instrumente zur Geometrie, Astronomie, Zivil- und Kriegsbaukunst, unterhielt ein bemerkenswertes optisches Kabinett und stiftete das Carolinum, eine Art höhere Gewerbeschule. Der Philosoph Gottfried Wilhelm Leibniz schrieb über ihn: »Seine Gnaden der Landgraf hat nicht nur viel schöne Neugier. Doch was mehr ist: Seine Hoheit hat viel Scharfsinn und Kenntnis. Das lässt die Künste erblühen und ziehet geschickte Leute an.«

Unter ihnen befand sich Jakob Sigismund Waitz. Nachdem er 1723 dem Landgrafen ein leuchtendes Barometer vorgeführt hatte, nahm Carl den Erfinder in seine Dienste. Vom Mathematicus avancierte er bald zum Bergsekretarius, 1730 zum Kammerrat und fünf Jahre danach zum Bergrat. In dieser Position war er verantwortlich für Salinenwesen, Münzwesen, Schifffahrt, Brücken- und Schleusenbau. Also fiel in seine Zuständigkeit, außer den Salinen Allendorf, Karlshafen, Sooledorf und Schmalkalden, dann auch Nauheim, das 1736 aus der Hanauer Erbschaft zu Hessen-Kassel kam. Hier sah Waitz die Notwendigkeit einer Neuorganisation des Salzwerkes zwecks Effizienzsteigerung gegeben. Seinen diesbezüglichen Plänen wurde Genehmigung erteilt mit der ausdrücklichen Auflage, alle Baumaßnahmen sollten »mit Ersparung aller unnöthigen Kosten vorgenommen und zum Stand gebracht« werden, wie es in einem Erlass (7. Dezember 1736) des nun regierenden Statthalters Wilhelm VIII. hieß.

Zügige Modernisierung der Saline Nauheim

Die Modernisierung verlief unter leitender Mitarbeit des Kammerrates Koch recht zügig. Unter anderem wurden vier neue Siedepfannen eingerichtet, die Gradierkästen ausgebessert und auf insgesamt 23 erweitert. Um eine ergiebige neue Salzquelle erschließen zu können, ließ Waitz die Usa durch Bogenführung ein Stück nach Westen verlegen. Über diesem Siedebrunnen baute er einen 21,3 Meter hohen Windmühlenturm nach holländischem Muster, der, 1745 fertiggestellt, helfen sollte, mittels Windenergie die Sole auf die Gradierkästen zu pumpen. Einen zweiten solchen Turm errichtete er etwa zwei Jahre später »auf der Hub« an der so genannten langen Wand (eine Reihe nebeneinander stehender Gradierbauten) nahe der Frankfurter Chaussee. Beide Türme (außer Betrieb seit 1825/26) stehen heute noch, freilich ohne Windflügel.

Weitere vier kleine Windräder befanden sich auf verschiedenen Gradierkästen verteilt. Dazu kamen sieben Wasserräder, die mit ihrem Aufschlagwasser die Pumpenanlagen anzutreiben hatten (die Räder am Ludwigsbrunnen in Bad Nauheim und in Schwalheim sind zu Schauzwecken später restauriert worden). Da Usa und Wetter vor allem in manchen Sommermonaten unter Wassermangel litten und die Gradierarbeit deshalb gefährdet schien, wurde 1737–1739/40 ein circa 8,5 Hektar großer Salinenteich (heute Großer Teich im Kurpark) als Reservoir angelegt – zum gleichen Zweck schuf man am Ortsrand drei Waldteiche. Infolge aller Modernisierungsmaßnahmen entwickelte sich die Saline Nauheim in der zweiten Hälfte des 18. Jahrhunderts zu einer der größten mit schwachprozentiger Sole in Deutschland. Der Produktionsertrag stieg von ungefähr 2000 Tonnen Salz (1720) auf das Doppelte.

Ein umsichtiger Minister in Kriegszeiten

Waitz' hervorragende Fähigkeiten in finanz- und wirtschaftspolitischen Fragen zeigten sich gerade auch im Siebenjährigen Krieg. Hessen-Kassel stand auf Seiten Preußens, hessische Regimenter bildeten einen Teil des englisch-hannoveranischen Heeres. Daher wurden die Landgrafschaft und die Residenzstadt selbst mehrfach von den Franzosen besetzt. Immer wieder verlangten diese hohe Kontributionen (Naturallieferungen und Geldzahlungen), die das Land stark belasteten. Waitz, 1757 zum Finanz- und Innenminister ernannt, gelang es in Verhandlungen wiederholt, die Forderungen zu vermindern. Er sorgte durch geschicktes und gerechtes Verteilen der Kriegslasten außerdem dafür, dass keine größeren Unruhen unter der Bevölkerung entstanden. Sein Verhalten fand sogar Anerkennung beim Feind. So soll Marschall Broglie geäußert haben: »Wenn mein König nur zwei solche Financiers hätte, so würde es in Frankreich weit besser stehen.« Prinz Soubise schrieb nach dem Waffenstillstand: »Ich möchte dieses Land nicht verlassen, mein Herr, ohne Ihnen die Hochachtung zum Ausdruck zu bringen, die Ihre Person mir wie unserer ganzen Nation eingeflößt hat ...«.

Kaiser Franz I. erhob ihn 1764 in den Reichsfreiherrenstand, sodass er sich von da ab Waitz von Eschen nennen durfte. Obwohl ihn Landgraf Friedrich II. zum Kammerpräsidenten ernannte und mit dem Goldenen Löwenorden auszeichnete, ergaben sich offenbar Meinungsverschiedenheiten zwischen dem Geehrten und seinem Landesherrn. Diesmal versagte wohl die Begabung, die ein Zeitgenosse an Waitz rühmte: »Er besaß die seltene Kunst, das glückliche Phlegma und die heroische Selbstverleugnung in Fällen, wo er auch ganz anderer Meinung als seine gnädigen Herren war, ihnen seine Gedanken nur als untertänige Zweifel und als ob Ihre Durchlauchten dies selbst zu sagen vielleicht vergessen hätten, vorzutragen und so fein zu spinnen und zu drehen, dass sie zuletzt sich fest überzeugten, dass sie das alles ge- und bedacht hätten und Waitz ihnen nur eingeholfen habe« (Friedrich Karl v. Moser). Gleichfalls erschwerten ihm Intrigen von Neidern das Leben am Hof. 1773 nahm Waitz von Eschen seinen Abschied.

Erstaunlicherweise war jedoch seine berufliche Karriere noch nicht zu Ende. Der Preußenkönig Friedrich II. berief zwei Jahre später den 77-Jährigen zum »Wirklichen Geheimen Staats- und Kriegsminister, auch Vize-Präsident und dirigierender Minister beim General- und Oberfinanz- und Domänendirectorio«. Für seine neuen Aufgaben blieb ihm indes nicht viel Zeit. Am 7. November 1776 starb Jakob Sigismund Waitz von Eschen und wurde am 12. November in der Dorothäenstädtischen Kirche in Berlin beigesetzt.

(Hessische Heimat Nr. 10, 9. Mai 1998)

Klein-Amerika in Jeschkes Grand Hotel

US-amerikanische Botschaftsangehörige und Journalisten lebten als Internierte in der Badestadt

Die aktuelle Diskussion über die Zukunft der Klinik Nordrhein am Ernst-Ludwig-Ring, im Gebäude des ehemaligen Grand Hotels, lässt bei nicht wenigen Bad Nauheimern Erinnerungen an die Vergangenheit des Hauses wach werden: an die großzügig-luxuriöse Ausstattung, die vorzügliche Küche, die illustren Kurgäste vor allem der Zwanzigerjahre ...

Davon soll heute jedoch nicht die Rede sein, sondern von einer Einquartierung besonderer Art, die gerade auch in ihren Einzelheiten vielfach gar nicht so bekannt ist. Es handelt sich um die Internierung des Personals der Berliner US-Botschaft und einer größeren Anzahl von US-Journalisten. Nach Hitlers Kriegserklärung an die Vereinigten Staaten am 11. Dezember 1941 mussten sie die Reichshauptstadt sehr bald verlassen. Erst während des streng bewachten Eisenbahntransports erfuhren sie, dass Bad Nauheim der Bestimmungsort war, an dem sie bis zur Rückführung in ihre Heimat leben sollten. Berichte über Erlebnisse dieser Zeit sind von Charles B. Burdick (San Jose State University) gesammelt, bearbeitet und 1987 unter dem Titel »An American Island in Hitlers Reich – The Bad Nauheim Internment« veröffentlicht worden. Auf dieses Buch wird in diesem Artikel hauptsächlich Bezug genommen.

Die Mehrzahl der Betroffenen kannte Bad Nauheim nicht

Die Mehrzahl der betroffenen Amerikaner kannte die Badestadt, die sie am 14. Dezember 1941 erreichten, offensichtlich nicht. Nur einige wenige der Internierten, die über genauere historische Kenntnisse verfügten, registrierten mit Ironie, dass die Familie von Präsident Roosevelt mehrere Sommer hier verbracht hatte, weil James Roosevelt senior herzkrank war. Der künftige Präsident hatte damals kurz die örtliche Schule besucht und ein bisschen Deutsch gelernt. Sie wussten wohl auch, dass Pressezar William Randolph Hearst sowie Charles Schwab, Generaldirektor und Besitzer der mächtigen Bethlehem Steel Corporation, einst als Kurgäste in Jeschkes Grand Hotel gewohnt hatten.

Dort erfuhr man übrigens sehr kurzfristig von der Absicht, die Amerikaner einzuquartieren. Seit zwei Jahren war das Hotel geschlossen und das Personal in alle Winde zerstreut. Man brauchte also etwas Zeit, um den Aufenthalt vorzubereiten. Deshalb mussten die Amerikaner noch einen langen Tag in ihrem am Bahnhof abgestellten Sonderzug bleiben.

Die Gruppe umfasste anfangs 114 Männer und Frauen, außerdem Haustiere – zumindest Kanarienvögel werden erwähnt. Im Verlauf der nächsten Wochen kamen noch einige weitere Journalisten hinzu. Geschäftsträger Leland Morris und Erster Botschaftssekretär George F. Kennan, später Botschafter in Moskau, waren die Ranghöchsten unter den Internierten. Kennan als »die zentrale, Autorität ausstrahlende Figur« übernahm eine Führungsrolle innerhalb der Gruppe, fungierte auch als wichtigster Verhandlungspartner der Deutschen. Die Amerikaner entschlossen sich, so gut es ging, mit ihnen zusammenzuarbeiten. Dadurch, dass sie Spannungen mit den Nazis vermieden, gewannen sie Spielraum für die interne Regelung ihrer Angelegenheiten. Das Aufstellen gewisser Verhaltensregeln beispielsweise, die Lösung von Konfliktfällen, Raumnutzung und Organisation des Zeitablaufs fiel unter die Selbstverantwortung der Internierten.

»Halbautonomes Gebiet«

Jeschkes Grand Hotel erschien ihnen zeitweise geradezu als ein »halbautonomes, kleines Amerika«. Auf deutscher Seite war Legationssekretär und SS-Hauptsturmführer Valentin Patzak der direkt Verantwortliche. Er wird als streng, aber korrekt beschrieben, vergriff sich offenbar nie im Ton oder heckte irgendwelche Schikanen aus. Ihm unterstanden Gestapo-Leute und eine größere bewaffnete Wachmannschaft. Sie waren ebenfalls im Grand Hotel untergebracht. Die Überwachung, besonders der Eingänge, erfolgte äußerst sorgfältig rund um die Uhr. Auch im Außenbereich des Hotels patrouillierten Wachen. Wenn jemand das Haus verließ, folgte ihm eine Begleitung. Der tägliche kollektive Spaziergang zwischen 15 und 16 Uhr stand ebenso unter Aufsicht wie die meist morgendlichen Aktivitäten einer kleineren Gymnastikgruppe in der nahe liegenden Trinkkuranlage oder der Gang der Katholiken zur Messe in der Bonifatiuskirche.

Hauptziel war es, das Entstehen von Kontakten zur Bevölkerung zu verhindern. Morris hatte zwar das Privileg, sich frei bewegen zu dürfen, machte jedoch kaum davon Gebrauch. Postverkehr war zugelassen, Briefe durchliefen freilich die deutsche Zensur. Telegramme konnten die Amerikaner empfangen, aber nicht absenden. Die Telefone hatte man gesperrt außer für Morris und Kennan, die Erlaubnis besaßen, mit der Schweizer Gesandtschaft in Berlin zu telefonieren. Zur wichtigsten Informationsquelle wurde ein kleines, verstecktes Radio (offiziell war es verboten), mit dem es möglich war, BBC-Nachrichten zu hören. Erhebliche Unzufriedenheit gab es vor allem bezüglich der Verpflegung und der Raumtemperatur. Kennan schreibt in seinen Memoiren von hungrigen, frierenden und sorgenvollen Gefangenen. Die Heizung funktionierte anfangs recht schlecht, da während des vorausgegangenen Winters im leeren Hotel einige Leitungen durch Frostschäden gebrochen waren. Nach der Reparatur herrschte bald Kohlenmangel, sodass die Heizung stundenweise abgeschaltet wurde. Im Januar 1942, bei etlichen Minusgraden, verschärfte sich die Lage. Die meisten Internierten schliefen in Kleidern und saßen mit Mänteln und dicken Jacken ausgerüstet im Speisesaal. Für die bislang verwöhnten Amerikaner stellte das an die eingeschränkte deutsche Ernährungssituation angepasste Essen fast eine Katastrophe dar. Sie fanden die Zubereitung schrecklich und die Quantität mangelhaft. Speziell das zweimal wöchentlich servierte »Feldküchengericht«, eine Art breiiger Eintopf aus Rüben, Kohl, Kartoffeln und kleinen Fleischstücken, wie auch der tägliche Pudding (eine undefinierbare Grießspeise) trugen zu einer offiziellen Beschwerde bei. Danach wurden die Portionen reichlicher und schmackhafter.

»University« und »Bad Nauheim Pudding«

Um Grübelei, Müßiggang, Depressionen und Psychosen entgegenzuwirken, gründeten die Internierten eine »University in Exile« namens »Badheim University« – wobei das »Bad« sicherlich doppeldeutig auch im Sinn von schlimm, böse gemeint war. Die gut organisierten Kurse ermöglichten das Lernen von Fremdsprachen (Französisch, Deutsch, Russisch, Spanisch) oder beschäftigten sich mit Bibel-Studien, Philosophie, Staatsbürgerkunde und Stepptanz. Den am stärksten besuchten Kurs über russische Geschichte leitete Kennan. Nach regelmäßiger, wochenlanger Teilnahme gab es sogar Zertifikate. Im Rahmen von Abendveranstaltungen hielten Journalisten Vorträge über verschiedene Länder oder einzelne Städte. Außerdem wurden verschiedene Sportarten vorgestellt wie Football, Baseball und Rugby. Weil sich viele Vertreter der schreibenden Zunft unter den Internierten befanden, lag es nahe, die Herstellung einer eigenen kleinen Zeitung zu versuchen. Ein Vervielfältigungsapparat war vorhanden, gleichfalls ausreichend Papier, und so kam jeweils eine Wochenausgabe zu Stande. Sie trug den anzüglich-ironischen Titel »The Bad Nauheim Pudding«, enthielt unter anderem allgemeine Informationen, Berichte über die Badheim University und – besonders beliebt – Detektivgeschichten. Die Mittwochabende gehörten Spielen: Bingo, Bridge und anderen Kartenspielen.

Samstagabends veranstaltete man »Amateur-Wettbewerbe« im Singen, im instrumentalen Musizieren oder in parodistisch-satirischer Vortragskunst. Auch das Tanzen fehlte nicht. Zusätzlich zur Aktivität der Gymnastikgruppe, dem gelegentlichen Jogging und den täglichen Spaziergängen erlaubten die Deutschen im beginnenden Frühjahr 1942, dass Baseball-Freaks bis zu viermal pro Woche einen abgelegenen Sportplatz benutzen durften. Der Beschreibung nach war dies das heutige Waldstadion. Die Bälle wurden aus Strümpfen, Leukoplast und Champagnerkorken oder Golfbällen im Kern selbst hergestellt.

Wegen der Ungewissheit ihrer Zukunft, der offenen Frage, wie lange die Internierungszeit überhaupt noch andauern werde, befand sich die Stimmung bisweilen auf dem Tiefpunkt. Immer wieder tauchten Gerüchte über die unmittelbar bevorstehende Repatriierung auf, und jedes Mal war die Enttäuschung groß, wenn sich die Hoffnung zerschlug. Am 12. Mai 1942 realisierten sich die Träume: Die Amerikaner konnten Bad Nauheim verlassen. Durch Frankreich und Spanien wurden sie nach Lissabon transportiert und gegen eine Gruppe deutscher Diplomaten, die in Amerika interniert gewesen waren, ausgetauscht. Einige Tage später traten sie auf der »Drottingham« die Heimreise an.

(Wetterauer Zeitung, 6. Februar 1999)

Bad Nauheims Trinkquellen
einst hoch prämiert

Wenn wir heute das harmonisch gestaltete kleine Brunnenhaus der Schwalheimer Löwenquelle oder die repräsentative Bad Nauheimer Trinkkuranlage betrachten, können wir uns nur mit einiger Mühe vorstellen, welche Bedeutung früher die Trinkquellen hatten. Gerade vor etwa 100 Jahren kam die medizinisch-naturwissenschaftliche Forschung zu einer gewissen Neubewertung der systematischen Anwendung von Mineralwässern. Prof. Dr. Isidor Groedel schreibt 1903 im »Führer für Bad Nauheim«: »Die in letzten Jahren stattgehabte Entwicklung der physikalischen Chemie, der Lehre von den Ionen, vom osmotischen Druck und von der Dissoziation chemischer Verbindungen in wässrigen Lösungen hat zu einer regen Tätigkeit auf physiologischem Gebiet geführt und auch die Wirkung der Mineralwasser-Trinkkuren in ihren Bereich gezogen.«

Die Nutzung der Trinkquellen rundete die therapeutischen Maßnahmen einer Kur ab. In sinnvoller Ergänzung der Bäder sollte die Trinkkur dazu beitragen, den Gesamtorganismus umzustimmen. Bad Nauheims Kurgäste beziehungsweise die Badeärzte hatten beispielsweise 1900 die Auswahl zwischen vier Trinkquellen. Es existierten

- der Schwalheimer Sauerbrunnen, den schon die Römer kannten und dem der Lauterbacher Stadtphysikus Moritz Gerhard Thilenius bereits 1772 bescheinigte, dass er »leicht in die kleinen Gefäße dringe, diese öffne, das Blut und überhaupt die zähen Säfte verdünne, die Absonderungen und Ausleerungen befördere, die übernatürliche Säure dämpfe«;
- der Kurbrunnen, erbohrt 1849. Er wurde jahrzehntelang bis zum Bau der Trinkkuranlage in der Wandelbahn hinter dem alten Kurgarten ausgeschenkt. Durch seine Anwendung glaubte man Gicht, Fettsucht und vor allem Darmträgheit beeinflussen zu können;
- der Ludwigsbrunnen, der 1842 bei einer Bohrung zutage trat, als man eine höherprozentige Solquelle zu gewinnen suchte. Da seine Zusammensetzung nicht den Erwartungen entsprach, blieb er zunächst unbeachtet. Erst zehn Jahre später befand man ihn als Trinkquelle brauchbar. Er wurde häufig mit dem Kurbrunnen gemischt, um dessen drastische Wirkung abzumildern. Nachdem die Trinkkuranlage erbaut war, in der es spezielle Gurgelräume gab, gehörte zum Angebot für die Patienten eine Lösung aus Gurgelsalz vom Ludwigsbrunnenwasser. Sie sollte bei Erkrankungen der oberen Luftwege Linderung bringen;
- der Karlsbrunnen, 1869 auf dem Gelände der heutigen kleinen Anlage vor der Post erbohrt. Die Anwendungsgebiete glichen denjenigen des Kurbrunnens, die Wirkungsweise wird allerdings als angenehmer beschrieben.

Wilhelm Jost überbaute die Löwenquelle

Die Schwalheimer Löwenquelle kam erst 1903 hinzu. Prospekte empfahlen sie bei Katarrhen des Magens und der Blase. Außerdem lieferte sie erfrischendes Tafelwasser. Wilhelm Jost, der geniale Baumeister von Sprudelhof und Trinkkuranlage, errichtete über dieser neuen Quelle ein wohlproportioniertes kleineres Brunnenhaus (die Form der Kuppel findet sich in der Trinkkuranlage wieder!), Baurat Hermann Eser sorgte für moderne technische Ausstattung, Forstassessor Dr. Weber verbesserte durch Neuanpflanzungen von Sträuchern das Gesamtaussehen der Anlage.

Der Oberhessische Anzeiger vom 25. Mai 1906 rühmt das »harmonische Zusammenwirken aller Faktoren ... Der im herrlichsten jungen Grün prangende Schwalheimer Brunnenpark, aus welchem die rote Dachkuppel des architektonisch sehr geschmackvollen Brunnengebäudes hervorragt, gewährt schon von weitem dem über die Triften schweifenden Auge des Betrachters einen wohltuend wirkenden Anblick. ... Die Nachfrage nach dem stark kohlensauren Wasser der Löwenquelle mehrt sich von Tag zu Tag; namentlich tritt in die Reihe der En-gros-Abnehmer jetzt das große Land der zahlreichen Wassertrinker: Amerika, wohin durch Vermittlung eines alten Bad Nauheimer Kurgastes, des Professors Dr. William Stark aus New York, namhafte Abschlüsse bereits erfolgt sind«.

Die Goldene Medaille auf der Weltausstellung in St. Louis

Dass Bad Nauheim auf der Weltausstellung 1904 in St. Louis mit einem eigenen Stand vertreten war, steigerte den Bekanntheitsgrad der Kurstadt mit ihren Bädern und Trinkquellen. Die Großherzogliche Regierung unterstützte die Teilnahme nachdrücklich, da »die Notwendigkeit besteht, die Heilerfolge und die Kurmittel von Bad Nauheim bei den Ärzten und der Bevölkerung Amerikas bekannter zu machen als sie gegenwärtig sind«. Für die Präsentation im Liberal Arts Building stand eine nutzbare Wandfläche von rund 30 Quadratmetern sowie eine Bodenfläche von 16 Quadratmetern zur Verfügung. Die renommierte Darmstädter Möbelfabrik Julius Glückert fertigte zwei formschöne Kojen an. Darin stellte das Staatsbad (nach einer im Darmstädter Staatsarchiv erhalten gebliebenen Liste) unter anderem aus: einen Plan von Bad Nauheim; Grundriss und Vorderansicht des Badehauses V; Grundrisse von Keller und Erdgeschoss des neuen Inhalatoriums und ein Foto der Vorderfront; die von Jost projektierte neue Jugendstil-Badeanlage (Sprudelhof) in perspektivischer Gesamtansicht; ein geologisches Profil durch das Sprudelterrain; eine Abbildung des Karlsbrunnens; Statistiken über Anzahl der Kurgäste und Bäder seit 1835; Proben der oben aufgezählten Trinkquellen; Salinenprodukte wie Tafelsalz, Viehsalz und Mutterlauge; außerdem Broschüren und Werbeprospekte von Bad Nauheim. Anwesend zur Betreuung der Kojen war Dr. med. Tradelius, New York. Er suchte auch die Ärzte in St. Louis auf, um sie für die Badestadt zu interessieren.

Offenbar fand die Selbstdarstellung recht starke Beachtung. Besonders groß war die Freude, als der Reichskommissar für die Weltausstellung überraschend mitteilte, »dass das Internationale Preisgericht in Gruppe 91, Mineralwasser, der Großherzoglich Hessischen Badedirektion Nauheim die Goldene Medaille zuerkannt hat«. Jahrzehntelang schmückte dann der Hinweis auf diese Auszeichnung die Flaschenetiketten des Bad Nauheimer Staatsquellen-Vertriebs.

(Bad Nauheim Journal, Januar 2000)

Nochmals: Der junge Franklin D. Roosevelt in der Kurstadt

Ergänzungen und Erläuterungen

Für die Stadtgeschichte sind recherchierte Details bezüglich des Nauheim-Aufenthaltes des späteren US-amerikanischen Präsidenten Franklin Delano Roosevelt immer wieder interessant und willkommen.

In Kurliste Nr. 4 vom 23. Mai 1891 findet sich der erste Eintrag über James Roosevelt mit Gemahlin Sara und Sohn Franklin aus New York. Sie waren zunächst im Hotel Kursaal abgestiegen – dem Haus, in dem mit der Eröffnung der »Solbad-Anstalt« (1835) Nauheims Badegeschichte begann. Es ist 1850 nach Fertigstellung des Badehauses in ein Hotel-Restaurant umgebaut worden. Bis 1902 stand es etwa an der Stelle der heutigen Dankeskirche.

Roosevelts scheinen sich in dem älteren, verhältnismäßig kleinen Gebäude nicht wohl gefühlt zu haben. Laut Kurliste Nr. 5 vom 30. Mai wechselten sie in das gegenüberliegende, vermutlich modernere Hotel de l'Europe in der Kurstraße. Unter dieser Adresse werden sie in den Kurlisten bis zum 3. Juli 1891 (Nr. 10) geführt. Sie sind sicherlich danach nicht in die Staaten zurückgefahren, sondern widmeten sich eher dem »Sight-Seeing« in Europa, denn in Kurliste Nr. 15, 8. August, taucht ihr Name erneut auf. Diesmal quartierten sie sich in der Villa Diana ein (später Terrassenstraße 8) und blieben bis Mitte September (letzter Eintrag am 12. September 1891).

Im Jahr 1892 dokumentieren die Kurlisten einen Aufenthalt von »Mr. Roosevelt nebst Gemahlin, Sohn und Diener« von Nr. 3, 21. Mai, bis Nr. 8, 25. Juni. Die Familie wohnte in der Villa Britannia. Ebendort nahmen Roosevelts auch Unterkunft in den Jahren 1893 (siehe Kurlisten Nr. 18, 26. August, bis Nr. 22, 23. September), 1895 (laut Kurlisten Nr. 4, 25. Mai, bis Nr. 8, 22. Juni) und 1896. Auffällig ist, dass bei den Eintragungen in die Kurlisten jenes Sommers (Nr. 13, 25. Juli, bis Nr. 16, 15. August) die Eltern als Mr. und Mrs. Roosevelt und der Sohn als Mr. Franklin Roosevelt getrennt aufgeführt sind. Dies mag vielleicht mit dessen Herauswachsen aus der eigentlichen Kindheit zusammenhängen: Franklin Delano, der übrigens ein Jahr älter – nicht, wie behauptet, ein Jahr jünger – war als seine Nauheimer Klassenkameraden, hatte im Januar seinen 14. Geburtstag gefeiert.

»Haus ersten Ranges«

Die Villa Britannia, in der es den gewiss anspruchsvollen Roosevelts offensichtlich gefiel, galt als »Haus ersten Ranges«. Das auf alten Abbildungen weithin auffallende, aus seiner Umgebung herausragende Gebäude war um 1850 vom ehemals in kurhessischen Diensten stehenden Hauptmann Doerr erbaut worden. Villa Doerr – wie sie anfänglich hieß – bot »43 vermiethbare Zimmer, welche sich hauptsächlich zu herrschaftlichen Familienwohnungen eignen« (Wegweiser durch Bad Nauheim, 1869). Mit ihren stattlichen Seitenflügeln machte sie einen fast schlossähnlichen Eindruck und lag überdies in einem ausgedehnten, gepflegten, parkartigen Garten, unterhalb der Burgallee, ungefähr dort, wo sich heute der nordöstliche Teil der Parkinson-Klinik befindet. Einem Gerücht zufolge soll sich Kurfürst Friedrich Wilhelm über das imposante Aussehen des Gebäudes geärgert und 1860 auf die vorgesehene Errichtung eines Palais im Kurpark verzichtet haben, da er die bauliche Konkurrenz fürchtete.

Als der Weg von der Parkstraße zum Kurhaus, den ursprünglich die Spielbankadministration angelegt hatte, ausgebaut wurde und in den 1880er Jahren auf der Westseite die ersten Häuser entstanden, zählte die Villa Britannia (so jetzt der Name) zur Terrassenstraße, man teilte ihr die Hausnummer 6 zu. Um 1900 änderten sich die Verhältnisse grundlegend. Villa Britannia brach man ab und verwandte einen Teil ihres Gartens zum Anlegen einer Verkehrsverbindung zwischen Burgallee und Terrassenstraße. Dieses Querstück erhielt zur Erinnerung an das frühere stolze Anwesen die Bezeichnung Britanniastraße. Unschöne politische Ressentiments bewirkten nach Ausbruch des Ersten Weltkriegs die Umbenennung in Zeppelinstraße. Seit 1945 heißt sie Franz-Groedel-Straße.

Auch die Villa Diana ist verschwunden. Auf ihrem Gelände erbaute Dr. Hugo Schmidt ein Sanatorium, die heutige Diabetes-Klinik. Schon zehn Jahre nach seinem letzten Aufenthalt in Bad Nauheim hätte Franklin D. Roosevelt also viele Neuerungen in der Kurstadt bestaunen können.

(Wetterauer Zeitung, 17. Januar 2000)

»*Architekturfabriken*« lehnte er ab

Erinnerungen an den Baumeister, Pädagogen und Historiker Leonhard Kraft

Im Team der relativ jungen Regierungsbaumeister und Regierungsbauführer, die Anfang des letzten Jahrhunderts unter Leitung Wilhelm Josts begannen, Pläne für Nauheims neue Badeanlagen mit Wirtschaftsgebäuden, für die Kurhausmodernisierung und die Trinkkuranlage zu entwerfen, und diese dann umsetzten, befand sich auch der aus Mainz stammende Leonhard Kraft. Der Sohn eines Küfermeisters, Jahrgang 1876, hatte nach vier Jahren Volksschule bis 1892 die Mainzer Großherzogliche Realschule besucht. Seine beruflichen Wünsche tendierten schon früh in Richtung Bauwesen/Architektur. Nachdem er den Schulabschluss erreicht hatte, war er deshalb drei Jahre – wie er später in einem Lebenslauf schrieb – »auf einem Architekturbüro, auf Baustellen und in Werkstätten meines Geburtsortes tätig und nahm nebenbei fünf Jahre lang am Sonntagszeichenunterricht der Handwerkerschule des Gewerbevereins teil«.

Zielstrebig holte Kraft am Mainzer Realgymnasium sein Abitur nach und immatrikulierte sich in der Architekturabteilung der Technischen Hochschule (TH) Darmstadt, wo er im Frühjahr 1900 die erste Hauptstaatsprüfung bestand. Dass er an der Hochschule für knapp zwei Jahre Assistent von Prof. Karl Hofmann sein konnte, hat gewiss auf seine bauästhetischen und planerischen Vorstellungen starken Einfluss ausgeübt. Hofmann, früher Stadtbaumeister in Worms, ab 1897 Ordinarius für Baukunst an der Darmstädter TH und zugleich maßgeblicher Beamter in der großherzoglichen Bauverwaltung, verstand sich als Förderer eines gemäßigten, »gezügelten« Jugendstils. Manche Phänomene übersteigerter, nervöser Linienführung und Ornamentik beurteilte er eher ablehnend.

Verantwortlich für das Fernheizkraftwerk

Eine ähnliche Einstellung lässt sich auch bei Leonhard Kraft finden. Nach dem zweiten Staatsexamen 1904 zum Regierungsbaumeister ernannt, oblag ihm in Bad Nauheim, unter verantwortlicher Oberleitung Josts, vor allem die Errichtung der Maschinenzentrale hinter dem Bahnhof mit ihrem charakteristischen hohen Schornstein. In dem Gebäudekomplex waren ursprünglich das staatliche Elektrizitätswerk, die Fernheizanlage, eine Eisfabrik, verschiedene Nebenräume und die Wohnung des Werksmeisters untergebracht. Mitbeteiligt war Kraft gleichfalls an der Erbauung der benachbarten Dampfwäscherei, deren durch große Fenster aufgelockerte Außenwände damals ebenso auffielen wie das ansehnliche Ziegeldoppeldach.

Weshalb Kraft 1907/08 freiwillig aus dem Staatsdienst ausschied, ist nicht zu recherchieren. Er ließ sich jedenfalls als freier Architekt in der Kurstadt nieder und hat hier bis zum Ausbruch des Ersten Weltkriegs einige bemerkenswerte Bauten errichtet. Grundsätzlich wichtig erschien ihm gestalterische Individualität in bewusstem Gegensatz zu »Architekturfabriken für Monumentalbauten und Eigenheimfabrikanten für den Kleinwohnungsbau«. Als Verwirklichung einer an die jeweilige Umgebung angepassten Originalität könnte man seine

Konzeption umschreiben, eine Verbindung von traditionellen Bauformen mit gemäßigt modernen zu schaffen. Bei seinen Aufträgen machte ihm gelegentlich der in Bad Nauheim seinerzeit verwendete Begriff »Einfamilienhaus« zu schaffen. »Das ist nämlich kein Haus mit vier Stockwerken, von denen man im Sommer einige vermietet und in dem im Winter auch einmal eine Familie wohnen kann. Das Einfamilienhaus, wie es sich andern Orts in unzähligen Villenkolonien zu einem gewissen Typus durchrang, ist etwas anderes, bis jetzt in Bad Nauheim noch nahezu Fremdes, das sich aber auch hier durchsetzen wird und muss. Die bauliche Entwicklung hat sich hier Jahre lang nur in der Richtung des Vermietgeschäftes bewegt.«

Erbauer zahlreicher Villen und des Elisabethhauses

Kraft erbaute unter anderem für die Ärzte Dr. Paul Stein und Dr. Bernhard Schuster die Villen Karlstraße 24 und Kurstraße 18, das Haus Gustav-Kayser-Straße 12 für den Kaufmann Friedrich Wilhelm Reuling, das Doppelhaus William-Kerckhoff-Straße 4–6 für die Witwe des Postdirektors Münch und den Ingenieur Alfred Imhof. Hinzu kommen die Villen von Starck in der Mondorfstraße 19, die Häuser Mittelstraße 13 und 15 sowie Alicestraße 19 (Bauherr Spenglermeister Franz Müller). Von ihm stammen außerdem das neue evangelische Pfarrhaus an der Wilhelmskirche (das alte wurde 1908 abgebrochen) und die Kinderheilanstalt Elisabethhaus, »ein prächtiges, sehenswertes, monumentales Bauwerk« (Pfarrer Wissig). Unter Krafts Leitung wurde nach dem Tod Ferdinand Sprengels das Parkhotel umgebaut. Es erhielt damals beispielsweise das mächtige Mansardendach, und an der Nordseite sorgte ein Mitteltrakt für die Verbindung der beiden Seitenteile.

Schließlich soll noch erwähnt werden, dass sich Leonhard Kraft in Zeitungsartikeln sehr engagiert an der 1912 aktuellen Diskussion über die Bebauung des Johannisbergs beteiligte. Er befürchtete, sie werde willkürlich nach dem Zufallsprinzip verlaufen. Der Stadtverwaltung warf er »Plan- und Ziellosigkeit« vor, denn es fehle »ein Generalbebauungsplan mit allem Zubehör, aufgebaut auf städtebaukünstlerischen Grundsätzen«. Mit ein paar allgemein regelnden Vorschriften über Häuserabstände und Vorgartengröße erreiche man nichts. Am besten solle die Stadt einen entsprechenden Wettbewerb ausschreiben.

Erstaunlicher Berufswechsel

Nach Ausbruch des Ersten Weltkriegs übersiedelte Kraft – seit 1906 mit einer Darmstädterin verheiratet – aus familiären Gründen nach Darmstadt. Erstaunlicherweise veränderte sich zugleich seine berufliche Tätigkeit grundlegend. Er wechselte in den gewerblichen Schuldienst und unterrichtete bis zur Versetzung in den Ruhestand 1941 hauptsächlich an der Darmstädter Landesbauschule. Hatte er bereits in Bad Nauheim durch die Mitarbeit im Heimatverein und an den Bad Nauheimer Jahrbüchern sein lokal- und regionalhistorisches Interesse bekundet, so intensivierte er nun die kulturhistorischen Studien. Aufgrund der Dissertation »Beiträge zur Geschichte des Kirchenbaus im Kreise Friedberg i. H.« wurde er 1916 von der TH zum Dr.-Ing. promoviert. Als Vorstandsmitglied des Historischen Vereins für Hessen organisierte er jahrzehntelang Exkursionen und hielt Vorträge. Alexander Koch, der bekannte einflussreiche

Verleger der Zeitschriften »Deutsche Kunst und Dekoration« und »Innendekoration«, konnte ihn zu seinen Autoren zählen. Auch literarischen Neigungen widmete Kraft mehr Zeit. Zu einem 1911 veröffentlichten Schauspiel kamen in den Dreißigerjahren zwei historische Romane. Weitere unveröffentlichte Arbeiten befinden sich im Nachlass, der im Darmstädter Stadtarchiv aufbewahrt wird.

Trotz seines fortgeschrittenen Alters fühlte sich Kraft verpflichtet, nach 1945 aktiv beim Wiederaufbau des von Kriegsschäden hart betroffenen Darmstadt mitzuhelfen. Er gehörte zu den Mitbegründern der damaligen Liberal-Demokratischen Partei (später FDP) und war von 1948 bis 1952 Mitglied der Stadtverordnetenversammlung. Mit fachkundigem Rat, »oft mit vitaler Leidenschaft«, arbeitete er mit, »wenn es um große Projekte auf dem Bausektor zur Wiedergestaltung des zerstörten Stadtbildes ging« (Darmstädter Echo, 16. 8. 1961). Leonhard Kraft starb am 25. Mai 1965 in Darmstadt.

(Wetterauer Zeitung, 16. Februar 2000)

»*Zum Segen für die leidende Menschheit*«

Vor 100 Jahren wurde Bad Nauheims dritter Sprudel, der Ernst-Ludwig-Sprudel, erbohrt

Seit Mitte der Achtzigerjahre des 19. Jahrhunderts konnte das Herz- und Rheumabad Nauheim einen beachtlichen Anstieg der Kurgastzahlen verzeichnen. Suchten beispielsweise 1886 insgesamt 5774 Kranke Heilung oder Linderung ihrer Leiden, so waren es zehn Jahre später 15 352 Personen. Dementsprechend wuchsen die Ansprüche auf angemessene Leistungen. Im angegebenen Zehnjahreszeitraum vergrößerte sich die Zahl der abgegebenen Bäder von 8 744 (1886) auf 210 956 (1896). Die Kapazität der Badehäuser reichte nicht mehr aus, und obgleich man zusätzlich zu den drei vorhandenen 1888 beziehungsweise 1890/92 zwei weitere errichtet hatte, gab es immer häufiger Klagen von Gästen über zu lange Wartezeiten.

Sorgen bereitete es außerdem, dass im Laufe der Jahre die ausgeschütteten Solemengen der beiden Quellen – Großer Sprudel (1846 zutage getreten) und Friedrich-Wilhelm-Sprudel (1855 erbohrt) – erheblich abnahmen. Auch der Salzgehalt war gesunken, gleichfalls die Temperatur des Quellwassers. Bei Fachleuten herrschte die Meinung vor, dass die Ursache hierfür die schadhaft gewordene alte Verrohrung der Sprudel sei. Sie plädierten für eine Neuverrohrung, um die ursprüngliche Schüttungsmenge und deren Qualität wiederzugewinnen. Andererseits drängten einige Bad Nauheimer Hoteliers und Ärzte auf eine völlig neue Bohrung. Von einer weiteren Quelle erhoffte man sich eine wesentliche Steigerung der Gesamtsolemenge sowie verbesserte Qualität. Das werde dem Kurbetrieb zusätzliche Impulse geben.

Widerstreit der Meinungen

Das für die Angelegenheit zuständige Großherzoglich Hessische Finanzministerium beauftragte 1892 den Ordinarius für Mineralogie und Geologie an der TH Darmstadt, Carl Georg Richard Lepsius, mit dem Studium der geologischen Verhältnisse des Quellgebietes von Bad Nauheim »zu dem Zwecke, um ein Urtheil darüber anzugeben, ob es möglich und räthlich sein würde, neue Wasser, womöglich einen neuen Sprudel in der Tiefe der Quellspalten zu erschließen«. Am 1. Oktober 1896 legte er seinen Bericht vor. Darin riet er von einer Neuverrohrung der alten Quellen ab. Diese sei erst nach der Erbohrung eines neuen Sprudels angebracht. Vorrangig solle also versucht werden, »durch eine neue Tiefbohrung diejenigen Quantitäten von Thermalwasser und Kohlensäure, die früher vorhanden gewesen sind, wieder zu gewinnen und von neuem zu Tage zu fördern«. Dem Einwand, dass die Bohrung die beiden alten Sprudel ungünstig beeinflussen könnte, trat er mit dem Argument entgegen, es sei möglich, das neue Bohrloch in jedem Augenblick wieder vollkommen zu verschließen.

Solche Bedenken, die Tiefbohrung gerade in der Nähe von Großem Sprudel und Friedrich-Wilhelm-Sprudel gefährde deren Bestand, waren in der Tat vorhanden. Frühere Erfahrungen hatten immerhin gezeigt, dass eine enge Kommunikation fast aller Quellen existierte. Wenngleich sie dieses Risiko geringer einschätzten, sprachen sich doch vor allem der Professor an der TH Prag, Friedrich Steiner, und der Vorstand der Bad Nauheimer Badedirektion, Bergrat Otto Weiss, gegen eine Neubohrung aus. Sie vertraten die Überzeugung, in der Gesamtmenge sei bei der Ausschüttung dreier Sprudel nicht mehr Quellwasser zu erwarten als seither. Die Liefermenge des neuen Sprudels werde den alten Quellen entzogen. Auch die Beratung einer Kommission, deren Mitglieder Geheimer Oberbergrat C. Braun, Geheimrat Dr. Schäffer, Ministerialrat Wilbrand, Geheimer Baurat O. Berndt, Prof. Steiner, Geheimer Bergrat O. Weiss und Prof. Lepsius waren, erbrachte keine Einigung. Die Entscheidung der Regierung verzögerte sich. Erst im Juli 1899 fiel sie im Sinne von Prof. Lepsius. Im Herbst bewilligten die Ständekammern 90 000 Mark für die Tiefbohrung in Bad Nauheim.

Der Verlauf der Bohrung

Die Ausführung der Bohrung wurde der angesehenen Firma H. Thumann aus Halle an der Saale übertragen. Nachdem man einen hohen Bauzaun errichtet, einen großen Bohrturm und die Maschinen aufgestellt hatte, begannen die Bohrarbeiten 24 Meter östlich des Friedrich-Wilhelm-Sprudels am 19. Oktober 1899. Beteiligt waren zwölf Arbeiter, Bohrmeister Ingenieur Städel und Oberbohrmeister Jähnichen. Sie benötigten insgesamt 175 Bohrschichten zu zwölf Stunden, die gelegentlich unterbrochen werden mussten, weil beispielsweise einzelne Diamanten aus der Bohrkrone ausbrachen oder es zum Bruch des Bohrgestänges kam. Am 15. Februar 1900 stieß man in der Tiefe von 209,43 Metern auf Thermalwasser von 35 Grad Celsius und 3,2 Prozent Salzgehalt und stellte die Bohrungen ein. Nach Einbau eines starken Kupferrohres in das Bohrloch hoffte man, dass die Sole frei sprudeln werde. Da dies nicht eintrat, wurde eine Druckpumpe eingesetzt.

»Seit fünf Tagen ist die Mammuthpumpe, welche die ersehnte Hülfe bringen sollte, in Thätigkeit, allein die Förderung des allerdings salz- und kohlensäurehaltigen Wassers ist so gering, dass man auf das Vorhandensein einer ausgiebigen Quelle schlechterdings nicht schließen kann. Wäre Wasser in hinreichendem Maße vorhanden, so hätten fünf Minuten anstatt fünf Tage genügt, um mit der Mammuthpumpe die Quelle anzusaugen... Der Bohrversuch ist unserer Ansicht nach missglückt. Wir wünschen daher, dass das zwecklose, die alten Quellen in höchstem Maße schädigende Auspumpen eingestellt und noch andere Fachmänner zu Rat gezogen werden«, erregte sich ein Artikelschreiber im Bad Nauheimer Anzeiger. Frühere Befürchtungen lebten wieder auf, die Quellen könnten versiegen.

Der Großherzog war Namenspatron

Dann endlich, am 7. März 1900 nachmittags etwa 16.30 Uhr, sprudelte nach Abschalten der Pumpe die neue Quelle aus eigener Kraft aus dem Fassungsrohr. Enthusiastisch heißt es im Wetterauer Anzeiger: »Man kann sich den allgemeinen Jubel vorstellen, mit welchem in der Stadt die Freudenkunde vernommen wurde, dass der Bohrversuch geglückt sei. In Scharen strömten die Bewohner Nauheims und auch der Umgebung herbei, und bald hörte man das feierliche Geläute der Kirchenglocken über das Thal schallen. Hunderte standen an dem

Bohrturm, ein Jedes wollte sich überzeugen durch eigenes Schauen, alles drängte zu dem neuen Sprudel und blickte bewegt nach der weißen, perlenden Schaumpyramide, die der Tiefe entstieg, rauschende Freude verbreitend und Beifall spendend den Männern, deren Kunst und Arbeit es geglückt war, sie der Erde zu entlocken.«

Am darauf folgenden Abend bewegte sich – hauptsächlich von der örtlichen Freiwilligen Feuerwehr organisiert – ein Fackelzug unter starker Beteiligung der Einwohnerschaft von der Altstadt durch Haupt-, Kurstraße und Park zum neuen Sprudel, wo eine Kapelle den Choral »Nun danket alle Gott« intonierte.

Aus Berlin bekundete Kaiser Wilhelm II. in einem Telegramm seine Freude »über die Neuerbohrung eines weiteren Sprudels in Nauheim« und gab seiner Hoffnung Ausdruck, »dass diese neue Quelle ebensolch kräftige Heilwirkung haben möge wie die alten Quellen zum Segen für die leidende Menschheit«. Großherzog Ernst Ludwig telegrafierte von Capri aus: »Möge diese glückliche Bohrung der ganzen Stadt zum größten Segen gereichen.«

Offizielle »Taufe« im Juni

Die offizielle »Tauffeier« des Sprudels fand am 28. Juni abends 19 Uhr statt. Die provisorisch gefasste Quelle war nach einem Bericht des Bad Nauheimer Anzeigers »mit blühenden Topfgewächsen prachtvoll geschmückt, im Hintergrund erhob sich die in den hessischen und deutschen Farben und mit der Büste des Großherzogs prächtig geschmückte Estrade, auf welcher die speziell eingeladenen Gäste Platz nahmen, während Tausende von Menschen dem für Bad Nauheims Zukunft so wichtigen Akte beiwohnten«. Auf der Rednerliste standen Prof. Lepsius, Bürgermeister Wörner, Dr. Wachenfeld (für den Ärzteverein) und Ministerialrat Wilbrand, der die neue Quelle Ernst-Ludwig-Sprudel »taufte«. Das Kurorchester sorgte für die musikalische Umrahmung der Feier. Spätabends wurde auf der Kurhauswiese ein imposantes Feuerwerk abgebrannt, zu dessen Abschluss der Namenszug des Landesherrn am Nachthimmel erschien.

Die anfängliche Euphorie legte sich allmählich, denn der neue Sprudel erfüllte tatsächlich nicht die überzogenen Wünsche und Hoffnungen mancher Bad Nauheimer Badeindustrieller. Ein Zeitgenosse (Oberbademeister Franz Kissel) bemerkte dazu: »Viele der Erwartungen, die sich mancher in dieser Hinsicht für die Zukunft in rosiger Ausmalung mit goldenem Hintergrunde zurecht legte und zu spekulativen Zwecken, wenn auch nicht gerade aus unlauteren Motiven auszunutzen beabsichtigte, brachten ihm nach nicht allzu langer Zeit bittere Enttäuschung und haben manche gute Kraft, die sich in allzu großer Vertrauensseligkeit in ihrem Illusionismus eingeschläfert hatte, in tiefes Unglück hineingestoßen.« Es zeigte sich nach einigen Wochen, dass die Skeptiker Recht behielten. Die Gesamtausschüttungsmenge der drei Sprudel an Solwasser war schließlich nicht wesentlich größer als zuvor das gemeinsame Quantum von Großem Sprudel und Friedrich-Wilhelm-Sprudel.

Derzeit ist der Ernst-Ludwig-Sprudel wegen seines Arsen-Gehaltes stillgelegt.

(Hessische Heimat Nr. 6, 25. März 2000)

Mut, sich auf Neues einzulassen

Plädoyer für eine nicht verklärende Lokalhistorie

Gerade in Bezug auf Bad Nauheim wird gelegentlich der Lokalhistorie vorgeworfen, in erster Linie nostalgisch verklärend die »gute alte Zeit« wieder aufleben zu lassen, als die Welt noch in Ordnung war, gute Geschäfte gemacht wurden, der Kurbetrieb mit reichen, eleganten Gästen problemlos boomte.

Wenn das so wäre – was ich bestreite –, dann würde die Ortsgeschichte ihrer Aufgabe nicht gerecht und zeigte selbst für eine begrenzte Epoche eine verzerrte historische Realität. Denn hinter der Vordergründigkeit der einstigen Glanzzeit gibt es durchaus auch anderes zu erkennen und zu berücksichtigen. Man denke zum Beispiel an die harten Arbeitsbedingungen des Badepersonals. Vor dem Ersten Weltkrieg konnte von morgens 6 Uhr bis spätnachmittags 18 Uhr gebadet werden. Eine Pause lag zwischen 11.30 und 14.30 Uhr. Das Personal hatte entsprechend schon früher anwesend zu sein und abends noch Aufräumungsarbeiten vorzunehmen. An einem einzigen Tag wie beispielsweise dem 24. Juli 1911 mussten 4318 Bäder zubereitet werden. Die Arbeit sollte zügig verrichtet werden. »Wird ein Wärter in Unterhaltung mit einem Kurgast auf den Fluren der Badehäuser getroffen, was doch gar nicht zu vermeiden ist, der Chef kommt hinzu, flugs ist ein Vorwurf und mindestens drei Mark Strafe fällig. Eine gegenseitige Unterhaltung des Personals, selbst in der Frühstücks- und Vesperzeit, wird nicht geduldet und streng bestraft«, beklagten sich die Betroffenen am 27. Oktober 1911 in der Neuen Tageszeitung Friedberg.

Nervöse Kassierer und hektischer Schalterbetrieb

Über unliebsame Folgen hektischen Betriebs berichtete schon 1894 Badekassierer Jakob Pfeffer. Beim täglichen Kassensturz kam es öfters vor, dass sich Defizite ergaben, die er aus eigener Tasche begleichen musste. Außerdem hatte er sich Beschwerden von Gästen eingehandelt, die bemängelten, der Verkauf der Badekarten gehe zu schleppend voran.

»Es verkehrten während der Hochsaison täglich am Billett-Schalter 800 bis 1000 Personen aller Nationen, von welchen die größte Anzahl auch bei dem geringsten Geldbetrag große Cassenscheine vorlegte und dabei noch auf rasche Bedienung drängte. Hierdurch entstanden dann die Verluste, welche mich veranlassten, Kleingeld zu erbitten, worauf dann die ungerechtfertigten Beschwerden eingereicht wurden.« Seine Bitte an die Badedirektion, ihm angesichts der Schmälerung seines Einkommens durch die oben genannten Ersatzleistungen eine Vergütung zu gewähren, wurde abgelehnt. Man kann sich leicht vorstellen, dass zehn bis zwölf Jahre später bei stärkerem Andrang von Kurgästen die Nervosität der Kassierer noch größer gewesen ist.

Oder denken wir an die Dienstboten, die in Pensionen, Villen und Hotels zum großen Teil in Kellern oder schrägen Dachkammern untergebracht waren, weil man alle sonst verfügbaren Räume an Gäste zu vermieten suchte. Infolge der frühen Badezeiten, die viele Kurgäste in Anspruch nehmen wollten, wurde die Arbeit in den Beherbergungsbetrieben schon früh aufgenommen. Bestimmungen betreffend geregelte Freizeit existierten meistens nicht. Sonntage unterschieden sich kaum von Werktagen, sodass nicht einmal Zeit für den Kirchgang zur Verfügung stand. Ende der 1890er Jahre hielt Pfarrer Otto Wissig deshalb in der Hauptsaison jeden Donnerstag zwischen 17 und 18 Uhr einen Gottesdienst, der hauptsächlich für Dienstboten gedacht war. In einer Zeitungsanzeige heißt es bezeichnenderweise: »Hoffentlich machen es alle Hotel- und Hausbesitzer so viel als thunlich ihren Leuten möglich, diesen Gottesdienst besuchen zu können.«

Natürlich kam es häufig zwischen Dienstpersonal und Arbeitgebern zu Konflikten, und hier in Bad Nauheim bemühten sich unter Führung des Deutschen Kellnerbundes und des Genfer Verbandes der Hotelangestellten die Saisonkräfte jahrelang um die Einrichtung eines Gewerbeschiedsgerichtes. Dieses hätte in Streitfällen einen gewissen Ausgleich ihrer Interessen ermöglicht. Eine Arbeitsgerichtsbarkeit gab es damals ja noch nicht. Aber alle Bemühungen um die Schiedsstelle blieben erfolglos.

Spannungen und Gegensätze zwischen Altstadt und Neustadt

Auf der einen Seite stand der Stolz über die anwachsende Zahl großer, luxuriös eingerichteter Hotels. Auf der anderen Seite beobachteten die alteingesessenen Nauheimer mit Sorge, dass die Bauherren und neuen Vermieter verstärkt von außerhalb kamen, vielfach in der Hoffnung, im rücksichtslosen Konkurrenzkampf mit den Einheimischen möglichst schnell reich zu werden. Vor allem die Altstadtbewohner sahen ihre Einkommensaufbesserung durch das sommerliche Vermietgeschäft zunehmend in Frage gestellt. »Jeder größere Bau in dem neuen Kurviertel bedingt eine weitere Abwanderung aus der Altstadt, so dass wohl die Zeit nicht mehr fern ist, wo es für den kleinen Mann überhaupt unmöglich sein wird, ein eigenes Haus sein eigen zu nennen. ... Die Badeindustrie als Unternehmen wird immer mehr aus den Händen des Mittelstandes entwunden und geht auf das Kapital über. ... Auf der einen Seite die Zentralisierung des Besitzes und auf der anderen Seite die Proletarisierung der größeren Masse der Bevölkerung«. So liest man es etwa in Zuschriften an die Lokalpresse 1911.

Man erkennt in der Glanzzeit Bad Nauheims deutlich das Entstehen von sozialen Spannungen, von Neid, von Gegensätzen zwischen Altstadt und Neustadt. Und die Klagen und Beschwörungen in den Jahresberichten des Kur- und Verschönerungsvereins zeigen, dass es Wunschdenken ist, wenn heute die Meinung geäußert wird, in der »guten alten Zeit« hätten alle Nauheimer stets an einem Strang gezogen, sich einmütig für die Fortentwicklung des Bades eingesetzt. Auch hinter den großartigen Fassaden der Grand Hotels nistete oft genug die Sorge, wie man die oft beträchtlichen Schulden wieder losbekommen könnte. Beispielsweise wurden während der hervorragenden Aufschwungjahre 1895/96 zwar 59 freiwillige Hypotheken im Gesamtbetrag von 573 551 Goldmark gelöscht, zugleich jedoch 82 Hypotheken im Umfang von 1 946 900 Mark neu aufgenommen. Der häufige Besitzerwechsel, speziell der großen Häuser, weist darauf hin, dass manche Träume nicht in Erfüllung gingen.

Die nähere Betrachtung der Ortsgeschichte lehrt, dass die Verhältnisse nie einfach strukturiert waren, es nie nur einfache Lösungen gab. Gerade die für Bad Nauheim typische, sprunghaft-dynamische Entwicklung verlangte den betroffenen Menschen einiges an Umstellung und zwanghafter Anpassung ab. Ängstlichkeit und Optimismus lagen eigentlich immer nahe beeinander. Kalkulierte Risikobereitschaft, Mut, sich letztlich doch auf Neues einzulassen, verbunden mit kontinuierlichen Anstrengungen haben den Ort immer wieder vorangebracht. Das könnte vielleicht auch heute der Zukunft der Stadt die Richtung weisen.

(Rede anlässlich der Verleihung der Verdienstmedaille
der Stadt Bad Nauheim, 6. Mai 2000)

Weitere Veröffentlichungen von Ernst Dieter Nees

1. in Fachzeitschriften:
Reinhard Strecker (1876–1951), Lebensweg eines Demokraten (Mitteilungen des Oberhessischen Geschichtsvereins Gießen Band 70, 1985)
Der Deutsche Republikanische Lehrerbund und seine Aktivitäten in Oberhessen (Wetterauer Geschichtsblätter Band 35, 1986)
Dr. Gustav Kaysers Amtszeit – ein entscheidender Abschnitt in der Entwicklung Bad Nauheims (ebd. Band 36, 1987)
Die Hessische Zentralstelle für Volksbildung und Jugendpflege und ihre Verbindung zu Gießen (Mitteilungen des Oberhessischen Geschichtsvereins Gießen Band 73, 1988)
Von der Schwierigkeit Republikaner zu sein – Die gestörte Verfassungsfeier 1927 in Gießen (ebd. Band 76, 1991)
Das kulturelle Leben in Bad Nauheim 1920–1933 (Wetterauer Geschichtsblätter Band 41, 1992)
Für Volkseinheit und Völkerverständigung – August Messers Zeitschrift »Die Schule« (Mitteilungen des Oberhessischen Geschichtsvereins Band 78, 1993)

2. in Kontakte (Ehemaligenzeitschrift der Ernst-Ludwig-Schule):
Der Neubau am Solgraben (Nr. 1, 1983)
In memoriam Dr. Fritz Usinger (ebd.)
Die Aufbauphase des Vereins (Nr. 2, 1984)
Anmerkungen zur Darmstadtfahrt (ebd.)
»Der Anfang«, die 1. Schülerzeitung der ELS (Nr. 6, 1988)
Vom Debattier-Club (Nr. 7, 1989)
Ein engagierter Freund der ELS – Erich Brücher zum 75. Geburtstag (ebd.)
Kinematograph und Sprechmaschine – audiovisuelle Hilfsmittel früher (ebd.)

3. in verschiedenen Publikationen:
Festschriften der ELS 1980 und 1986
blickpunkt schule – Zeitschrift des Philologenverbandes Jahrgang 34, 1983 (als Reihe: Zur Geschichte der Höheren Schulen im Großherzogtum und Volksstaat Hessen)
Die Wetterau, Hrsg. Michael Keller/Herfried Münkler, 1990 (Klassenjustiz oder Kabinettsjustiz, S. 223 ff.)
Vom Söderdorf zum Herzheilbad, 1997 (Die Entwicklung von Stadt und Bad 1835 bis 1945, S. 99 ff.)
Zeit für Bad Nauheim, Bildband, 1998 (Historischer Abriss)
Bad Nauheim einst und jetzt, Bildband, 1999
Jahrbuch 1999 der Ernst-Ludwig-Schule (Vor 75 Jahren 1. Abitur; Einführung des Reform-Realgymnasiums)

4. in Hessische Heimat (Wochenendbeilage der Wetterauer Zeitung):
»Heil unserem Fürsten, Heil…« (Nr. 18, 3. September 1983)
Zum Besten der aufwachsenden Jugend – Schulordnung für die Landgrafschaft Hessen-Darmstadt (Nr. 20, 1. Oktober 1983)
»Los von Juda und dem Mammonismus« – Antisemitische Agitation der Deutschen Volkswacht, Friedberg (Nr. 18, 1. September 1984)
Ein Hesse begründete das Schulturnen – Zum 175. Geburtstag von Adolf Spieß (Nr. 4, 16. Februar 1985)
Aus der Frühzeit des Automobils – Verordnungen im Großherzogtum Hessen (Nr. 20, 27. September 1986)
Ausbildung für den überseeischen Pionierdienst – Kolonialschule in Witzenhausen (Nr. 22, 24. Oktober 1987)
Ein pflichtbewusster Sachwalter des Schulwesens – Zum 125. Geburtstag von Rudolf Block (Nr. 12, 16. Juni 1990)
Ein aufrechter, konzilianter Demokrat – Zum 50. Todestag von Bernhard Adelung (Nr. 2, 23. Januar 1993)
Eine Verfassung für Hessen-Darmstadt – Jubiläum vor 175 Jahren (Nr. 4, 18. Februar 1995)
Zum Segen für die leidende Menschheit – Vor 100 Jahren wurde der Ernst-Ludwig-Sprudel erbohrt (Nr. 6, 25. März 2000)

5. in der Wetterauer Zeitung:
Ein Zeugnis lebendigen Gemeinsinns – Zum 75-jährigen Bestehen der ELS (2. Mai 1980)
»Eine seltsame Frau« – Ausstellung über »Sissi« (5. Oktober 1983)
»Interessante, allgemein gefällige Schaustellungen« – Vor 75 Jahren öffnete das erste Kino (3. September 1984)
Die Badestädter im Rodelfieber – Winter vor 75 Jahren (25. Januar 1985)
Übermäßiges Peitschenknallen ist verboten – Polizeivorschriften um die Jahrhundertwende (14. März 1985)
Bombenanschlag und Bankraubversuch in Friedberg – Ein Kriminalfall vor 75 Jahren (6. Dezember 1985)
Das Bad Nauheimer Automobil-Tournier 1922 (19. April 1986)
Vielfalt und Reichtum künstlerischen Gestaltens – Zum 75. Geburtstag Rudolf Stedlers (26. August 1986)
Streit um ein »Riesenhotel« in der Badestadt – Zur Eröffnung des Grand Hotel (9. Mai 1987)
Wasserreservoir für Nauheims Saline – Vor 250 Jahren wurde der Große Teich angelegt (19. Dezember 1987)
Eigentlich war ein Waldfriedhof geplant – Vor 90 Jahren sollte der Sichler Begräbnisstätte werden (6. Oktober 1988)

Wachsende Aufgaben mussten bewältigt werden – Neubauten von Post und Rathaus vor 85 Jahren
(29. März 1989)
»425 Pariser Fuß über dem Meere …« – Zu einer Werbeschrift von 1864 (25. September 1989)
Wochenmarkt auf den Burgplatz verlegt (10. Februar 1990)
»Sich der Üppigkeiten gäntzlich enthalten« – Die Feiertagsordnung von 1748 (10. März 1990)
Meister des Taktstocks und Therapeut der Töne – Zum 100. Geburtstag von Willy Naue (1. Februar 1991)
Bange Monate voller Ungewissheit – Zum Krieg vor 125 Jahren/1866 (2. August 1991)
Sogar die Orgeln versagten ihren Dienst – Reminiszenz an den Sommer 1911 (10. September 1991)
Liberaler Landesfürst und weitblickender Mäzen – Vor 100 Jahren begann die Regentschaft Ernst Ludwigs
(7. März 1992)
»Schon für 50 Pfennig bei dem Jean« – Aus der Vorweihnachtszeit 1912 (26. November 1992)
In memoriam Heinrich Jobst – Zum 40. Todestag des Künstlers (6. Februar 1993)
»Fremdenverkehr so viel als thunlich steigern« – Vor 125 Jahren gründete sich der Kurverein
(26. Februar 1993)
Ein vielseitig interessierter und begabter Mensch – Erich Brücher zum 80. Geburtstag (24. Mai 1993)
Sorgen um die Zukunft des Bades – Vor 75 Jahren endete der Erste Weltkrieg (16. Oktober 1993)
Von der Verlorenheit des Menschen – Zum 10. Todestag von E. Robert Niederhoff (30. Oktober 1993)
»Vermittlung von Personal jeglicher Branchen« – Dienstboten in Bad Nauheims Badevergangenheit
(26. Februar 1994)
Dr. Hubert Martin zum 80. Geburtstag (28. Mai 1994)
Als Nauheim den Zusatz Bad erhielt – Zum 125-jährigen Jubiläum (4. Juni 1994)
Ein Beispiel mutiger Privatinitiative – Vor 90 Jahren wurde der Golfplatz eingeweiht (9. Dezember 1994)
Die Badestadt war Sitz der »Habepresse« (17. Februar 1995)
Früher eine gern besuchte Anlage – Der Goldstein (29. Juni 1995)
Der Heimatstadt zeitlebens verpflichtet – Erich Brücher zum ehrenden Gedenken (28. September 1995)
»Mir ist's als hört ich singen …« – Eines Nauheimers Weihnachtslied, Pfarrer Johannes Carl
(23. Dezember 1995)
Politik als Dienst am Menschen verstanden – Werner Jordan zum 75. Geburtstag (23. März 1996)
Der Großherzog drängte auf Baubeginn – Vor 100 Jahren wurde das erste Krankenhaus in Bad Nauheim ein-
geweiht (5. September 1996)
Er gestaltete die Gartenanlage der Kaiserin – Ludwig Winter liegt in Bad Nauheim begraben
(3. Dezember 1996)
Das Bad Nauheimer Weihnachtswunder – 150 Jahre Großer Sprudel (20. Dezember 1996)
Buden-Pläne gefährdeten Brunnenprojekt – Zum Schuckhardt-Brunnen am Aliceplatz (23. Mai 1997)
Ihr Wunsch: Anderen Freude bringen – Zum 100. Geburtstag von Jenny Häusler (14. Juni 1997)
»Neben zahlreichen Verkäufen … viele Bestellungen gemacht« – Zur ersten örtlichen Gewerbeausstellung
1913 und der Gewerbeausstellung 1952 (10./11. September 1997)
Alt-Nauheim lag ihm am Herzen – Zum 100. Geburtstag Friedrich Beckers (2. Oktober 1997)
Schon vor 85 Jahren wurde nach mehr Polizei gerufen (30. März 1998)
»Trübe wälzte sich das grüngelbe Wasser dahin« – Ärger über die Verschmutzung der Usa (8. Mai 1998)
Der Salinenknecht und die Sau … – u.a. Bambergers Zeichnungen, Werbung für Bad Nauheim bei den Olym-
pischen Spielen 1936, Loge zu den drei Sprudeln (3. Juli 1998)
Von Prominenz und dem alten Kurgarten – Karl May, Edvard Munch, Louise Schroeder
(9./10. September 1998)
Der Bad Nauheimer Kursaal in Amerika – Villa Reich in Columbus, Georgia (zusammen mit Brigitte Faatz,
6. November 1998)
Glühbirnen immer wieder gestohlen – Adventszeit vor 50 Jahren (20. November 1998)
Der Sprudelhof – ein Mittelpunkt der Stadt (12. Mai 1999)
Steinerne Relikte aus der Salinenvergangenheit – Grabstein an der Wilhelmskirche, Usabrücke an der
Zanderstraße (27. Juli 1999)
Nauheims Entwicklung mit Rat und Tat begleitet – Erinnerung an Dr. Friedrich Bode (27. August 1999)
»Die trefflichste Saline in Teutschland« – Vor 40 Jahren wurde die Salzgewinnung eingestellt
(20. Oktober 1999)
Von Grabsteinen sich erinnern lassen (13. November 1999)

6. im Bad Nauheim Journal
»Der kleine Bazar wird groß werden« – Zur Eröffnung der neuen Kolonnaden (Dezember 1999)
Die Gradierbauten – mehr als Kulturdenkmäler (Februar 2000)
Verantwortung gegenüber sozial Schwachen – Über die Anfänge des »Hospitals für unbemittelte Curgäste«
(April 2000)
Vor 100 Jahren bekam Bad Nauheim einen Kurdirektor (Juni 2000)

7. noch unveröffentlichte Manuskripte
Die Gäste aus Übersee sollten sich rundum wohl fühlen – US-Amerikaner vor dem Ersten Weltkrieg in der
Kurstadt (soll im August 2000 im Bad Nauheim Journal erscheinen)
Anmerkungen zu Bad Nauheims Badeindustriellen vor dem Ersten Weltkrieg
(soll demnächst in den Wetterauer Geschichtsblättern erscheinen)
Reformbund der Gutshöfe und Gutsreform. Zwei weitgehend vergessene Interessenorganisationen in der Zeit
der Weimarer Republik

Ein bedeutender Heimatforscher

Mit der Überreichung der Verdienstmedaille hat die Stadt Bad Nauheim am 6. Mai 2000 die Verdienste von Ernst Dieter Nees um die Heimatforschung in seiner Vaterstadt gewürdigt. Die meisten seiner mehr als 130 Artikel und Aufsätze sind in der Wetterauer Zeitung oder in einer ihrer Beilagen erschienen. Bei der Sicherung der sorgfältig recherchierten, informativen, manchmal auch erheiternden Texte kommt dem WZ-Verlag somit eine besondere Verantwortung zu. Schließlich sind viele der Texte es wert, mehr als einmal gelesen zu werden. Das Ergebnis all dieser Überlegungen halten Sie in Händen: Eine Sammlung mit 52 Texten, die Ernst Dieter Nees selbst ausgewählt hat – weil sie ihm besonders am Herzen liegen, weil sie besonders gelungen sind, weil ihr Inhalt ihm besonders wichtig erscheint.

Eher beiläufig entwickelte sich vor 20 Jahren die Karriere des Ernst Dieter Nees als Heimatforscher. Bei Nachforschungen für eine Festschrift, die zum 75-jährigen Jubiläum der Ernst-Ludwig-Schule 1980 erscheinen sollte und an deren Herausgabe er maßgeblich beteiligt war, stieß der Lehrer für Geschichte und Latein auf den Namen Reinhard Streckers (1876–1951). Sein Interesse war geweckt, als er herausfand, dass dieser Bad Nauheimer Lehrer später zum ersten Kultusminister des Volksstaates Hessen aufgestiegen war und in dieser Funktion die vierjährige Grundschule eingeführt hatte. Nees forschte und schrieb; am Ende füllte der »Lebensweg eines Demokraten« ein umfangreiches Manuskript.

Zu dem Zeitpunkt waren in der Wetterauer Zeitung verschiedene Artikel gedruckt worden, die sich mit Aspekten der badestädtischen Geschichte befassten, doch in der Fachwelt war sein Name (noch) unbekannt. Auf der Suche nach einem Verleger wandte Nees sich an den Friedberger Herausgeber und Buchhändler Dr. Fritz H. Herrmann, der ihm weiterhalf. Im 70. Band der Mitteilungen des Oberhessischen Geschichtsvereins Gießen wurde seine Abhandlung über Strecker gedruckt.

Die Begegnung mit Dr. Herrmann erwies sich als Schlüsselerlebnis für Nees. Herrmann ermunterte den stets freundlich und bescheiden auftretenden Pädagogen, das Forschen und Schreiben ebenso wie das Publizieren im in der Fachwelt oft verpönten Medium Zeitung auf keinen Fall einzustellen. In der Wetterauer Zeitung, aber auch in der WZ-Wochenendbeilage Hessische Heimat, im Wetterauer Kreiskalender und im Bad Nauheim Journal erschienen seither -zig Artikel, die den Leser(inne)n der »Heimat«zeitung immer auch »Heimat«gefühl vermittelten. Vorwiegend schulgeschichtlichen Aspekten widmete sich Nees in Beiträgen für die Zeitschrift Kontakte des Vereins der Ehemaligen der ELS, mit der ihn selbst die Erinnerung an eine neunjährige Gymnasialzeit und das Abitur 1957 verbindet. Aktives Mitglied war er lange Jahre im Vorstand des Friedberger Geschichtsvereins; in den Wetterauer Geschichtsblättern erschienen seit 1985 Abhandlungen aus seiner Feder, ebenso in den Mitteilungen des Oberhessischen Geschichtsvereins und in »blickpunkt schule«, der Zeitschrift des Philologenverbandes. Verantwortlich zeichnete Nees für zwei Bücher, die im WZ-Verlag erschienen sind: »Vom Söderdorf zum Herzheilbad« (1997), eine Schilderung der Nauheimer Geschichte, für die er über »Die Entwicklung von Stadt und Bad 1835 bis 1945« schrieb, und den Bildband »Bad Nauheim – einst und jetzt« (1999), den er konzipiert hatte und zu dem er aus seinem umfangreichen Archiv die historischen Aufnahmen beisteuerte.

Hedwig Rohde